리폼드 시리즈 REFORMED SERIES

개혁주의는 하나님 중심, 말씀 중심, 교회 중심의 신학을 말합니다. '성경으로 돌아가자.'던 종교개혁자들의 외침을 따라 하나님의 주권에 복종하고 성경의 권위를 인정하고 근본 교리를 믿었던 사람들이 바로 개혁주의자들입니다. 존 칼빈, 존 번연, 리처드 백스터, 조나단 에드워즈, 존 오웬 등은 대표적인 개혁주의 신학자들입니다. 그들 신앙의 중심에는 성경이 있었고 성경의 바른 교리를 따라 성도들을 가르쳤습니다. 오늘 우리는 그 어느 때보다 신앙의 근본이 절실한 시대를 살고 있습니다. 생명의말씀사는 신앙 선배들의 깊은 통찰이 담긴 양서들을 새롭게 단장하여 한국교회를 섬기고자 합니다.

2장 자아성찰의 이유 … 69

1. 목회자도 천국을 잃을 수 있다 … 69
2. 목회자도 타락한 본성이 있다 … 72
3. 목회자는 더 큰 유혹에 노출되어 있다 … 74
4. 목회자는 주목받는 자리에 있다 … 76
5. 목회자의 죄는 더 큰 진노를 불러온다 … 77
6. 목회를 감당하려면 특별한 은혜가 필요하다 … 80
7. 목회자의 행동 하나가 그리스도의 명예를 좌우한다 … 81
8. 목회의 성공 여부는 자아성찰에 달려 있다 … 83

2부 목양

3장 목양의 대상 … 98

1. 지옥으로 향하는 사람들 … 108
2. 죄책감에 사로잡혀 구원의 길을 묻는 사람들 … 111
3. 하나님의 은혜를 이미 경험한 사람들 … 113
4. 그리스도인 가정들 … 118
5. 병을 앓고 있거나 임종을 앞둔 사람들 … 121
6. 죄 지은 사람들 … 125
7. 교회의 규율 … 125

4장 목양의 자세 … 135

1. 올바른 목적으로 하라 … 135
2. 열심히 하라 … 136
3. 단계적으로 하라 … 137
4. 우선순위대로 하라 … 138
5. 단순하고 명료하게 가르치라 … 142
6. 겸손하라 … 144
7. 엄격함과 온유함을 조화시키라 … 145
8. 진지하고 열정적으로 … 145
9. 부드러운 사랑으로 성도들을 대하라 … 146
10. 오래 참음으로 하라 … 149
11. 경건함을 지키라 … 150
12. 영적인 방식으로 하라 … 151
13. 성공에 대한 간절한 소망과 기대를 품으라 … 153
14. 그리스도를 전적으로 의지하라 … 155
15. 연합을 이루라 … 156

5장 목양의 이유 … 159

1. 목회자는 양 떼를 이끄는 목자이기 때문이다 … 159
2. 목회자는 성령 하나님이 세우셨기 때문이다 … 168
3. 목회자에게 맡겨진 것은 하나님의 교회이기 때문이다 … 169
4. 그리스도께서 교회를 그분의 피값으로 사셨기 때문이다 … 171

3부 목회의 실제

6장 겸손을 훈련하라 … 176

1. 교만 … 182
2. 게으름과 무관심 … 196
3. 세속적 관심 … 202
4. 교회의 연합과 평화에 대한 평가절하 … 213
5. 소극적인 징계 … 223

7장 교리교육의 의무와 그 중요성 … 237

사역에서 얻는 혜택의 관점에서 … 238

1. 죄인을 회심시키는 가장 효과적인 방법이다 … 239
2. 성도들의 덕을 함양하는 데 유익하다 … 243
3. 설교에 대한 이해를 돕는다 … 245
4. 양과 목자의 관계가 친밀해진다 … 245
5. 양들의 영적 상태를 파악하고 보살피는 데 도움이 된다 … 246
6. 성찬식에 참예하도록 돕는다 … 246
7. 성도들에게 목회의 본질을 알려준다 … 247
8. 목회자에 대한 의무를 깨닫게 한다 … 250
9. 교회 운영위원회에게 사역을 정확히 이해시키고 보다 많은 지원과 도움을 얻어낼 수 있다 … 253
10. 다음 세대의 목회사역을 수월하게 해준다 … 258
11. 각 가정의 질서를 세워주고 주일을 주일답게 만들어준다 … 259
12. 목회자의 시간낭비나 오용을 막아준다 … 260
13. 목회자들의 타락을 막고 그들 안에 있는 은혜가 영향력을 발휘하게 한다 … 260

14. 목회자와 양들 간의 소모적인 논쟁을 막아준다 … 262
15. 앞서 언급한 혜택들을 보다 확산시킨다 … 262
16. 교리교육은 담당 교구를 넘어 나라 전역으로 확산되어야 한다 … 264
17. 교리교육은 왜 지연되고 있을까? … 265

사역에서 겪는 어려움의 관점에서 … 269
1. 목회자에게 있는 장애물 … 269
2. 성도들로 인한 어려움 … 272

사역의 필요성 관점에서 … 275
1. 하나님의 영광을 위해 … 275
2. 양들의 안녕을 위해 … 280
3. 목회자 자신의 안녕을 위해 … 283

교리교육의 실제 … 285

8장 반론과 대답 … 304

9장 가르침의 의무를 제대로 이행하려면 … 340

동기부여를 위한 지침 … 341
1. 일상생활과 사역에서 본을 보임으로써 양들에게 목회자의 능력과 성실과 사랑을 확신시키라 … 341
2. 양들에게 교리교육의 필요성과 유익을 확신시키라 … 344
3. 교리문답서를 모든 가정에게 하나씩 나눠주라 … 348
4. 양들을 온유하게 대하고 그들을 절대로 실망시키지 말라 … 349
5. 완고하고 불순종하는 사람들을 단호하게 꾸짖으라 … 350

성공적인 훈련을 위한 지침 ⋯ 351

1. 양들의 긴장과 거부감을 없애기 위해 일상적인 말을 몇 마디 던지라 ⋯ 353
2. 양들을 한 사람씩 데리고 가서 개인적으로 다루라 ⋯ 354
3. 교리문답서에서 무엇을 배웠는지 점검하라 ⋯ 356
4. 배운 바를 얼마나 깊이 알고 있는지 추가 질문을 통하여 확인하라 ⋯ 356
5. 양들의 지식수준을 점검한 뒤 직접 가르치라 ⋯ 362
6. 회심하지 않은 양에게는 몇 가지 질문을 통해 영적 상태를 파악하라 ⋯ 365
7. 자신의 비참한 처지를 깨닫게 하라 ⋯ 369
8. 그리스도를 믿고 은혜의 수단을 부지런히 사용하도록 권면함으로써 가르침을 마치라 ⋯ 371
9. 헤어지기 전에 상대방을 안심시키고 가장에게 특별한 보살핌을 부탁하라 ⋯ 375
10. 신상명세서를 작성하여 각자의 특성과 보충할 점을 기록해두라 ⋯ 377
11. 훈련의 전 과정을 통하여 목적에 적합한 자료와 훈련 방식에 관해 살피라 ⋯ 378
12. 하나님이 허락하시면 면담을 끝낸 뒤 가난한 사람들에게는 자선을 베풀라 ⋯ 381

| 추천사 |

거룩한 열정과 순종을 불러일으키는 책!
– 원저자의 위대한 목회정신을 그대로 재현하다

저자인 리처드 백스터는 출간 당시 책 표지에 다음과 같은 제목과 더불어 부연 설명을 적어놓았습니다.

"『길다스 살비아누스』(*Gildas Salvianus*) : 이 책은 1655년 12월 4일 우스터 지역 목회자들이 주최한 대회인 '통회의 날'(Day of Humiliation)을 위해 기록한 글로, 개혁된 목회자와 목회사역, 그리고 개별적인 신앙지도와 교리교육이라는 목회사역의 본질을 다루고 있다. 또 '통회의 날'에 참여하는 우리 목회자들의 공개적인 참회문도 첨가했다. 우스터 목회자들이 서명한 교리문답과 개별 신앙지도에 관한 합의안을 바탕으로 그들의 무익한 동료이자 종인 키더민스터 교회의 교사 리처드 백스터가 작성했다."

이 작품의 탁월성은 무슨 말로도 표현하기 어렵습니다. 비록 목회의 제(諸) 분야를 일일이 언급하지 않았다는 비판을 받을 수 있겠지만 저자의 열정과 설득력 있는 문체, 예리한 통찰과 비평과 경고의 메시지는 목회사역에 관한 기존의 다른 책들과 비교할 수 없습니다. 천사처럼 타락하지 않은 존재가 이 책을 읽더라도 저자의 조리 있는 가르침에 아무런 이의를 제기할 수 없을 것입니다.

이 책을 읽으면서 감동을 느끼지 못하거나 자신의 부족함을 절실히 깨닫지 못한다면 그는 참으로 마음이 경직된 목회자입니다. 이 책을 읽고도 영혼들을 그리스도께 인도하려는 열정과 사명감이 불타오르지 않는다면 그는 마음이 완악한 목회자일 것입니다. 이 책의 메시지는 목회자 모두의 마음에 깊이 각인되어야 합니다.

금으로 인쇄해도 아깝지 않을 만큼 탁월한 작품이지만 시간이 흐름에 따라 첫 출간 당시의 내용을 그대로 적용하기에는 다소 무리가 있었습니다. 그래서 1766년 해크니 지방의 사무엘 파머 목사가 원본을 보완하여 축약본 형태로 발행했습니다. 물론 내용을 간추리고 수정한다 해도 원본의 메시지가 워낙 강력하기 때문에 어떤 독자라도 양심의 찔림과 도전을 받았지만 결과적으로 파머의 개정 작업은 실패로 판명되었습니다. 실제로 원본이 여러 결함을 안고 있었음에도 파머의 개정판보다 훨씬 더 팔렸던 것입니다. 개정 작업으로 인해 원본의 결함이 보완되기보다 그 탁월함이 상당 부분 손상되었던 탓입니다. 여기에서 알 수 있듯이 우리는 백스터의 글에서 시대성에 부합하지 않는 내용을 일부 덜어낼 수는 있지만 통째로 삭제하는 경솔을 범해서는 안 될 것입니다. 그렇게 하면 메시지의 통합성과 풍부함이 손상되고 영향력이 반감되며 저자의 열정이 희미해집니다.

이번 개정판은 엄밀히 말하여 원본보다 분량이 훨씬 적지만 축약본은 아닙니다. 오늘날 적용할 수 없거나 논란의 여지가 있는 내용을 신중하게 생략하고 때로 문단의 위치를 바꾸었을 뿐입니다. 아울러 저는 백스터가 사용했던 어휘를 굳이 현대식으로 전부 바꾸려는 노력을 하지 않았음을 밝힙니다. 혹자는 예스러운 어휘와 문체를 남겨두는 게 다소 어리석은 감상이라고 비판할지 모르지만 저는 그 어투에도 나름의 소박함과 준엄함이 담겨 있다고 생각합니다.

원본을 다소 가공하기는 했지만 원저자의 위대한 정신과 의도가 충실하게 전달될 수 있도록 신중에 신중을 기했기 때문에 백스터 저작들에 아무리 정통한 사람이라도 제가 언급하지 않는 이상 원본과 개정판의 차이를 쉽게 알아차리기 어려울 것입니다.

글을 마무리하기에 앞서 모든 그리스도인에게 한마디 덧붙이고 싶습니다. 하나님의 일을 하는 목회자들을 여러 방법으로 도울 수 있겠지만 이 책을 한 권 선물하는 것이야말로 비용을 적게 들이면서 효과적으로 그들을 도울 수 있는 길이라는 점입니다.

교회가 성장하느냐 마느냐는 목회자의 역할에 크게 좌우됩니다. 목회자의 열정과 활력이 사그라진다면 믿음에 대한 성도들의 관심도 사그라질 것입니다. 목회자가 열정을 불태워 사역에 매진한다면 성도들도 그에 비례하여 신앙의 성숙을 이뤄갈 것입니다. 어디에서나 하나님은 그분의 선을 이뤄가시는 데 목회자를 주된 도구로 사용하십니다. 그러므로 목회자가 거룩한 열정과 활력을 갖도록 북돋우는 것은 무엇보다 중요한 일입니다.

평범한 영혼도 소책자 하나로 회심과 회복을 경험하게 될 텐데, 목회자가 이 책을 건네받는다면 열정과 믿음을 강화함으로써 더 많은 사람들을 회심에 이르게 할 수 있습니다. 목회자들은 대개 사역에 실제적인 지침을 줄 수 있는 책은 선뜻 사지만 본질적인 목회정신을 고취하는 책은 잘 사려고 하지 않습니다. 저는 각 교단이나 선교단체에서 이 책을 목회자들에게 증정하는 일이 조직적으로 이뤄지면 좋겠다고 생각합니다. 아니면 개인적으로

20권, 50권 혹은 100권 정도 구입해서 세계 각처에 있는 목회자들에게 보내주어도 좋을 것입니다. 누구의 헌신을 통해서든 이 책이 더 많은 목회자들에게 보급된다면 그리스도의 선교 사업을 성취하는 데 참으로 큰 유익이 될 것입니다. 목회사역에 대한 거룩한 열정과 순종을 불러일으키는 데 이 책이 귀하게 사용되리라 믿습니다.

1829년 3월 12일

에든버러에서 윌리엄 브라운

| 헌정사 |

한길 걷는 목회자들에게 이 책을 바치며

존경하는 형제들이여, 비록 저는 글을 다루는 솜씨가 서툴고 여러분을 가르치기에 매우 부족하다는 사실을 알지만 여러분과 여러분에게 맡겨진 교회에 대한 주제를 다루고자 감히 이 책을 출간하기로 했습니다. 본격적인 논의로 들어가기에 앞서 이 책을 쓰게 된 동기와 혹자에게 불쾌감을 줄 수 있는 제 자유로운 표현방식에 관해 말씀드리고 싶습니다.

주님은 우스터와 인근 지역 목회자들을 일깨우사 새 신자에게 교리를 가르치고 교구 내 성도들에게 개인적으로 성경을 가르치는 사명을 심어주셨으며, 우리는 이 일을 성실히 수행하기로 합의하고 결의문을 작성했습니다. 중요한 사명을 오랫동안 소홀히 해왔음을 통감한 우리는 주님 앞에 겸손한 마음과 영으로 나아가지 않으면 이 일을 시작할 수 없다고 판단하여 1655년 12월 4일, 우스터에 모여 겸허하게 하나님 앞에 무릎 꿇었습니다. 우리 자신의 게으름을 회개하고 하나님의 특별한 도우심 안에서 우리의 가르치는 사역이 귀한 열매를 맺을 수 있기를 간구했습니다.

대회가 시작되기 전 저는 동료 목회자들로부터 설교를 부탁받았고 그 청을 받아들여 이 책의 내용을 준비하게 되었습니다. 긴 내용을 한두 번의 설교로 모두 전달할 수 없었기에 대회 중에는 중요한 부분만 다루고 나머지는 기회가 생길 때마다 틈틈이 전할 생각이었습니다. 그러나 대회를 앞두고 지병이 악화되는 바람에 저는 설교는커녕 참석조차 할 수 없게 되었습니다. 부득이 설교를 취소한 데 대하여 보상하는 마음으로 저는 형제들의 청을 받아들여 준비했던 설교 내용을 책으로 출판하기로 했습니다.

어떤 분들은 목회자의 죄를 그렇게 신랄하고 적나라하게 비판하거나 세상 앞에 공공연히 책으로 내서는 안 된다고 말할 것입니다. 아니면 비판을 하더라도 라틴어를 사용하여 대중에게 전부 공개되지 않도록 하라고 주장할 수도 있습니다. 특히 지금처럼 퀘이커 교도들과 교황주의자들이 우리 목회자들을 흠잡기 위해 무진 애를 쓰고 있고 대중 역시 그들의 이야기에 솔깃해하는 상황에서는 어느 정도 일리가 있는 말입니다. 저도 그러한 의견을 매우 진지하게 고려했습니다. 그럼에도 제가 애초의 결심을 바꾸지 않은 이유는 다음과 같습니다.

우리는 엄숙히 자신을 낮추고 통회하기로 결의했습니다. 그런데 죄를 정직하게 고백하지 않고서 어떻게 통회할 수 있겠습니까? 이 책에 담긴 고백은 기본적으로 우리 죄에 관한 것입니다. 우리 자신의 죄에 대한 고백이요 비판이기 때문에 다른 누군가를 곤란에 빠뜨리는 일은 없을 것입니다. 죄의 자복은 어디까지나 우리 양심에 따른 것입니다. 라틴어판으로 출간하라는 의견에 대해서 말씀드리자면, 우선 영어로 준비한 글을 번역할 시간이 없었을뿐더러 죄를 세상 앞에 숨기려는 시도가 소용없다고 판단했습니다. 공공연하게 드러난 죄를 숨기려 한다면 오히려 우리의 수치만 깊어질 뿐입니다.

자발적인 고백은 온전한 죄 사함을 위한 전제 조건입니다. 그리고 죄가 대중적인 것이면 그에 대한 고백도 대중적이어야 합니다. 죄를 공개적으로 용서받지 못한다면 우리는 죄책감으로 스스로를 괴롭히거나 감쪽같이 죄를 덮는다 할지라도 결코 쉼을 얻을 수 없을 것입니다. 숨기려 할수록 죄가 기어코 우리를 찾아낼 것이기 때문입니다. 고백이란 죄를 드러내고 죄의 수치를 자발적으로 감당하는 것입니다. 성경말씀대로 죄를 고백하고 버리는 자는 하나님의 긍휼을 입지만 죄를 숨기는 자는 결코 번성하지 못합니다. 우리가 자신에게 관대하여 죄를 인정하지 않을수록 하나님은 우리를 더 엄격하게 들춰내시며 고백을 끌어내실 것입니다. 주님의 은혜 안에서 우리의 양심으로 죄를 고백하지 않는다면 심판의 날에 우리의 불의가 온 세상에 드러날 것입니다.

그리스도의 종이라고 하면서도 너무나 완고하고 이기적이고 게으르고 교만한 사람들이 많으며 그러한 자를 훈계하는 것이 우리의 필수적인 의무가 되었습니다. 그들을 책망하지 않고도 개혁이 가능하다면 저는 굳이 집필하는 수고를 들이면서까지 그 허물을 드러내지 않았을 것입니다. 그러나 지금의 상황은 심각합니다. 책망만으로는 별 효과가 없을뿐더러 사람들은 죄보다 죄를 지적받았다는 데 더 불편해합니다. 그들이 죄짓기를 멈추기보다 우리가 책망하기를 멈춰야 하는 지경에 이른 이상, 저는 처방을 강화할 필요가 있다고 생각했습니다.

우리는 어떤 일을 할 수 있을까요? 이러저러한 처방을 시도해 보지도 않은 채 가망 없다고 포기해야겠습니까? 사람을 미워해서는 안 되지만 죄는 단호하게 꾸짖고 용납하지 말아야 합니다. 목회자의 악을 용납한다면 교회는 점차 붕괴될 것입니다. 사탄은 사람들을 타락으로 빠뜨리려면 그 지도자들부터 타락시키는 게 효과적임을 잘 알고 있습니다. 마찬가지로 교회의 개혁도 교회 지도자들을 개혁하는 데서 시작하는 것이 가장 효과적일 것입니다. 저는 이 원칙을 이 책에도 엄격히 적용했습니다. 형제 목회자들을 사랑하고 교회의 안전을 바라는 마음이 크기 때문입니다. 동료 형제들의 그릇된 행실을 지적하는 것은 그들을 멸시하거나 혐오해서가 아니라 또다시 죄를 범하여 대적들에게 흠 잡히는 일이 없도록 하기 위함입니다. 신실하게 자신의 죄를 살펴보는 것은 교회의 개혁과 안녕을 보장할 뿐 아니라 영혼 구원을 위해서도 반드시 필요한 일입니다. 우리는 자신의 나태는 물론 동료 목회자의 직무 유기도 묵인해서는 안 됩니다.

가령 여러 사람과 항해를 하고 있는데 배에 물이 새어들고 있다고 가정해보십시오. 펌프질로 물을 빼고 구멍을 막아야 할 사람들이 제각기 잠을 자거나 노닥거리면서 자기 일에만 열중해 있다면 당신을 비롯한 모두가 위험에 처하지 않겠습니까? 생명을 보존하려면 승객 모두에게 위급 상황임을 알리고 신속히 협력하라고 외쳐야 합니다.

영적으로 위기에 처한 동료 목회자와 교회를 향하여 다급하게 경고하는 사람을 두고 누군가가 그에게 교만하다느니, 무례하다느니, 주제넘게 동료들을 험담하고 매도한다고 비난한다면 그게 과연 합당한 일일까요? 그렇게 비난하는 사람을 향해 저는 말하겠습니다. "이 일을 하지 않으면 우리는 모두 죽게 됩니다. 배가 가라앉으려 하는데 당신은 평판이나 따지고 있습니까? 게으름을 탓하는 소리가 듣기 싫다고 자신은 물론 주변 사람들까지 모두 위험에 빠뜨리려 합니까?"

형제들이여, 우리가 바로 이러한 상황에 있습니다. 하나님의 일은 성취되어야 하고, 사람들의 영혼은 구원받아야 합니다. 그런데도 여러분은 교회를 확장하는 일에만 혈안이 되어 있고, 세속적인 쾌락과 안이함을 추구하고, 형제들끼리 말다툼만 일삼고 있습니다. 사람들의 영혼이 멸망으로 치닫고 교회가 심각한 위기와 혼란에 빠져 있는데도 사람들한테 무례하고 촌스럽다는 소리를 듣는 게 겁나서, 혹은 갈등을 빚을까 봐 그저 잠자코 있어야 할까요? 만약 여러분이 제 책망을 참지 못하듯 자기 죄에 대해 참지 못했다면 제게서 이런 이야기를 들을 필요가 없었을 것이고 우리는 온전한 의견 일치를 보았을 것입니다.

만약 여러분이 목회가 아닌 다른 일에 종사한다면, 그래서 혼자 죄를 짓고 혼자 파멸로 향한다면 저는 이렇게까지 여러분을 성가시게 하지 않을 것입니다. 하지만 여러분이 목회의 길로 들어선 이상 저는 우리가 함께 자멸하는 것을 지켜보고만 있을 수 없습니다. 또 교회가 혼란과 타락 가운데 빠지는 것을 방치할 수 없습니다. 그러므로 제가 생각보다 심하게 비판한다 하더라도 노여워하지 말기를 바랍니다. 온몸에 심각한 상처를 입고 길가에 누군가 널브러져 있거나 건물에 불이 났는데도 여러분이 그저 콧노래를 흥얼거리며 나 몰라라 한다면 저는 참고 그렇게 놔둘 수 있습니다(물론 인정상 그대로 두기가 쉽지 않겠지만 말입니다). 그러나 만일 여러분이 의사인데 상처 입은 사람의 병이 전염되는 것이라면, 혹은 여러분이 소방대원이고 불이 온 마을에 번질 위험이 있다면 저는 여러분이 뭐라 말한다 해도 그 나태함을 용인할 수 없을 것입니다. 말이 통하지 않으면 더 심한 행동이라도 하겠지요. 여러분이 본서에 담긴 비판을 받아들이지 않아 교단에서 축출된다 하더라도 어쩔 수 없는 일입니다. 죄 있는 사람은 모두 이 경고에 귀를 기울여야 합니다.

확언하건대 겸손히 회개하는 마음이 있고 진정으로 교회의 개혁을 바라는 사람이라면 책망을 기꺼이 받아들이며 자발적으로 죄를 고백하겠지만 죄를 짓고도 회개하지 않는 사람은 이 책을 읽으며 내내 불쾌감을 느낄 것입니다. 독자들의 심기를 불편하게 하지 않으려면 제가 잠자코 있어야 하겠지만 그럴 수 없습니다. 이 책의 내용은 하나님의 명령이기 때문입니다. 죄를 회개하지 않고는 이 책에 담긴 책망과 경고의 메시지를 담담하게 받아들이기 힘들 것입니다. 하지만 모든 일은 결국 흑백이 가려지기 마련입니다. 처음엔 당황하고 발끈하던 사람도 제가(그리고 저에게 이 책의 출간을 독려했던 동료 목회자들) 여러분의 가장 좋은 친구였음을 고백할 날이 반드시 올 것입니다.

형제들이여, 저는 목회자의 죄를 드러내고, 더 나아가 목회자의 필수적인 의무를 몇 가지 제시하고자 합니다. 혹자는 제가 목회자를 감히 책망하고 권고한다고 해서 건방지다느니, 주제넘다느니 하며 비난할지도 모르겠습니다. 하지만 이 일은 제 육체의 소욕을 따른 것이 아니요, 책망의 대상도 여러분과 저 자신 모두가 포함되는 것이니 부디 당돌하게 보이는 제 이야기를 선의로 해석해주기를 바랍니다. 만일 잠자코 침묵을 지키며 평화를 유지하는 것이 제 소명에 합당하고 교회에 유익을 끼친다면 저는 마땅히 그렇게 했을 것입니다. 그러나 저뿐 아니라 많은 영혼들이 교회의 구원과 개혁과 부흥을 갈망하고 있기에 저는 주제넘다는 비난을 받을 수 있겠지만 이 일을 시작하기로 결심했습니다. 하나님의 영광과 교회의 회복, 수많은 영혼의 영원한 행복을 위한 일이라면 입을 가진 이상 어찌 잠자코 있을 수 있겠습니까?

목양, 목회자의 마땅한 의무

제가 여러분에게 강조하고 싶은 핵심적인 주제를 몇 가지 말씀드리겠습니다. 첫째, 교인과 개인적으로 만나 가르치고 양육하는 것은 우리 교역자들의 기본적이고도 당연한 의무입니다. 우리가 아니면 누가 그토록 힘든 일을 하려고 하겠습니까? 하나님과 영혼들을 깊이 사랑하고 주님 섬기기를 기뻐하는 사람은 구원의 필수요건과 신앙의 원칙들을 개별적으로 가르치는 게 중요하다는 사실을 인정합니다. 개별적인 지도와 점검과 학습이 중요할 뿐 아니라 동시에 가장 효율적이고 유익한 방식으로 이뤄져야 한다는 점에도 동의할 것입니다. 개인적 가르침은 성경에서 권면하는 바요, 시대를 막론하고 그리스도의 경건한 종들이 인정하며 행했던 방식입니다.

우리는 이 위대한 임무를 최대한 많은 사람에게 수행해야 한다는 데 동의할 것입니다. 영혼에 대한 우리의 관심과 사랑은 모든 사람에게로 확장되어야 하기 때문입니다. 담당 교구의 교인들 중 일부라도 복음에 무지한 자로 남겨진다면 이는 여러분이 임무를 게을리한 결과입니다. 이 중요한 사역은 아무리 많은 시간을 쏟아부어도 아깝지 않습니다. 교육과 양육에 대해서는 뒷부분에서 좀 더 자세히 언급하도록 하겠습니다.

둘째, 목회자의 모든 의무는 지정된 시간에 따라 순서대로 이뤄지는 게 바람직합니다. 이 원칙에 따라 의무를 시행한다면 상황이 아무리 모호하더라도 목회자들이 의견 차이로 갈등을 빚는 일은 거의 없을 것입니다.

교회와 인간의 영원한 생명을 위하여 저는 그리스도를 대신하여 그리스도의 모든 충성된 종들에게 권면합니다. 우리는 이제부터라도 당장 우리에게 맡겨진 임무를 온 힘으로 감당해야 합니다. 경험으로 미뤄보건대 양들의 순종을 이끌어내고 교회를 개혁하는 데는 하나님의 은혜가 필요합니다. 우리는 목회자의 고질적인 문제라 할 수 있는 무지를 극복하여 완악한 대적들의 편견에 찬 비난과 비웃음을 적절히 대응하고 대중에게 설득력 있는 설교를 할 수 있어야 합니다. 그리고 일상생활에서 지금보다 훨씬 더 경건한 삶을 실천해야 합니다.

지금까지 우리는 어두움의 왕국을 파괴하려는 시도를 적극적으로 하지 않았습니다. 다른 사람을 탓할 것도 없이 제 자신도 오랫동안 소명을 소홀히 해왔던 게 사실입니다. 문제의식은 있었지만 사명감을 다지기보다 사명을 수행하는 데 뒤따르는 어려움을 더 염려했던 까닭입니다. 저는 많은 사람들에게 비웃음거리가 되고 외면당하리라 생각했습니다. 혼자서 이 일을 추진하기에는 제힘이 너무도 미약하다고 여기기도 했습니다. 이 글을 쓰면서 저는 오랫동안 주저하며 미뤄왔던 제 죄를 주님께 고백하며 회개합니다.

본격적으로 일을 시작해보니 육체적으로 조금 고단했던 점 빼고는 제가 애초에 예상했던 어려움이 거의 없었습니다. 오히려 가정을 방문하여 개별적으로 성도들을 교육하는 이 일을 통해 큰 위로와 유익을 얻었기에 저는 세상부귀를 다 준다 해도 이 일을 결코 그만두지 않을 것입니다. 우리는 월요일과 화요일마다 이른 아침부터 밤늦게까지 교구 내 가족들을 돌봤는데, 그렇게 하면 일주일에 15-16가정, 1년에 8백이 넘는 가정을 돌볼 수 있습니다. 그중 우리의 심방을 거절한 가정은 전혀 없었고 다만 몇 사람이 갑작스런 사정으로 일정을 연기했을 뿐입니다. 저는 가정, 혹은 개인별로 만나 교육하는 것이 대중 앞에서 설교하는 것보다 훨씬 효과적이라는 사실을 여러 번 경험했습니다.

혹자는 이러한 방식이 일부 지역에서만 통할 것이라고 이의를 제기할지 모르겠습니다. 하지만 곰곰이 생각해보십시오. 양들이 목회자의 도움을 거절한다면 이는 목회자가 쉽게 알아듣고 받아들일 수 있는 내용을 제공해주지 못하기 때문일 수 있습니다.

자, 그렇다면 개별적인 신앙교육을 어떠한 과정에 따라 진행했는지 간단히 언급해보겠습니다. 교구 내에서 교육이 가능한 사람들의 목록을 작성한 뒤 그들에게 교리문답서를 전달해줍니다. 그리고 일주일 전, 각 가정에 교회 간사를 보내어 목사와의 면담 시간을 알려줍니다. 가령 한 가정은 8시, 다음 가정은 9시, 그다음은 10시로 말입니다. 몇 가정을 동시에 만나는 게 낫지 않느냐고 말하는 사람도 있지만 저는 대체로 한 번에 한 가정씩 만납니다.

형제들이여, 저는 분명한 근거를 바탕으로 이러한 제안을 드리는 것입니다. 하나님의 권위와 신앙 선배들의 관습, 목회자들의 양심을 무시한 채, 혹은 개혁교회의 동의를 구하지 않고서 그리하겠니까? 웨스트민스터 의회가 종종 발표하는 지침서에는 "목회자는 자신에게 맡겨진 양들을 대중적으로 가르칠 뿐 아니라 시간과 건강, 능력이 허락하는 한 그들을 개별적으로 만나 권면하고 책망하고 위로할 의무가 있다. 병든 양에게는 죽음을 잘 준비하도록 권면하고 영혼의 유산에 관하여 이야기해주어야 한다"고 나와 있습니다. 이 대목을 여러 번 읽고 묵상하십시오. 반복해서 읽고 묵상해 보십시오. 하나님과 평화로운 관계에 있다면 그분의 말씀에 귀를 기울여보십시오. 자신의 양심과 원만한 관계에 있다면 양심의 소리에 귀를 기울여보십시오.

저는 제 말에 반감을 갖는 사람들과 정면으로 맞설 각오가 되어 있습니다. 하나님께 진정으로 헌신하리라 마음먹은 사람이라면 이처럼 명백하고 엄숙한 사명에 대한 권고를 결코 외면할 수 없을 것이기 때문입니다. 구원의 은혜를 조금이라도 알고, 하나님을 사랑하며 그분의 뜻을 행하기를 기뻐하는 사람이라면 이러한 일을 반대하거나 거절하지 못할 것이기 때문입니다.

 여러분은 손에 쟁기를 쥐고 있습니다. 그리스도인이자 동시에 목회자로서 이중의 헌신을 감당해야 합니다. 게다가 교계는 지금 개혁을 필요로 합니다. 그런데도 여러분은 막대한 책임을 뒤로한 채 머뭇거리고만 있겠습니까? 주일마다 회중 앞에서 말씀을 전하고 교회의 개혁과 부흥, 성도들의 회심과 구원을 위해 기도한다고 하면서 이 모든 일을 성취할 수 있는 구체적인 방법들을 거부하겠습니까? 육적인 인간은 합당한 교훈과 진리, 사명을 듣기를 싫어합니다. 실천보다 비판을 즐겨합니다. 그러나 언젠가 종말이 오면 우리는 최후의 심판대 앞에서 직무유기에 대한 하나님의 엄중한 책망을 듣게 될 것입니다.

 하나님의 은혜로 얻은 지식에 근거하여 감히 예언하건대 경건한 사역자라면 특별한 사고를 당해 몸을 움직일 수 없거나 잠시 잠깐 시험에 빠진 경우를 제외하고 모두 이러한 임무를 인식하여 열심히 수행해야 할 것입니다. 저는 여러분을 독려하는 일이 헛수고로 끝나지 않을 것이며, 여러분이 주님의 경고를 엄숙히 받아들이고 당연히 동참하리라 믿습니다. 물론 게으름과 시기와 악의에 찬 위선자들이 종종 악담을 퍼뜨리며 방해하겠지만 하나님은 머지않아 그들의 정체를 드러내시고 스스로 얼마나 하찮은 일을 벌이고 있는지 깨닫게 하실 것입니다. 화 있으리로다! 수많은 영혼의 죽음에 대한 책임이 그들에게 돌아갈 것입니다. 지금은 그럴듯한 이유를 둘러대며 사명을 피할 수 있겠지만 죽은 후 심판이 도래하면 조금도 핑계치 못할 것입니다. 그들의 모든 방해가 어리석음의 결과요, 부패한 의지와 육신의 욕망에서 비롯되었음이 드러날 것입니다. 죽음이 임박하고 심판대가 열리며 영생의 기로에 서게 될 때 그들은 온몸을 바쳐 주님께 헌신해야 할 의무를 소홀히 했음을 자책하며 슬픔으로 세상을 하직할 수밖에 없습니다.

형제들이여, 하나님의 이름으로, 또 여러분에게 맡겨진 양들의 생명을 위해 간절히 권면합니다. 영혼을 개별적으로 돌보는 이 일을 경홀히 여기지 말고 온 힘과 열정을 다해 행하십시오. 가장 시급하고 중요한 일로 삼으십시오. 이 일을 실행하는 데는 많은 주의가 필요합니다. 그러므로 마치 대중설교를 준비하듯이 일도 연구하십시오.

저는 지난번 모임에서 몇몇 동료들과 함께 문답교리 프로그램의 활성화 방안을 열심히 연구했던 기억이 납니다. 애석하게도 큰 교회 몇 곳을 제외하고는 별로 효과를 거두지 못했지요.

제가 반추해보건대 그 일의 핵심은 하나님의 인도를 얼마나 신중하게 받느냐, 또 사람들의 마음을 얼마나 민감하게 살피며 진리를 그들의 양심에 깊이 뿌리내리게 하느냐에 달려 있었습니다. 하지만 적임자로 생각되었던 목사님은 몸이 쇠약해져서 그 일을 감당할 수 없었고 나머지 사람들은 추진할 능력조차 없었습니다.

제가 가장 우려하는 바는 많은 목회자들이 설교는 잘하는데 이 일을 행하기에는 여러모로 자격미달이라는 사실입니다. 특히 연로하고 무식하고 강퍅한 죄인들을 다루는 데 어려움을 겪습니다. 실제로 목회자들이 웬만큼 연륜을 갖추지 못하면 강퍅한 노인들은 겸손히 배우고 순종하기보다 그들을 경시하고 소모적인 논쟁을 일삼으려 합니다. 그러니 나이가 어리고 경험이 부족한 목회자에게는 오죽하겠습니까?

우리는 사명을 받은 자들입니다. 우리가 아니면 아무도 이 일을 할 수 없습니다. 그러므로 우리 모두 일어나 온 힘을 다해 노력해봅시다. 진지하고 신중한 자세로, 생사를 걸겠다는 열정을 품고 양 떼를 돌봅시다. 강단 위에서 대중에게 설교를 할 때처럼 정성껏 이 일을 준비합시다. 거듭 고백하건대 이 일은 제가 지금껏 해온 일들 중에서 대중설교를 제외하고 가장 편안한 일이었습니다(대중설교가 넓은 범위로 영향력을 발휘한다면 개별 교리학습은 깊게 영향력을 끼칩니다). 신실한 종이라면 이 사실을 얼마 안 돼서 깨닫게 됩니다.

목회자들에게 권면하고 싶은 것 또 하나는 교회에서 그토록 필요로 하고 목회자의 주요 임무이기도 한 개별 신앙훈련을 합심하여 시행하라는 것입니다. 그동안 우리가 사명의 중요성을 간과했을뿐더러 연합하는 데도 오랫동안 소홀했다는 사실은 참으로 안타까운 일입니다. 목회자들은 한목소리로 이렇게 외쳐왔습니다. "교인들이 아직 교육받을 만한 준비를 못했잖습니까. 우리가 가르친다 해도 그들이 감당하지 못할 것입니다." 하지만 정직하게 생각해봅시다. 이로 인해 혹시 생길지도 모를 반감과 혼란이 두려웠던 것은 아닙니까?

여러분이 생각하기에, 교회가 그리스도의 규례와 법도를 도저히 행할 수 없는 지경에 이르렀다면 그 요인을 밝혀내고 사람들로 하여금 신앙훈련을 받도록 독려해야 하지 않겠습니까?

여러분에게 바라기는, 훗날 우리의 목자장 되시는 주님께 평안한 마음으로 나아가고 하나님께 충성스러운 종으로 인정받으려면 이 일을 귀하게 생각하고 늘 최선으로 행해달라는 점입니다. 또한 이에 수반되는 육체적 수고 때문에 움츠러들지도 말기 바랍니다. 뒤로 물러서는 것은 서글픈 일입니다. 대개 고귀한 사명일수록 대가가 많이 요구됩니다. 여러분, 그리스도께서 그 무거운 대가를 친히 짊어지셨다는 사실을 기억하십시오.

주님의 일을 부흥시키기 위해 더 이상 지체하지 말고 서로 연합합시다. 모이는 데 힘쓰고 그 모임을 통해 서로 덕을 세우며 효과적으로 주님의 일을 수행합시다.

형제들이여, 제 글이 허술함을 용서하십시오. 저는 여러분의 수고가 풍성한 열매를 거둘 수 있도록 매일 기도할 것입니다. 부디 하나님이 여러분을 감동시키셔서 이 책에 나온 사명들을 기꺼이 감당하게 하시고 교묘한 뱀의 음모를 대적하여 온전히 흥왕하게 하시기를 바랍니다.

1656년 4월 15일
여러분의 무익한 동역자 리처드 백스터

| 서문 |

진정한 목자가 되기 위해

"여러분은 자기를 위하여 또는 온 양 떼를 위하여 삼가라 성령이 그들 가운데 여러분을 감독자로 삼고 하나님이 자기 피로 사신 교회를 보살피게 하셨느니라"(행 20:28).

어떤 이들은 에베소 장로들을 향한 바울의 이 훈계가 그의 지배적인 리더십을 입증한다고 말합니다. 그러나 오늘날 주님으로부터 사명을 받아 여러분 앞에 선 우리는 바울과 동일한 훈계를 전하고 싶지만 결코 여러분을 다스리려는 의도는 없습니다. 물론 주님에게서 양 떼를 가르치고 양육하라는 직분을 받았지만 믿음의 형제들끼리 누구나 자유롭게 가르칠 수 있다고 생각하기 때문입니다. 우리에게 양육받고 있는 양들도 그들끼리 서로 가르치고 권면하고 훈계할 수 있을진대 교사들도 권위나 서열을 따지지 말고 서로 가르칠 수 있어야 하지 않겠습니까?

우리도 우리의 양들과 마찬가지로 죄의 소욕이 있고 일깨우고 북돋워야 할 영적 은사가 있습니다. 또 양들보다 할 일이 많고 극복해야 할 어려움도 더 많습니다. 그러므로 우리는 가르침까지는 아니어도 충고나 경고를 귀담아들을 필요가 있고 그만큼 자주 회합을 가져야 합니다. 양들의 문제를 진지하게 논의하듯 서로의 문제도 툭 터놓고 검토해봐야 할 것입니다. 평신도든 목회자든 날카로운 지적과 책망을 받을 때 건전하고 생기 있는 신앙생활을 할 수 있습니다.

앞으로 저는 다음 방식에 따라 논의를 전개해갈 것입니다.

첫째, 목회자의 자아성찰에 관해 고찰할 것입니다.

둘째, 왜 자아성찰을 해야 하는지 그 이유를 알아볼 것입니다.

셋째, 양 떼를 돌보는 목양 사역에 관하여 알아볼 것입니다.

넷째, 양 떼를 돌보는 목양의 자세에 관하여 알아볼 것입니다.

다섯째, 양 떼를 돌보는 목양 사역의 필요성을 언급할 것입니다.

마지막으로, 이 모든 것을 적용하는 목회의 실제에 대해 생각할 것입니다.

PART 1

목회자의 자아성찰

chapter 1
자아성찰의 내용

이번 장에서는 목회자가 자신의 어떤 면을 성찰해야 할지 생각해봅시다.

1. 구원의 은혜 가운데 있는가?

가장 먼저, 하나님의 은혜에서 비롯된 구원의 역사가 여러분의 영혼 안에서 온전히 이뤄지고 있는지 살피십시오.

하나님의 구원 은혜를 전하면서 정작 본인은 그 은혜에서 이탈해버린다면 이 얼마나 불행한 일이겠습니까? 자신이 전하는 복음에 오히려 참여하지 못한다면 어찌하겠습니까? 세상 사람들에게는 구세주의 필요성을 역설하면서 자신은 마음속으로 주님을 거절하고 있지 않습니까? 많은 목회자들이 성도들에게 어리석은 길을 걷지 말라고 경고하지만 자신은 무심하게 그 길을 걷곤 합니다. 다른 사람들에게는 멸망에 빠지지 말라고 수백 번 촉구하면서 자신은 오히려 그 길을 향하고 있지 않은지, 다른 사람들에게는 양식을 미리 준비하라고 경고하면서 자신은 기근을 전혀 대비하지 않고 있는지 주의하십시오.

많은 자들을 의의 길로 이끄는 사람은 별처럼 빛나는 상급을 약속받지만 본인이 먼저 의의 길에 있음을 전제로 합니다. 힘써 목회에 전념하는 사람은 큰 영광을 맛보겠지만 마찬가지로 본인이 먼저 믿음 안에서 굳게 서 있어야 합니다. 다른 사람들에게 구원의 길을 소개하고도 자신은 오히려 그 길을 거부한다면 하나님이 구원의 은혜를 베푸시겠습니까? 상식적으로 생각해도 있을 수 없는 일입니다. 진리를 의심하고 거부하면서 이를 다른 사람에게 전할 수는 없습니다. 재단사가 다른 사람을 위해서는 값진 의상을 지으면서 자신은 누더기를 입고 지내서야 되겠습니까? 또 요리사가 다른 사람들을 위해서는 산해진미를 마련하면서 자신은 손가락만 빨고 있으면 되겠습니까? 안타깝게도 이런 목회자가 생각보다 많습니다.

형제들이여, 제 말을 기억하십시오. 하나님은 헌신적인 목회자라고 해서, 혹은 유능한 설교자라고 해서 무조건 구원하시지는 않습니다. 사역을 시작하기에 앞서 우선 하나님에게서 의롭다 하심과 거룩케 하심을 받아야 합니다. 여러분, 자신을 먼저 돌아보십시오. 성도들에게 어떠한 사람이 되라고 가르치기 전에 자신이 먼저 그런 사람이 되고, 그들에게 믿으라고 권하는 바를 자신이 먼저 믿고, 그들에게 소개하는 구주를 자신이 먼저 진심으로 받아들이십시오. 네 이웃을 '네 몸처럼' 사랑하라고 하신 주님의 명령은 자신을 먼저 사랑하고 그만큼 이웃을 사랑하여 함께 멸망에서 벗어나라는 의미를 담고 있습니다.

신자가 성화되지 않는 것도 두려운 일이지만 설교자가 성화되지 않는 것은 더욱 두려운 일입니다. 성경을 펼쳐들 때 그 안에서 자신에 대한 정죄의 판결문을 보게 되면 떨리지 않습니까? 설교 원고를 작성하면서 그것이 곧 자기 영혼에 대한 저주의 포고라는 생각을 해본 적 없습니까? 설교자는 양들에게 그리스도의 헤아릴 수 없는 부요함과 은혜를 설파하면서도 정작 자신은 불법에 무디어지거나 영적인 공허감에 빠질 수 있습니다. 양심이 깨어 있는 사람이라면 자기 안에서 혼란이 가중됨을 느낄 것입니다.

말하는 바가 대부분 자신을 거스르는 것이라면 이 얼마나 가련한 인생입니까! 자신과 부합하지 않는 것을 공부하고 설교하면서 평생 자기정죄의 길을 가야 하니 말입니다.

은혜를 제대로 경험하지 못한 설교자야말로 지구상에서 가장 불행한 피조물 중 하나입니다. 더군다나 그들 중 대다수는 자신이 처한 불행한 상황을 자각하지 못합니다. 그들은 은혜라는 황금이 저축된 듯 보이는 많은 계좌들을 갖고 있고 그리스도의 보석과 유사한, 빛나는 돌들을 많이 갖고 있기에 자신이 가난하다는 생각을 거의 하지 못합니다. 실상은 헐벗고 굶주리고 비참한 지경에 있는데도 자신에게 아무런 문제가 없다고 여깁니다. 오히려 하나님의 제단에 서서 거룩한 임무를 수행하고 있으며 성경을 잘 알아 심각한 죄에 빠지지 않았다고 자신합니다. 다른 사람들의 잘못을 책망하고 마음과 생활의 성결을 소리 높여 설교합니다.

그 풍요함 가운데 멸망해야 하다니, 풍성한 생명의 떡을 손에 쥐고 다른 사람들에게 나눠주면서 정작 자신은 기근에 허덕이다니, 이 얼마나 비참한 일입니까? 죄를 깨닫고 구원에 이르게 하는 하나님의 규례가 도리어 우리를 속이는 셈이 되었습니다. 우리는 영혼의 실상을 보여주는 복음의 거울을 들고 있으면서 이를 다른 사람에게만 보여줄 뿐 자신은 거울 뒷면이나 옆면에 비스듬히 서서 제대로 자신을 보지 못합니다.

제 충고를 마음으로 받아들인 목회자라면 다른 사람에게 설교하기 전에 우선 자신에게 설교할 것입니다. 자기 입에 담긴 음식이 배 속으로 들어가지 못하면 어쩌나, 혹은 그리스도의 이름을 부르면서도 불법에서 떠나지 못하여 결국 심판의 날이 임할 때 "주여 주여 우리가 주의 이름으로 선지자 노릇 하며 주의 이름으로 귀신을 쫓아내며 주의 이름으로 많은 권능을 행하지 아니하였나이까"(마 7:22)라고 외쳐도 주님이 무서운 음성으로 "내가 너희를 도무지 알지 못하니……내게서 떠나가라"(마 7:23)고 말씀하시지 않을까 걱정하게 될 것이며, '가룟 유다가 과거에 다른 사도들과 전도하고 그리스도 곁에서 친구라고 불렸던 사실을 기억한다 해도 지옥에 떨어진들 무슨 소용이 있겠는가?' 하고 생각하게 될 것입니다.

이러한 생각들이 영혼에 들어와 잠시라도 여러분의 양심을 일깨운다면 저는 시편 50편 16-17절 말씀을 묵상해보라고 권하고 싶습니다.

> "악인에게는 하나님이 이르시되 네가 어찌하여 내 율례를 전하며 내 언약을 네 입에 두느냐 네가 교훈을 미워하고 내 말을 네 뒤로 던지며"(시 50:16-17).

제 권고를 차분하게 마음으로 받아들이고 실천하십시오. 곧 자신의 죄를 회중 앞에서 고백하고, 하나님께 용서를 빌며 새롭게 하시는 은혜를 구하십시오. 그러한 후에야 비로소 자신이 깨달은 구주를 확신 있게 소개할 수 있고 자신이 경험한 복음의 부요함을 선전할 수 있습니다.

많은 목회자들이 진정한 그리스도인으로 거듭나기도 전에 설교부터 시작했기에 오늘날 교회가 위기와 재앙에 처해 있는 것입니다. 그들은 제단의 헌신을 통해 하나님의 사제로 세워졌지만 아직 마음의 헌신을 통해 그리스도의 제자로 성결하게 세워지지 못했습니다. 그들은 알지 못하는 하나님을 예배하고, 알지 못하는 그리스도를 설파하며, 알지 못하는 성령을 통해 기도합니다. 사람들에게 하나님의 거룩한 의의 옷을 입고 그분과 교제하며 영원한 생명과 행복을 취하라고 말하지만 정작 자신이 무슨 말을 하고 있는지 알지 못하며 앞으로도 그럴 것 같습니다. 무정한 설교자가 되어 자신이 설파하는 그리스도와 그분의 은혜를 마음에 갖고 있지 못합니다.

신학을 공부하는 예비 목회자들도 이를 잘 생각해야 할 것입니다. 하나님의 역사에는 관심이 없고 오로지 난해한 인명이나 지명을 외우는 데 급급해한다면 어찌되겠습니까? 하나님이 누구이신지, 그분을 마음으로 어떻게 경외해야 하는지, 또 속사람을 새롭게 하여 행복을 누릴 수 있는 비결이 무엇인지를 배우지 않는다면 신학을 공부할 이유가 없습니다. 성경의 난해한 역사와 개념을 머리에 가득 채우고 입으로 술술 읊조린다 해도 하나님을 모르고 진정한 성도의 생활에서 벗어나 있다면 아무 소용 없습니다.

하나님의 구원 은혜가 임하지 않는다면 그들은 성화되지 못한 공부와 논쟁에 시간을 허비했음을 깨닫지 못할 것입니다. 만유 안에 계시는 분, 곧 태초부터 홀로 존재하시고 인류에게 절대로 필요하신 주님을 알지 못한다면 자신이 맡게 될 일에 관해서도 전혀 알 수 없습니다. 하나님을 모르는 자는 어느 것도 제대로 알 수 없습니다. 하나님을 공부하지 않으면 학문이든 목회든 어디에서도 성취를 거둘 수 없습니다. 피조물들이 창조주와 어떤 관계에 있는지 알지 못하면 그들에 관해 제대로 알 수 없습니다.

의미를 이루지 않는 개별 단어들과 음절들이 아무런 의미가 없듯이 알파와 오메가요 시작과 끝이신 주님을 무시하고 만유 안에 충만하신 그분을 찾지 않는 사람은 아무것도 알 수 없습니다. 그런 사람은 쪼개진 음절과 다름없습니다. 실제로 인간은 하나님과 분리되면 전적으로 무의미해지고 존재조차 할 수 없습니다. 분리는 곧 멸망입니다. 분리된 사물은 서로 아무 상관이 없는 존재가 됩니다. 무신론자인 물리학자가 피조물들을 아는 것과 그리스도인이 피조물들을 아는 것은 전혀 별개입니다. 그리스도인만이 고차원적인 물리학으로도 규명할 수 없는 피조세계의 감춰진 뜻을 파악하고 온전히 이해할 수 있습니다. 물리학은 많은 사람들이 생각하는 것처럼 고상하고 훌륭하고 유익한 학문이지만 우리에게 가르쳐줄 수 있는 내용은 아주 일부분에 불과합니다.

인간은 창조될 당시 완전한 존재였으며 완전한 세상 안에 거했습니다. 물론 만물도 완전한 질서를 이루고 있었습니다. 모든 피조세계는 한 권의 완벽한 책이었기에 그 안에서 인간은 위대한 창조주의 성품과 의지를 읽을 수 있었습니다. 각 피조물마다 그 안에 하나님의 이름이 뚜렷이 새겨져 있었기에 인간은 달려가면서도 이를 읽을 수 있었습니다. 눈만 뜨면 어디서든 하나님의 형상을 볼 수 있었던 것이지요. 무엇보다 하나님의 형상이 가장 뚜렷하고 생생하게 나타난 곳은 바로 인간 자신이었습니다. 그러므로 자연이라는 책도 공부해야 했지만 무엇보다 자신에 관해 공부하는 것이 가장 중요했습니다.

만약 이 상태가 계속 이어졌더라면 인간은 하나님과 자신에 관한 지식을 지속적으로 확장해갈 수 있었을 것입니다. 그런데 인간은 하나님과 상관없는 방식으로 피조세계와 자신을 알아가고 사랑하려 했고 그 결과 피조물과 창조주에 관한 지식을 모두 잃어버리고 말았습니다. 이제 진정한 가치를 지닌 지식은 사라지고 대신 인간이 스스로 만들어낸 공허하고 불완전한 지식, 곧 유기적으로 연합되지 못할 지식을 갖게 된 것입니다. 그리하여 예전에는 창조주를 의지하고 그분을 향하며 살았던 인간이 이제는 다른 피조물들을 의지하고 향하며 살게 되었습니다. 학식이 있는 자나 없는 자나 모두 인생의 무대에서 헛되이 살고 있습니다. 분주하게 보이는 모든 움직임은 정녕 헛된 것입니다(시 39:5-6).

여기서 우리가 반드시 기억해야 할 사실이 있습니다. 하나님이 우리의 구주가 되셨다고 해서 그분과 우리의 창조주-피조물 관계가 없어지는 게 절대 아닙니다. 우리에 대한 하나님의 소유권과 지배권이 약화되는 것도 아닙니다. 어떤 면에서 구속의 역사는 창조의 역사에 종속된다고 할 수 있습니다. 구속의 법칙도 창조의 법칙에 종속됩니다. 창조주 하나님에 대한 우리의 의무가 끝나는 것이 아니라, 구세주에 대한 우리의 의무가 거기에 부가되는 것입니다. 그리스도께서 하시는 일은 우리를 하나님께로 돌아오게 하시고, 우리의 성결과 순종을 온전히 회복시키시는 것입니다. 그리스도께서는 성부 하나님께 이르는 길이십니다. 우리는 그리스도에 대한 믿음을 통해 예전에 우리가 누렸던 하나님과의 사귐과 즐거움을 되찾을 수 있습니다.

제가 여기서 말하고자 하는 바를 아시겠습니까? 피조세계 안에서 하나님을 발견하고 그분을 사랑하며 그분과 동화되는 것이 인간의 마땅한 본분이라는 것입니다. 우리는 결코 이러한 의무에서 벗어날 수 없습니다. 예수 그리스도께서는 우리가 그분을 믿음으로써 본연의 상태를 회복하게 하려고 오셨습니다. 그러므로 그리스도에 대한 믿음으로 성결하게 된 사람만이 하나님의 일을 가장 충실히 배우고 익힐 수 있습니다. 하나님의 일은 위대하며, 그 안에서 즐거움을 경험한 사람은 열정적으로 그분의 일을 추구합니다. 자신을 위해서가 아니라 자신을 만드신 창조주를 위해서 말입니다.

하나님을 찾기 위한 목적이 아니라면 아무리 고상한 학문이라도 연구할 가치가 없습니다. 하나님의 역사 안에 나타난 대로 하나님을 찾고 그분을 기리며 그분께 경의를 표하고 그분을 사모하고 그분 안에서 기뻐하는 것이 가장 참되고 숭고한 공부입니다. 하나님도 이를 거듭 말씀하셨습니다. 하나님이 공부의 목적이요 대상이요 핵심이 되실 때 비로소 여러분의 공부는 성결한 것이 됩니다.

감히 말하건대 저는 신학교에서 구주 예수님을 가르치기 전에 먼저 물리학이나 철학 같은 피조세계 학문을 가르치는 것이 매우 큰 잘못이며 심각한 위험을 야기할 수 있다고 생각합니다. 신학의 핵심을 놓친 사람은 인본주의 철학의 어리석음에 빠질 수밖에 없습니다. 신학은 모든 학문의 기초가 되어 선도적인 역할을 감당해야 합니다. 피조물에 대한 연구를 통해 하나님을 발견할 수 있기에 교수는 학생들에게 만물 안에서 하나님을 읽는 법을 가르쳐야 합니다. 신학은 모든 인간 학문의 처음이요 중간이요 끝이 되어야 하며 생명이요 전부가 되어야 합니다. 인류의 물리학과 형이상학은 신학으로 귀결되어야 하며, 자연은 하나님이 그분 자신을 계시하시기 위해 쓰신 책들 중 하나로 읽혀야 합니다.

그 책들 가운데 가장 쉬운 것은 성경입니다. 우리는 성경에서 처음으로 하나님과 그분의 뜻을 배우고 가장 필요한 것들을 얻게 됩니다. 성경은 하나님이 하신 일을 이야기해주고 모든 피조세계를 하나님의 관점에서 읽도록 도와줍니다. 여러분, 여러분이 아무리 피조물에 관한 방대한 지식을 쌓아간다 하더라도 만물이 하나님으로 말미암아 그분 안에서 존재하고 그분께 속한다는 것을 깨닫지 못한다면 실은 진정 알아야 할 바를 전혀 모른다고 말할 수 있습니다.

그렇다고 물리학이나 철학 등 피조세계에 관한 학문을 초보적인 것으로 치부해서도 안 됩니다. 실제로 피조세계 안에서 창조주를 발견하고 경탄하고 연구하는 것은 참으로 거룩하고 고상한 일 중 하나입니다. 지금까지 얼마나 많은 하나님의 사람들이 이 고귀한 일에 참여해왔습니까! 욥기와 시편을 보면 물리학과 신학이 매우 밀접한 상관관계에 있음을 알 수 있습니다.

그러므로 저는 교회의 유익과 교수 자신의 학문적 진보를 위해 다음과 같은 점을 진지하게 고려하기를 권합니다. 과학 교육의 일환으로 학생들에게 만물에 대한 신학적 관점과 해석을 진지하게 일러주고 그렇게 공부하도록 격려해주십시오. 또 과학과 신학이 결코 모순된 학문이 아님을 알려주십시오. 학생들에게 성경을 설교하는 것도 중요하지만 그것만으로는 충분하지 않습니다. 교수가 구원의 원리를 가르치는 것을 자신의 가장 중요한 사명으로 생각하여 학생들에게 머리뿐 아니라 마음으로 이를 받아들이고 세상의 모든 학문이 구원의 원리에 종속됨을 깨닫게 해준다면, 또 그들에게 공부의 진정한 목적을 알게 하고 신학을 매개로 모든 학문을 가르친다면 온 교회와 민족이 진정한 행복으로 나아갈 것입니다. 그러나 이와 반대로 언어와 철학 공부에 대부분의 시간을 할애하고 신학적 관점에서 철학을 논하기보다 철학적 관점에서 신학을 논하고 영생에 관한 교훈을 음악이나 수학보다 하등한 것으로 가르친다면 교회와 학교는 자라나는 싹을 베어버릴 뿐 아니라 세속적인 교훈으로 스스로를 오염시키게 될 것입니다.

아이러니하게도 세속에 속한 사람들이 보이지 않는 천국의 기쁨을 설파하고, 육신에 속한 사람들이 영적 신비를 말합니다. 그리스도를 설파하는 비신자들, 살아 계신 하나님을 전하는 무신론자들이 너무도 많습니다. 종교를 배제하거나 종교보다 먼저 철학을 가르친다면 학생들의 신앙은 대부분 세속 철학으로 지배당하고 말 것입니다.

그러므로 저는 청소년 담당 목회자나 신학교 교수들에게 다시 한 번 당부하고 싶습니다. 교육이라는 것을 하나님의 일로 시작하여 하나님의 일로 끝내십시오. 학생들의 마음을 가르치십시오. 마음을 움직이지 않는 공부는 아무 소용이 없습니다.

하나님의 살아 계심과 각 영혼의 상태, 내세 등 양심을 일깨워 줄 수 있는 말을 학생들에게 자주 들려주십시오. 그러한 개념을 이해하기에 너무 어리다거나 준비되지 않았다는 식의 말은 하지 마십시오. 여러분의 말 한마디가 학생들에게 어떤 인상을 남기게 될지 그 누구도 알 수 없습니다. 그저 열정과 순종으로 전했던 말을 통해 학생뿐 아니라 주변의 누군가가 하나님을 송축하게 될지 누가 알겠습니까?

교사는 누구보다도 청소년들에게 유익한 영향을 줄 수 있는 위치에 있습니다. 성장 과정 중에 있는 학생들은 대개 어른들의 말에 반감을 나타내지만 교사의 말이라면 듣는 경우가 많기 때문입니다. 만약 여러분 중에 신학교에서 가르치는 분이 있다면 당신은 하나님의 특별한 사역을 위해 학생들을 준비시키고 있는 것입니다.

그렇다면 그들에게 장차 섬길 분에 관한 지식을 먼저 전해줘야 하지 않겠습니까? 세상과 육신에 관한 가르침만 받고서 거룩한 주님의 사역에 투입된다면 이는 여러분이나 학생, 교회 모두에게 참으로 슬프고 애석한 일입니다. 오늘날 신학생들 중에서 진지하게 하나님을 경험하고 경건한 삶을 지켜가는 젊은이가 과연 몇 명이나 될까요? 신학교 졸업생의 절반이 목회사역을 하기에 부적합하다면 교회와 우리 민족은 참으로 비참한 결과를 보게 될 것입니다.

여러분은 학생들에게 회개의 삶, 성화의 삶을 가르치는 도구가 되어 하나님의 교회에 선한 유익을 끼치십시오. 여러분이 마음에 파고드는 교리를 가르친다면 학생들은 자기에게 적합한 사역 분야를 선택하여 보다 큰 열정과 헌신을 보여줄 것입니다. 교회에 우환과 탄식을 가져오는 자, 영혼을 고문하고 살해하는 자가 되지 말고 학생들의 선한 양심과 사명감을 일깨우는 통로가 되십시오.

2. 하나님의 은혜로 일하는가?

여러분은 그저 은혜 가운데 있다는 사실에 만족하지 말고 그 은혜가 역동적으로 역사하고 있는지 살피십시오. 또 성도들에게 설교하기 전에 먼저 자신에게 설교해보십시오. 말씀을 자기 자신에게만 적용한다 해도 이는 결코 무의미한 일이 아닙니다. 여러분이 천국에 합당한 마음을 갖고 있다면 여러분의 양들도 그 열매에 참여하게 될 것이기 때문입니다. 여러분의 기도와 찬송과 가르침이 그들에게 천상의 감미로움을 느끼게 할 것이며, 여러분이 하나님과 가까워질수록 그들도 더욱 그렇게 느낄 것입니다. 여러분에게 유익한 말씀이 여러분의 양들의 귀에도 가장 귀한 것입니다.

부끄러움을 무릅쓰고 제 경험을 고백하자면 저도 제 영혼의 병폐를 양들 앞에 고스란히 드러낸 적이 있습니다. 제 마음이 냉랭할 때 제 설교도 냉랭해지고, 제 영혼이 산만할 때 제 설교도 산만해졌던 경험 말입니다. 그리고 안타깝게도 제 설교에 가장 귀를 기울였던 사람들이 그 영향을 가장 크게 받는 것을 보았습니다. 설교가 끝날 때 그들의 마음도 냉랭해졌고 기도에도 힘이 없었습니다.

우리는 그리스도에게서 아이들을 위탁받아 양육하는 유모입니다. 우리가 음식을 먹지 않으면 우리 아이들도 점점 야위고 게을러져서 곧 굶주림에 시달리겠지요. 우리가 사랑을 키우지 않으면 우리의 양들도 사랑에 인색해질 것입니다. 우리가 거룩한 두려움으로 자신을 성찰하지 않으면 우리의 설교에 그것이 고스란히 드러날 것입니다. 설교의 내용을 그럴듯하게 만들어낸다 해도 설교의 태도에서 나타나겠지요. 더 나아가 우리가 상한 음식, 가령 잘못된 사상이나 헛된 변론을 취한다면 말씀을 듣는 사람들은 더욱 잘못된 길로 **빠져들** 것입니다.

오, 형제들이여! 그러므로 자신의 마음을 돌아보십시오. 탐욕과 욕정과 세상 염려를 버리십시오. 믿음과 사랑과 열정의 생활을 하십시오. 본연의 사명을 기억하며 하나님의 일에 힘을 쏟으십시오. 여러분의 마음이 그대로 회중에게 전달되어 그들도 동일한 은사를 경험하고 성령의 생기를 가득 머금게 될 것입니다. 만약 여러분이 가식적으로 이 일을 행한다면 하늘의 축복을 결코 얻을 수 없습니다. 매일 자신의 내면을 살피고 부패한 마음을 다스려 하나님과 동행하는 데 힘쓰십시오. 무엇보다 은밀한 가운데 기도하고 묵상하기에 힘쓰십시오. 하늘의 불을 받아 희생의 불꽃을 피우십시오.

명심할 점은 여러분이 의무를 게을리 행할 때 여러분 혼자만 피해를 보는 게 아니라 여러분과 함께하는 여러 사람이 실패를 겪게 된다는 사실입니다. 그러므로 양들을 위해서라도 자신의 마음을 늘 돌보십시오. 영적 교만이나 어리석은 실수, 무모한 결정으로 믿음의 동역자들을 떠나보내고 교회 전체를 무너뜨린다면 얼마나 가슴 아픈 일입니까? 교회의 축복이 되어야 할 여러분이 도리어 교회의 재앙이 되어 사람들로부터 외면당하지 않겠습니까?

그러므로 여러분의 기호를 드러내거나 어떤 사안을 결정할 때마다 세심한 주의를 기울이십시오. 허영과 거짓, 분열, 불신은 늘 교묘하게 침투하여 미미하게 시작되는 법입니다. 광명의 천사로 가장하여 빛의 자녀들을 어둠으로 끌어내리려 획책하지요. 우리의 첫사랑과 헌신의 결단은 얼마나 쉽게 오염되고, 하나님을 향한 우리의 경외심은 얼마나 쉽게 사그라지는지요! 그러므로 여러분이 이끌고 있는 양들이나 여러분과 함께하는 동역자들을 위해서라도 늘 조심하십시오!

목회자는 회중 앞에 나아가기 전에 먼저 하나님께 나아가 자신의 마음을 뜨겁게 달구어주시기를 목숨 걸고 간구해야 합니다. 냉랭한 마음으로 어떻게 청중에게 뜨거운 열정을 불어넣겠습니까? 전해야 할 말씀을 깊이 묵상하고 자신의 영혼을 일깨우는 데 유익한 책들을 읽으십시오. 굶주리고 목말라하는 양들의 필요를 채워주겠다는 열정을 가지고 성전으로 들어가십시오. 이런 식으로 여러분은 여러분 안에 있는 은혜를 지켜가고 그 은혜를 강단 위에서 설교를 통해 드러내야 합니다. 차갑고 무딘 마음으로 교회를 찾았던 사람들이 따뜻한 감동을 안고 돌아갈 수 있게 말입니다.

3. 가르침과 행동이 일치하는가?

자신의 가르침과 행동이 일치하는지 살펴보십시오. 여러분은 눈먼 사람을 넘어뜨리거나 멸망의 길로 이끄는 목회자, 입으로 한 말을 행동으로 부인하는 목회자가 되어서는 안 됩니다. 그릇된 행동 하나가 그동안 애써 해왔던 일을 일순간 수포로 만들 수 있습니다. 물론 성도가 들은 바대로 행동하지 않는다면 안타까운 일이지만 이보다 훨씬 치명적인 게 목회자의 언행불일치입니다. 여러분의 모순된 행위 하나가 강대상에서 한두 시간 동안 선포했던 말씀의 권위를 한 번에 헐어버립니다. 하나님의 말씀을 거짓말이요 쓸데없는 말장난으로 격하해버리는 셈이지요.

진정성을 가지고 말하는 사람은 말한 대로 행동합니다. 반면 무성의하고 허영에 찬 말, 탐욕이 뒤섞인 설교는 하나님 말씀의 생명력을 차단시키고 여러분의 목회활동을 망칠 것입니다. 형제들이여, 하나님을 두려워하는 마음으로 대답하십시오. 여러분은 여러분의 목회가 성공하기를 바랍니까? 설교를 통해 많은 영혼들에게 감동을 전해주기를 원합니까? 만약 "아니요" 하고 대답했다면 여러분은 왜 신학을 공부하고 그리스도의 종으로 자원하여 설교를 하고 있습니까? 진정으로 성공적인 목회를 바란다면 여러분은 그 일을 망가뜨리려는 요소가 있는지 자신의 마음을 살펴야 합니다. 가난한 자를 돌보는 데 인색하고, 사람들에게 비난과 상처받기를 두려워하고, 비천한 사람에게 좀처럼 허리를 굽히지 않는 등 영혼을 얻기 위한 수고를 기꺼이 감당하지 않으면서 어찌 성공을 바라고 있습니까? 그저 값싸게 성과를 거둬들일 궁리를 합니까, 아니면 성공하려는 마음 자체가 없습니까?

설교와 삶이 괴리된 목회자는 참으로 심각한 오류를 범하고 있는 것입니다. 한 시간 남짓한 설교를 바람직하게 하기 위하여 일주일 내내 연구하면서도 바람직한 삶을 위해서는 거의 노력하지 않는 목회자, 설교 원고의 어휘를 하나라도 잘못 쓰면 큰일 나는 줄 알지만(그런 태도가 잘못이라는 말은 아닙니다. 설교를 그토록 철저히 준비하는 일은 중요합니다) 자신의 일상생활에서 그릇된 행동이나 언사가 불쑥 튀어나오는 것은 별로 개의치 않는 목회자를 저는 많이 보았습니다.

형제들이여, 우리가 진정 그리스도의 종이라면 언어뿐 아니라 행위로도 그분을 섬겨야 합니다. 행위를 통해서도 축복을 받는 자가 되어야 합니다. 양들에게 말씀을 듣고 행하는 자가 되어야 한다고 말하듯 우리도 스스로 기만하지 않는 메시지를 말과 행동으로 전해야 합니다. 설교를 잘하는 방법과 동시에 생활을 잘하는 방법도 열심히 공부해야 합니다. 자신의 삶을 말씀에 따라 어떻게 운영해야 할지 말입니다.

성도들의 영혼에 깊은 관심을 가지고 있는 목회자라면 누구라도 마음을 파고드는 설교, 확신과 회심과 구원의 삶으로 인도하는 설교의 방법을 고민할 것입니다. 이제는 더 나아가 자신의 행위와 삶의 태도로 설교하는 방법을 생각해야 합니다. "사람들의 영혼을 구하려면 나는 어떻게 살아야 하며, 어떻게 행동해야 할까? 내가 갖고 있는 자원을 어떻게 사용해야 할까?" 하고 스스로 물어야 합니다. 영혼 구원을 궁극적인 소명으로 삼고 있는 목회자는 강단뿐 아니라 강단 밖에서도 동일한 질문을 합니다. 가령 주머니에 든 돈을 만지작거리며 "이것을 어떻게 써야 사람들의 영혼에 가장 큰 유익을 줄 수 있을까?" 하고 묻는 것입니다.

여러분, 여러분의 언변과 재물, 친구 등 하나님에게서 받은 모든 것을 어떻게 사용하면 좋을지 매일 연구하십시오. 예전에는 몰랐던 수고의 열매를 보게 될 것입니다. 여러분이 강단 위에서만 목회의 목적을 찾으려 한다면 강단 밖에서는 목회자이기를 포기하는 셈입니다. 그러면 결코 존경받는 목회자가 될 수 없습니다. 그렇다면 설교와 행동을 모두 잘하는 목회자, 좋은 일에 열심을 품는 목회자가 되려면 어떻게 해야 할까요?

첫째, 아무 흠 없이 행하여 순전함을 유지하십시오.

죄가 죄임을 분명하게 말해주는 삶을 살고, 사람들에게 마땅히 행할 바를 하도록 권유하십시오. 자기 영혼에는 무심하면서 어떻게 다른 양들에게 영혼을 살피라고 가르치겠습니까? 성도들에게 시간을 아끼라고 가르치려면 자신의 시간부터 아낄 줄 알아야 합니다. 쓸데없는 변론을 일삼지 말라고 가르치려면 목회자 자신부터 덕을 세우고 은혜를 끼치는 말을 해야 합니다. 가족 간의 화평을 말하기 위해서는 자기 가족부터 잘 다스려야 합니다. 양들에게 겸손과 순종을 원한다면 자신의 권위주의적인 태도부터 버리십시오. 낮은 곳에서 섬기며 자기부인과 온유함의 본을 보이는 것만큼 좋은 방법이 없습니다. 가끔은 완악하고 비열한 성도를 만나 상처를 입어 혈기로 분풀이를 하고 싶겠지만 그것은 잘못된 대응입니다(자신뿐 아니라 사회에도 유익이 되지 못합니다). 억울하더라도 "악에게 지지 말고 선으로 악을"(롬 12:21) 이겨야 합니다. "욕을 당하시되 맞대어 욕하지"(벧전 2:23) 아니하신 우리 주님처럼 말입니다. 온유와 인내로 복수심을 극복하십시오. 물리적인 보복은 힘이 좀 세다는 것만 과시할 수 있을 뿐 성도들의 태도를 바꿀 수 없습니다. 반면 온유와 인내는 진정한 힘, 곧 영적인 탁월함을 보여줄 것입니다.

그리스도께서 가이사나 알렉산더보다 더 가치 있는 분이시라 믿는다면, 또 정복자가 되기보다 그리스도인이 되는 것이 더 영광스럽고,(완력 면에서 종종 인간을 뛰어넘는) 짐승이 되기보다 인간이 되기를 더 바람직하게 생각한다면 폭력으로 대항하지 말고 사랑과 온유와 인내로 응답하십시오. 몸을 낮춰 모든 사람의 종이 되어야 한다는 사실을 기억하십시오! 양들 중 가난한 사람들이 있다면 그들을 멀리하지 않도록 주의하십시오. 조금이라도 소홀하게 대하면 그들은 무시당했다고 생각하며 쉽게 상처를 받곤 합니다. 누구에게도 무례하게, 혹은 퉁명스럽게 말하지 마십시오. 아무리 보잘것없는 사람일지라도 그리스도 안에서 자신과 동등한 형제로 여겨 정중하게 대하십시오. 친절하고 정중한 태도는 아무 비용을 들이지 않아도 여러 사람에게 유익을 끼치는 방법입니다.

둘째, 자선을 베푸는 일에 열심을 내십시오.

가난한 사람들에게 무엇이 필요한지 살피고 그들의 영혼과 육체를 돌봐줄 수 있는 방법을 찾으십시오. 영혼을 살찌울 수 있는 신앙서적이나 교리문답서를 사다주면서 주의 깊게 읽으라고 권하십시오. 자신만의 번영을 위해 재물을 모으겠다는 생각을 버리고 가능한 한 많은 사람에게 물질적인 유익을 베푸십시오. 보다 크고 숭고한 선을 위해 자기 소유를 내려놓는 것은 하나님이야말로 만물의 궁극적인 주인이시며, 그분을 향한 헌신이 세상에서 가장 안전한 투자임을 믿는다는 신앙고백입니다.

여러분의 혈과 육은 먹잇감을 놓치지 않으려고 귓가에서 계속 투덜대며 의무를 이행하지 못하도록 방해를 해댈 것입니다. 하지만 주님이 명령하시는데도 불구하고 세상의 것을 사랑하여 그것을 선뜻 주님 앞에 내어드리지 못하는 사람은 참 그리스도인이 아닙니다(주님도 동일하게 이 말씀을 하셨습니다). 재물을 내어놓으라는 그리스도의 요구를 믿으려고도, 들으려고도 하지 않는 그는 육적인 생각과 자기기만에 사로잡힌 사람입니다. 다시 한 번 말씀드리지만 그리스도께 물질을 드리고 싶지 않아 의무를 의무로 받아들이지 않는 사람은 참 그리스도인이 아닙니다. 재물에 집착한 탓에 갈등과 혼란에 휩싸이다가 결국 분별력까지 잃어버리게 되지요. 그러므로 여러분, 불의한 재물의 노예가 되지 마십시오. 보화를 모두 하늘나라에 쌓아두십시오. 하늘나라에 가는 데 비용이 드는 것도 아니고, 오히려 여장이 가벼울수록 더 잘 갈 수 있지 않겠습니까?

육에 속한 생각과 탐심에 젖은 사람은 이런 식의 설교를 늘어놓곤 해도 좀처럼 행동으로 옮기지 않습니다. 말하는 것과 믿는 것, 행동하는 것은 별개의 문제이니까요. 아, 목회자들이 세속적인 부귀영화를 멀리하고 오로지 주님께만 자신의 소유를 아낌없이 쏟아붓기 위해 정신적, 육신적 아픔을 감내한다면 얼마나 많은 이들이 유익을 얻겠습니까! 목회자의 유창한 설교보다 이러한 실천적 섬김과 본보기가 사람들의 마음 문을 여는 데 훨씬 효과적일 것입니다. 가르침에 행위가 따르지 않으면 그 가르침은 단지 위선에 지나지 않습니다. 기독교 최초의 변증가로 알려진 미누키우스 펠릭스[1]는 이렇게 말한 바 있습니다. "자신의 유익을

---

1) *Octavius*의 저자로, AD 2세기 내지 3세기에 살았던 인물.

구하지 않는 사람만이 주님께 참된 기도를 드릴 수 있습니다. 위험에 처한 영혼을 붙잡아주는 사람은 주님께 큰 희생제물을 드리는 것입니다. 이처럼 자기 욕심을 비우고 다른 이의 영혼을 붙잡는 데 헌신적인 사람은 하나님 앞에서 거룩한 사람입니다. 참된 경건과 신앙을 가진 사람일수록 자신을 부인합니다." 우리는 재산을 전부 포기하고 수도원에 들어가는 가톨릭 사제처럼 될 필요는 없지만 하나님을 위한 게 아니라면 되도록 자기 소유를 내려놓는 게 바람직합니다.

4. 자신의 들보를 보고 있는가?

여러분, 성도들에게는 빈번이 경고하고 질책하면서 정작 자신이 그 죄에 빠져 있지 않나 살펴보십시오. 하나님을 영화롭게 하는 일을 직업으로 삼고 있으면서 다른 사람들과 다를 바 없이 그분을 욕되게 하고 있지 않습니까? 그리스도의 통치를 선포하면서 마음으로는 오히려 대항하고 반역하고 있지 않습니까? 그리스도의 공의와 법도를 가르치면서 자신은 알게 모르게 적당히 피해 가지 않습니까? 죄가 악하고 더럽고 위험한 것인 줄 알면서 왜 그곳에 계속 머물려고 합니까? 하나님이 이러저러한 죄가 사형에 해당한다고 정하시며 이를 엄히 경고하셨음에도 왜 여러분은 이를 두려워하지 않습니까? 다른 사람을 가르치는 여러분이 정작 여러분 자신은 가르치지 않습니까?(롬 2:21) "간음하지 말라", "술 취하지 말라", "이웃의 것을 탐하지 말라"고 가르치면서 어찌하여 여러분이 그런 일을 행합니까? 율법을 자랑하는 입으로 동시에 율법을 범하고, 악을 책망하는 입으로 동시에 남을 폄하하고 중상하고 모략함으로써 하나님을 욕되게 합니다. 어찌 그럴 수 있습니까!

아니면 죄가 그렇게까지 치명적이고 위험한 악이라고 생각지 않는 것입니까? 하나님의 경고가 허풍이라고 생각합니까? 그렇다면 왜 성도들에게 죄를 멀리하라고 가르치고, 죄의 위험성을 경고하고, 하나님의 심판이 임박했다고 으름장을 놓습니까?

여러분, 말로는 죄를 정복하자고 하면서 실제로 죄에 정복당하는 일이 없도록 주의하십시오. 다른 사람에게는 죄를 물리치라고 말하면서 정작 자신이 죄의 노예가 되지 않도록 주의하십시오. "누구에게 순종하든지 그 순종함을 받는 자의 종이 되는 줄을 너희가 알지 못하느냐 혹은 죄의 종으로 사망에 이르고 혹은 순종의 종으로 의에 이르느니라"(롬 6:16)는 말씀을 꼭 기억하기 바랍니다. 죄를 지적하기는 쉽지만 죄를 극복하기란 쉽지 않습니다.

5. 자격을 갖추기 위해 노력하는가?

마지막으로, 사역을 감당하는 데 필요한 자격을 다 갖추고 있는지 점검하십시오. 여러분은 구원에 관한 신령한 진리를 사람들에게 가르쳐야 하므로 지식과 지혜에 관한 한 어린아이처럼 유치한 수준에 머물러서는 안 됩니다. 중대한 책임을 맡고 있는 만큼 그야말로 엄격한 자격을 갖춰야 합니다. 기본적인 교리 중에도 어려운 개념과 원리가 많은데 신학은 오죽하겠습니까! 또 성경을 조금만 읽어봐도 난해하고 모호한 대목이 얼마나 많습니까! 기독교 신앙의 규례와 전통 가운데도 우리가 제대로 이해하지 못할 경우 내용상, 혹은 형식상 오류를 범할 수 있는 여지가 매우 많습니다. 마찬가지로 죄도 우리가 경고를 듣거나 깨닫게 되면 충분히 피할 수 있는 것들이 많습니다. 목회자는 성도들의 눈을 열어 교묘하게 침투한 유혹을 드러내주고, 성경을 정확하게 설명해주고, 삶의 중대하고도 복잡한 문제들을 해결하도록 도와주는 사람입니다.

이렇게 어려운 일을 제대로 훈련받지 않은 사람이 어떻게 감당할 수 있겠습니까? 목회를 하다 보면 적군의 진영이 얼마나 견고하고 집요한지 경험하게 됩니다. 또 성도들에게 완고한 저항을 받기도 합니다. 오랫동안 굳어진 세속적인 가치관과 선입견 때문에 그들은 "당신의 말을 잠자코 듣고만 있을 수는 없습니다" 하며 성을 내지요. 그들에게 근거 없는 소망과 평안을 붙잡지 말라고 권유하지만 그들은 자신을 합리화할 그럴듯한 이유를 수십 가지 이상 댈 수 있는 것처럼 보입니다. 게다가 수십 명의 적들이 언제라도 그들을 돕기 위해 대기하고 있는 듯 보입니다. 네, 우리는 동일한 차원에서 그들과 논쟁을 벌이지 못합니다. 우리는 우리의 말귀를 알아듣지 못할뿐더러 영적으로도 산만한 하나님의 자녀들을 상대해야 하며 종종 그들의 이치에 맞지 않는 반론에 녹초가 될 수도 있습니다. 그뿐 아니라 우리는 호전적이고 악의적인 사람들도 상대해야 하는데, 그들은 더 이상 대답할 말이 없으면서도 한사코 주장을 꺾지 않으며 감정적으로 반응하기 일쑤입니다.

5세기의 위대한 기독교 저술가인 살비아누스[2]도 이런 종류의 사람을 대한 적이 있었습니다. 그는 자신에게 빚지고 있었던 어느 빈농의 전 재산을 압류하기로 결심하고, 조금만 참아달라는 살비아누스의 간청을 뿌리친 채 몰인정하게 행하고 말았습니다. 일단 결심했기에 누구의 권고도 듣지 않겠다는 것이었습니다.

---

2) 5세기경에 마르세유에 살았던 기독교 작가.

그리스도의 은혜를 조금도 기억하지 못하는 이 무정한 행위자에게 살비아누스는 더 이상 말을 잇지 못하고 자리를 뜰 수밖에 없었습니다.

우리는 사람들의 생각뿐 아니라 감정과 의지를 바꾸기 위해 수없이 싸우게 됩니다. 그들은 은혜로 거듭난 이성, 혹은 영적으로 들을 수 있는 귀가 없습니다. 그들은 이렇게 말합니다. "그 어떤 탁월한 설교자가 말한다 해도 저는 귀를 기울이지 않을 것이며 제 생각과 마음을 조금도 바꾸지 않을 것입니다. 당신이 죄라고 말하는 것을 끝까지 움켜잡을 것입니다." 이렇게 완악한 마음과 악감정을 갖고 우리를 대적하는 사람이 한둘이 아닙니다.

죄인들을 회심시키려면 점잖게 몇 마디 설득하는 것으로 충분하지 않습니다. 시장 바닥이나 시위대 한가운데 있듯 강하게 외쳐야 합니다. '과연 성공할 수 있을까' 하는 생각에 의기소침해지고 좀처럼 엄두가 나지 않는 일이지만, 그러나 이것이 우리가 감당해야 할 사명이요 완수해야 할 목표입니다.

형제들이여, 이 일을 완수하려면 얼마나 굳은 결의와 근면성과 탁월한 기술이 필요하겠습니까? 그토록 열정적인 바울조차도 "누가 이 일을 감당하리요"(고후 2:16) 하고 외쳤는데 우리는 자격이 충분한 양 교만하고 게으르게 행하고 있지 않습니까? 베드로는 "너희가 어떠한 사람이 되어야 마땅하냐 거룩한 행실과 경건함으로……하라"(벧후 3:11-12)고 하면서 앞으로 그들이 당할 크나큰 변화를 생각하라고 권했습니다. 저 역시도 모든 목회자들에게 이렇게 말하고 싶습니다. "이 모든 것이 이렇게 풀어지리니 너희가 어떠한 사람이 되어야 마땅하냐 거룩한 행실과 경건함으로……하라"(벧후 3:11-12).

이는 어린아이가 짊어질 수 있는 짐이 아닙니다. 그야말로 사역의 모든 영역은 고도의 숙련된 기술을 요합니다. 목회의 중요한 영역 중 하나인 설교를 예로 들어볼까요? 설교자는 진리를 명료하게 드러내고, 듣는 자에게 확신을 심어주며, 그들의 양심에 불가항력적인 빛을 비춰줘야 합니다. 단단하게 못을 박듯 성도들의 머리와 가슴에 진리를 심어주어 그리스도에 대한 사랑을 키워갈 수 있도록 이끌어줘야 합니다. 이뿐 아닙니다. 진리에 반하는 이론을 해체시킬 수 있는 학문적 실력도 갖춰야 합니다. 죄인들을 붙잡아 세워 결코 스스로의 힘으로는 죄를 해결할 수 없음을 깨닫게 하고, 회개하든지 아니면 심판받든지 양자택일을 하라고 촉구해야 합니다. 청중이 수용할 만한 수준의 내용인지, 설득력 있게 전달할 수 있는 방법인지 등을 다방면으로 점검해야 하므로 설교는 참으로 거룩한 기술이 필요합니다.

우리가 전하는 하나님은 지극히 위대한 분이시며 우리의 설교를 통해 마땅히 높임을 받으셔야 합니다. 하나님에게서 메시지를 받아 인간의 영혼에 영원한 감명을 주어야 하는 우리가 연약하고 무례하고 경솔하고 게으르면 되겠습니까? 그것은 목회를 값싼 일로 전락시키고, 하나님의 이름을 욕되게 하며, 주님의 역사를 훼방하여 죄인을 더 완악하게 만들어버리는 결과를 낳습니다. 이제 막 신앙을 갖게 된 성도들은 설교자의 작은 실수 하나에도 반감을 갖기 쉽습니다. 설교 시간에 성도들이 조는 것은 일차적으로 우리에게 책임이 있습니다. 진부한 말을 늘어놓고, 게다가 그들을 깨울 열정과 기술도 갖고 있지 못한 우리에게 말입니다.

　여러분, 우리는 하나님의 하나님 되심을 충분히 드러내며 그분을 영화롭게 하는 설교를 해야 할 뿐 아니라 진리에 대항하는 자들을 반박하는 기술, 호전적인 변론가들을 상황과 수준에 관계없이 자유롭게 다룰 수 있는 기술도 갖춰야 합니다. 우리가 당황해서 쩔쩔맨다면 그들이 우리를 얼마나 조롱하겠습니까! 이러한 변론가들이 극소수에 불과하다 해도 교회 안에서 믿음이 연약한 사람들을 흔들어놓으며 얼마든지 큰 분열과 혼란을 야기할 수 있습니다.

무지한 영혼 하나를 회심시키기 위해서 우리가 개인적으로 동원해야 할 기술은 이루 말할 수 없습니다. 웬만한 수준의 기술과 노력과 자격으로는 이런 일을 감당할 수 없다고 생각하면 정말 두렵고 떨리지 않습니까? 물론 연약한 자를 용납하라는 성경말씀이 있지만(롬 14:1) 우리만큼은 스스로의 연약함에 관대해서는 안 됩니다. 중요한 임무를 맡게 된 이상 이를 수행하기에 합당한 자격을 갖추기 위해 어떠한 수고도 감수해야 할 것입니다. 감동이 느껴질 때만 적당히 공부해가며 목회를 한다면 어떻게 지혜롭고 강건한 목회자로 성장할 수 있겠습니까?

어떤 사람들은 인간의 모든 배움이 헛되지 않냐고 말하면서 그렇게 치열하게 훈련할 필요가 없다고 합니다. 또 어떤 사람들은 우리가 노력하기보다 성령만을 전적으로 의지할 때 성공할 수 있다고 강조합니다. 그저 빈둥거리며 가만히 있으면 하나님이 꿈에서 지식을 부어주시거나, 우리를 하늘로 데리고 올라가셔서 신비한 영적 세계의 비밀을 계시해주신다는 것입니다. 저는 그런 말을 들을 때면 하나님이 우리에게 여러 수단을 사용하라고 권하신 뒤 얼마 안 있어 그 말을 번복해버리신 것처럼 느껴집니다. 성경은 하나님이 사람이 아니시니 거짓말을 하지 않으신다고 분명히 말씀하고 있습니다(민 23:19). 인간의 노력이 조금도 필요치 않다고 말하는 사람들은 자신의 게으름으로 성령을 소멸해버리고서는 그것이 마치 성령의 뜻인 것처럼 해석해버리는 자들입니다. 이 얼마나 **뻔뻔스럽고** 부끄러운 생각입니까? 하나님은 우리에게 "부지런하여 게으르지 말고 열심을 품고 주를 섬기라"(롬 12:11)고 명하셨습니다. 양들에게 부지런하라고 가르치듯 우리도 역시 부지런해야 합니다.

그러므로 형제들이여, 더 이상 시간을 허비하지 마십시오! 공부하고, 기도하고, 모여서 토의하고 실천하십시오. 이 네 가지를 행할 때 여러분의 목회 능력은 크게 향상될 것입니다. 게으름 때문에 육신과 영과 혼이 연약해지지 않도록 늘 조심하십시오. 우리 자신을 연약함에 방치해두는 것은 곧 성령 하나님을 방해하는 셈이기 때문입니다.

chapter 2
자아성찰의 이유

앞 장에서는 목회자가 자신의 어떠한 면을 성찰해야 하는지 살펴보았습니다. 이번 장에서는 우리가 왜 성찰을 해야 하는지 그 이유를 몇 가지 생각해보기로 합시다.

1. 목회자도 천국을 잃을 수 있다

우리가 자아성찰을 반드시 해야 하는 이유는 목회자도 천국을 잃거나 얻을 수 있기 때문입니다. 천국은 영원한 행복이요, 지옥은 영원한 불행이며 목회자도 여느 사람과 다름없이 언젠가 이 갈림길 앞에 서게 됩니다. 따라서 목회자는 다른 사람의 영혼뿐 아니라 자기 영혼의 구원에 늘 관심을 두어야 합니다.

설교를 잘해서 성도들을 구원의 길로 잘 이끌 수 있다 해도 그것이 목회자 자신의 구원과 성화의 삶으로 이어지는 것은 아닙니다. "그날에 많은 사람이……이르되 주여 주여 우리가 주의 이름으로 선지자 노릇 하며……많은 권능을 행하지 아니하였나이까"(마 7:22)라고 할 때 주님은 이렇게 대답하실 것입니다. "내가 너희를 도무지 알지 못하니 불법을 행하는 자들아 내게서 떠나가라"(마 7:23).

여러분, 그리스도를 열심히 전했음에도 정작 자신은 구원의 은혜를 받지 못해 멸망 길로 가게 된 사람이 얼마나 많은지 모릅니다. 아마도 지옥에 가면 성도들에게 지옥의 고통을 수차례 경고했던 목회자들을 수없이 만날 것입니다. 하나님의 진노를 설파했지만 그 진노를 당하고 있는 목회자, 구원의 복음을 외치며 많은 사람을 천국으로 인도했지만 자신은 천국에서 제외된 목회자도 말입니다.

우리는 강의를 듣고, 책을 읽으며, 영생의 교리를 공부하는 데 얼마나 많은 시간을 들였습니까! 그렇게 구원에 관해 공부하고 구원의 복음을 효과적으로 전달할 설교 기술을 배웠음에도 어떤 목회자들은 구원에 이르지 못했습니다. 심판과 멸망에 관한 설교를 수차례 했지만 결국 멸망의 길로 가버린 목회자들도 많습니다. 이는 그리스도에 관한 설교를 하면서도 그분을 무시하고, 성령에 관한 설교를 하고도 그분께 저항하고, 믿음에 관한 설교를 하고도 믿음 없이 행하는 죄를 범하고, 회개와 변화를 강조하면서도 목회자 자신은 계속 마음을 완악하게 하고, 천국을 전하면서도 여전히 세상과 육신에 속한 삶을 고수했기 때문입니다. 하나님의 영광과 뜻을 위해 자기를 부인하지 않고 그분의 형상을 닮아가는 데 관심이 없는 명목상의 성직자들은 하나님의 면전에서 쫓겨나 영원히 버림을 받는 게 당연할 것입니다.

여러분, 제 말을 새겨들으십시오. 하나님은 인간을 적당히 봐주시는 분이 아니십니다. 자선사업을 열심히 했다고, 설교가 탁월했다고 성직자면 웬만히 구원해주시는 분이 아니십니다. 성직은 거룩한 일이지만 거룩하지 못한 성직자는 구원에서 제외될 수밖에 없습니다. 은혜의 천국 문 앞에 서서 다른 사람들을 그리로 들어가도록 권하면서 정작 자신은 들어가지 않다가 나중에 문을 열어달라고 아무리 두드려도 소용이 없습니다.

그때 비로소 여러분은 여러분의 등잔에 목회의 은사뿐 아니라 은혜의 기름도 필요하다는 사실을 깨닫게 될 것입니다. 즉 교리에 대한 지식을 갖춰야 하지만 거룩한 삶도 동반해야 여러분이 설파한 영광에 참여할 수 있다는 사실을 말입니다. 복음을 설파한 사람도 복음에 의해 심판을 받습니다. 여느 사람과 마찬가지로 동일한 심판대에서, 동일한 기준에 따라 엄격하게 심판을 받습니다.

자신이 목회자이므로 당연히 구원받을 수 있다고 생각합니까? 참 그리스도인으로 합당하게 살았는지 생각해보지도 않고 그저 목회고시에 통과했다는 사실만으로 심판까지 통과했다고 생각하나요? 애석하게도 그것은 잘못된 생각입니다. 목회자라는 신분이 구원을 보장해주지는 않습니다. 구원받을 수도, 버림받을 수도 있는 영혼이므로 언제나 자신에 관해서도 근신해야 합니다.

2. 목회자도 타락한 본성이 있다

목회자에게 자아성찰이 필요한 이유는 그도 일반 성도들과 마찬가지로 타락한 본성과 죄된 성향이 있기 때문입니다. 에덴동산에 살았던 아담조차도 죄를 범하여 죽음에 이르렀는데, 우리는 그 이상 말할 것도 없지 않겠습니까! 죄에 대하여 조심, 또 조심해야겠지요. 우리 목회자들이 죄를 드러내고 책망하는 설교를 아무리 많이 한다 해도 죄는 여전히 우리 안에 존재합니다. 그것도 하나의 죄가 또 다른 죄를 끌어들이면서 말입니다. 죄는 동일한 성향과 목적을 갖고 있습니다. 따라서 작은 불씨가 큰 불길로 번지고, 작은 병이 심각하게 진행되는 것처럼 죄도 점점 증식합니다.

안타깝게도 모든 인간은 하나님을 향한 친밀한 사랑 대신 죄에 걷잡을 수 없이 끌리는 성향을 타고났습니다. 가만히 자신을 방치해두었다가는 교만과 불신, 자기중심성, 위선, 거짓 등 온갖 더러운 죄만 남게 됩니다. 인간의 실상이 이러한데 어찌 조심하지 않을 수 있습니까! 처음에는 희미하게 피어오르던 죄의 불꽃이 점차 거세게 타오르는 게 느껴지지 않습니까? 이해관계에 따라 사람과 하나님을 배신하려는 마음이 자기 안에 있다는 게 느껴지지 않습니까? 아무리 강해 보이는 사람이라도 한순간 죄의 유혹에 꺾이는 경우가 많습니다. 어이없게 작은 지푸라기에 걸려 넘어지기도 합니다. 아무리 사소한 욕망이라도 마른 짚더미에 불이 옮겨붙듯 순식간에 그리스도인의 분별력과 열정과 성실함을 앗아가버리곤 합니다.

목회자도 여느 사람과 마찬가지로 그리스도의 은혜를 거스르는 아담의 자손, 죄인입니다. 조심하지 않으면 여러분도 신앙을 저버리는 죄에 넘어질 것입니다. 죽은 듯이 잠복하고 있던 죄가 맹렬하게 여러분의 마음을 휘저을 것입니다. 완전히 뿌리를 뽑았다고 생각했던 교만과 세속적인 가치관, 육신의 정욕, 이생의 자랑이 다시 고개를 들 것입니다. 그러므로 연약하든 강하든, 목회자든 일반 성도든 자기 영혼의 상태를 늘 점검할 필요가 있습니다.

3. 목회자는 더 큰 유혹에 노출되어 있다

목회자에게 자아성찰이 중요한 이유는 일반 성도보다 훨씬 큰 유혹에 노출되어 있기 때문입니다. 목회자는 그리스도의 군대를 이끌어가는 지도자이기에 마귀로부터 훨씬 맹렬한 적의와 공격을 받습니다. 하나님이 마귀를 제어하시는 것 못지않게 마귀도 여러분을 공격합니다. 물론 영적 전쟁의 총사령관이시요 구원의 대장이신 예수 그리스도께서 가장 큰 공격을 당하셨지만, 그다음으로 그리스도의 휘하에 있는 지도자들이 마귀의 주 공격대상입니다. 지도자 하나만 쓰러뜨려도 사병들 가운데 얼마나 큰 혼란을 일으킬 수 있는지 잘 알고 있기 때문입니다. 마귀는 이미 오래전부터 양들을 흩뜨리기 위해 목자부터 치는 전술을 구사하여 큰 성공을 거두어왔고, 앞으로도 계속 그렇게 할 것입니다.

그러므로 형제들이여, 조심하십시오. 원수는 목회자를 특별히 주목하고 있습니다. 아주 은밀하게 접근하여 집요하게 유혹하고 사정없이 공격을 가할 것입니다. 아무리 지혜와 학식으로 무장한 목회자라도 마귀는 훨씬 더 능숙하게 변론하고, 광명한 천사로 가장하여 쥐도 새도 모르게 목회자의 뒤꿈치에 올무를 놓습니다. 현란한 속임수로 그의 믿음을 오염시키고 파괴하여 종국에는 자신이 무엇을 잃었는지조차 깨닫지 못하게 만들 수 있습니다. 심지어 믿음을 빼앗고도 오히려 믿음이 진보했다고 거짓을 속삭입니다. 마귀는 목회자 개개인의 성격과 취향을 속속들이 꿰뚫고 있으므로 그가 알아차리지 못하게 본래의 원칙과 신념을 변질시키고, 더 나아가 그를 이용하여 주변 사람들까지 파멸로 이끌어갑니다.

마귀는 목회자 하나를 게으르고 불성실하게, 혹은 탐욕스럽게 만들어버리고서는 교인들 전체를 향하여 "이 자가 너희의 영적 지도자다. 실체가 어떠한지, 어디로 향하고 있는지 한번 봐라" 하고 으스대며 외칠 것입니다. 마귀는 예수 그리스도 앞에서도 자랑스레 말할 것입니다. "이 자가 그대의 뛰어난 용사들 중 하나요. 내가 누차 말하지 않았소? 아무리 충성스러운 종이라도 당신의 면전에서 당신을 욕되게 하고, 아무리 정직한 청지기라도 타락시킬 수 있다고 말입니다." 주님 앞에서 의기양양하게 거들 먹거리는 마귀의 모습이 그려지지 않습니까? 블레셋 군인들이 삼손에게 했듯이 마귀가 여러분의 힘을 빼앗고, 눈을 뽑고, 조롱거리로 삼아 승리를 자축하지 못하게 하십시오. 믿음을 잃고 거룩한 직분을 망각하여 결국 하나님까지 능욕을 당하시게 하는 결과를 허락하지 마십시오.

4. 목회자는 주목받는 자리에 있다

목회자가 자신을 엄격하게 살펴야 하는 이유는 여러분을 바라보는 눈이 많고, 그만큼 여러분의 실족을 목격할 사람도 많기 때문입니다. 목회자가 작은 실수를 하나만 범해도 세상은 큰 소리로 이를 고발할 것입니다. 대낮에도 일식이 목격되곤 하는데 교회의 등불이라 자처하는 여러분의 행동이야 오죽하겠습니까! 여러분은 뭇사람의 시선이 자신에게 늘 집중되어 있다는 사실을 염두에 두어야 합니다.

더 나아가 그렇게 많은 사람들이 당신을 지켜보고 있고, 당신의 잘못을 언제든 지적할 준비가 되어 있음에 감사해야 합니다. 적어도 타인의 시선 탓에 죄를 멀리할 수 있으니 말입니다. 선의에서 비롯되든 악의에서 비롯되든 그렇게라도 비판을 받을 수 있다는 것은 영적인 유익입니다. 하나님은 많은 사람들, 특히 세상 앞에서 악을 행하고 고의로 죄를 범하는 무모함에 대하여 다음과 같이 경고하셨습니다. "너희는……낮의 아들이라……오직 깨어 정신을 차릴지라 자는 자들은 밤에 자고 취하는 자들은 밤에 취하되"(살전 5:5-7).

여러분, 이제는 사방이 공개된 장소에 있다고 생각하십시오. 여러분이 전하는 교리의 빛이 여러분의 악행을 폭로할 것입니다. 모든 그리스도인들, 특히 목회자는 언덕 위에 놓인 등불과 같아서 세상 사람들에게 늘 주목을 받습니다. 세상은 악의에 찬 눈을 번득이며 여러분의 일거수일투족을 관찰하고 트집 잡을 일을 찾고 있습니다. 그러다가 아주 사소한 허물을 하나라도 발견하면 이를 과장하여 폭로하고 자기 목적에 따라 교묘하게 이용할 것입니다. 행동 하나하나에 신중을 기하여 마귀에게 흠 잡히고 농락당하는 먹잇감이 되지 않도록 주의하십시오.

5. 목회자의 죄는 더 큰 진노를 불러온다

알폰수스 왕은 "영향력이 큰 사람일수록 그가 짓는 죄는 치명적인 결과를 낳는다"고 말했습니다. 보통 사람이라면 그다지 문제될 게 없는 실수라도 학식이 높거나 남을 가르치는 사람이 죄를 지으면 심각한 문제를 야기할 수 있다는 의미이지요. 그렇기 때문에 목회자의 죄는 하나님으로부터 훨씬 큰 진노를 불러올 수 있습니다.

첫째, 목회자는 다른 사람보다 많은 지식을 갖고 있으므로 그만큼 지식을 거스르는 죄를 범하기 쉽습니다. 가령 목회자는 말씀을 통해서 탐욕과 교만이 죄라는 사실을 잘 압니다. 하나님을 신뢰하지 않는 것, 게으름을 피우는 것, 이기적으로 행동하는 것, 타인을 배반하는 것 모두 죄라는 사실도 압니다. 뿐만 아니라 주님의 뜻이 무엇인지 일반 성도들보다 잘 압니다. 잘 알면서 순종하지 않는다면 모르면서 순종하지 않는 것보다 많은 채찍질을 당할 것입니다. 많이 알수록 이를 행하기 위한 의지가 더 필요한 법이지요.

둘째, 목회자는 위선의 죄를 범할 가능성이 높습니다. 죄를 폭로하고 비난하는 말을 많이 하기 때문입니다. 양들에게는 죄를 혹독하게 지적하고 수치스럽게 여기도록 가르치면서 정작 본인은 죄 가운데 행하거나 죄를 은밀히 조장한다면 이처럼 위선적인 일이 어디 있겠습니까! 강단에서는 죄를 미워하라고 가르치면서 집에서는 죄와 동침하고, 성도들에게는 율법의 무거운 짐을 지우면서 자신은 스스로에게 한없이 관대하다면 훗날 심판대 앞에서 여러분은 무슨 말을 할 것입니까? 저는 여러분에게 죄를 진정 죄라고 생각하는지부터 묻고 싶습니다. 죄의 심각성을 제대로 못 느낀다면 왜 대중에게 죄에 관한 설교를 하고 있습니까? 반면 죄를 심각하게 생각한다면 왜 죄에 계속 머무르는 위선을 범하고 있습니까? 간절히 당부하건대 말한 대로 행동하지 않는 바리새인의 위선을 경계하십시오. 일부 목회자들의 위선적인 행태로 수많은 복음 사역자들이 고개를 들 수 없을 것입니다.

셋째, 목회자의 죄는 하나님에 대한 훨씬 심각한 배신입니다. 목회자는 죄의 영향력과 위험성을 경고하고, 회개를 촉구하고, 죄에 대한 하나님의 진노를 선포하는 등 일반 그리스도인보다 죄의 문제에 훨씬 깊이 개입하고 있기 때문입니다. 여러분은 세례를 베풀거나 성찬식을 집전하면서 성도들에게 얼마나 자주 죄를 멀리하라고 권면해왔습니까? 얼마나 자주 죄의 추악함과 저주스러운 속성을 증언해왔습니까? 죄의 문제를 그토록 설파하면서 마음속으로 죄에 엎드리고, 하나님께 마땅히 드려야 할 자리를 죄에게 내어주니 이 얼마나 부끄러운 배신입니까!

6. 목회를 감당하려면 특별한 은혜가 필요하다

 목회자의 자아성찰이 중요한 이유는 목회를 감당하기 위해 다른 사람보다 더 큰 은사를 필요로 하기 때문입니다. 평범한 은사와 은혜를 받은 사람은 그다지 큰 시험을 겪지 않을뿐더러 받은 만큼 소박하게 사역을 감당하기만 하면 됩니다. 자신에게 주어진 힘만큼 작은 사역에 관여하여 가벼운 짐을 지면 되는 것입니다. 하지만 사탄과 그 추종자들을 대적하기 위해 그리스도의 군대를 이끌고, 공중의 권세 잡은 자와 악한 영들의 발톱에 짓눌려 있는 죄인들을 구하는 중대한 사역을 짊어지기로 결심했다면 마땅히 자신을 살펴야 합니다. 부주의하게 행하면 이처럼 중대한 일을 완수할 수 없고 평범한 사역자보다 훨씬 더 큰 수치와 양심의 가책을 받게 될 것입니다.

 목회 자체도 중요하지만 그처럼 중요한 일을 누구에게 맡길 것인지도 중요합니다. 우리는 한때 경건하고 성실하다고 인정받았던 그리스도인이 중책을 맡아 자기 은사에 과분한 일을 감당하고 힘에 부치는 시험을 당하는 동안 은혜가 메말라버려 결국 추악한 사람으로 드러나는 경우를 자주 보았습니다. 또 과대평가된 성직자가 갈수록 본색을 드러내면서 교회에 문젯거리가 되는 사람들보다 교회에 더 큰 부담을 주는 경우를 종종 보았습니다. 만약 그가 평신도로 교회 일에 참여했다면 그렇게 전문 목회자로 일할 때보다 훨씬 큰 유익을 끼쳤을지 모릅니다.

여러분, 영적 전쟁의 한복판에 뛰어들어 원수들과 정면으로 맞붙어야 하는 중책을 맡았다면 스스로를 더 엄격하게 살피십시오.

7. 목회자의 행동 하나가 그리스도의 명예를 좌우한다

주님의 영광과 거룩한 진리의 빛은 어느 누구보다 목회자에 의해 좌우됩니다. 목회자는 주님께 더 깊이 헌신할 수 있는 위치에 있는 만큼 더 많은 손해도 끼칠 수 있습니다. 하나님 곁에 가까이 있는 사람일수록 그는 아무리 사소한 실수를 범하더라도 하나님께 큰 불명예를 가져올 수 있습니다. 인간은 본디 어리석어서 자신의 실수를 하나님 탓으로 돌려버리곤 하기 때문이지요. 제사를 경홀하게 여겨서 하나님으로부터 무서운 징계를 받게 된 엘리 제사장 가문을 생각해보십시오. 다윗도 대적들에게 주님을 모독할 수 있는 빌미를 제공했을 때 하나님과 친밀했던 만큼 그분으로부터 혹독하게 대가를 치러야 했습니다.

진정한 그리스도인이라면 자신의 생명보다 하나님의 영광을 더 귀하게 여길 것입니다. 생명을 지키기 위해 조심하는 것 이상으로 하나님의 영광을 가리지 않으려고 조심할 것입니다. 사람들이 여러분을 가리켜 "돈에 혈안이 된 목사, 몰래 술이나 홀짝대는 목사, 부지런하게 일하라고 설교하면서 자기는 빈둥대는 목사, 말은 번지르르하면서 삶은 형편없는 목사, 설교로 사람들을 정죄하고 삶으로는 자신을 정죄하는 목사"라고 손가락질하며 하나님의 이름을 욕되게 한다면 이 얼마나 부끄러운 일입니까?

여러분, 여러분이 저지른 불의의 오물이 하나님과 복음의 면전에 던져지거나 여러분의 잘못으로 여러분 주변에 있는 경건한 그리스도인들까지 수치를 당하게 된다면 참으로 슬픈 일입니다.

믿지 않는 자들은 올무에 걸린 영적 지도자의 모습을 보면서 구원의 문제에 관심을 기울이기는커녕 오히려 신자들에게 이렇게 비아냥거릴 것입니다. "너희가 경건한 설교자라고 말한 저 사람 꼴을 봐라. 그렇게 요란을 떨면서 추종하더니 그 결과가 무엇인가! 비신자나 신자나 다 똑같지 않은가!" 하고 말입니다. "실족하게 하는 일이 없을 수는 없으나 실족하게 하는 그 사람에게는 화가 있도다"(마 18:7)라는 말씀을 기억하십시오.

그러므로 형제들이여, 한 마디를 언급하거나, 한 걸음을 내딛을 때마다 조심하십시오. 여러분은 주님의 언약궤를 옮기고 주님의 영광을 나타내는 책임이 있기 때문입니다. "하나님의 뜻을 알고 지극히 선한 것을 분간하며 맹인의 길을 인도하는 자요 어둠에 있는 자의 빛이요 율법에 있는 지식과 진리의 모본을 가진 자로서 어리석은 자의 교사요 어린아이의 선생이라고 스스로"(롬 2:18-20) 믿으면서 자신의 가르침과 어긋나게 살아간다면 율법을 범함으로 하나님을 욕되게 할 뿐 아니라 무지하고 경건치 않은 자들 가운데서 하나님의 이름을 모독하는 일입니다. 하나님은 "나를 존중히 여기는 자를 내가 존중히 여기고 나를 멸시하는 자를 내가 경멸하리라"(삼상 2:30)고 말씀하셨습니다. 하나님의 이름을 더럽혀놓고서 자기 이름을 깨끗하게 보존할 수 있는 사람은 아무도 없습니다. 하나님은 그분께 씌워진 오물을 어떻게든 말끔히 씻어내시겠지만 사람은 수치와 슬픔에서 쉽게 벗어나지 못할 것입니다.

8. 목회의 성공 여부는 자아성찰에 달려 있다

마지막으로, 목회자가 자아성찰을 엄격하게 해야 하는 이유는 목회의 성패가 목회자의 자아성찰에 달려 있기 때문입니다. 하나님은 그분의 위대한 일을 성취하시기 위해 사람들을 도구로 선택하시고, 일을 시작하시기에 앞서 그들을 적합한 도구로 훈련하십니다. 하나님의 역사가 먼저 우리 안에서 온전히 이뤄지지 않는다면 그 역사가 우리를 통해 다른 사람에게로 전달되는 일은 결코 일어날 수 없습니다. 때로 우리의 어떠함과 관계없이 하나님이 일하시기도 하지만 언제까지고 그렇게 하시지는 않습니다.

그렇다면 자아성찰을 통해 성화를 이루지 못한 사람이 하나님의 일을 하는 데 부적합한 이유를 몇 가지 살펴보기로 하겠습니다.

첫째, 하나님을 위해 일하기보다 자신을 위해 일하는 사람, 즉 성화되지 못한 사람은 하나님으로부터 그 수고에 대한 축복을 받지 못합니다. 진정한 회심을 통해 성화의 과정을 밟아야만 하나님의 영광을 위해 일할 수 있지, 그렇지 않으면 목회를 생계의 수단으로 삼을 뿐입니다. 가령 부모의 기대에 부응하기 위해, 사람들에게 지도자와 스승으로 대접받기 위해, 육체노동을 고되게 하지 않으려고, 고상한 학문들을 접할 기회가 많아서 등의 이유로 목회의 길을 선택하는 사람은 그러한 목적이 없어질 때 목회를 금방 그만둘 것입니다.

본질을 잃어버린 이러한 수고를 하나님이 과연 축복하시겠습니까? 자신의 명예와 유익을 위해 설교한다는 것은 하나님이 아니라 자기 자신을 섬긴다는 의미입니다. 하나님은 그들이 성공하든 말든 상관하지 않으실 것이며, 그들은 자신의 한계 이상으로 축복을 흘려보낼 수도, 힘을 발휘할 수도 없게 됩니다.

둘째, 성화되지 않은 사람은 맡은 일에 전심전력하지 않고 자기 입으로 한 말을 스스로 믿지 않습니다. 물론 그도 하나님의 말씀이 진리라는 진지한 믿음을 가질 수 있고 때로 개인적인 야망을 실현하기 위해 타고난 기질을 발휘하며 열정적으로 일할 수 있습니다. 그러나 중요한 점은 그에게 하나님의 영광과 영혼 구원을 궁극적인 목적으로 삼고 살아가는 참 그리스도인의 진정성이 없다는 사실입니다.

여러분, 여러분의 설교와 가르침이 여러분의 마음에서부터 진정으로 실현되지 않는다면 그것은 하나님이 보시기에 악한 위선일 뿐입니다. 육체의 소욕과 번번이 부딪히는 목회사역을 어떻게 밤낮으로 감당할 수 있습니까? 회개할 필요를 조금도 느끼지 못하는 사람이 어떻게 성도들에게 죄의 심각성과 심판을 경고하며 어서 회개하고 하나님께 돌아오라고 부르짖을 수 있겠습니까? 죄를 분별하기는커녕 거룩의 능력을 제대로 경험하지 못한 사람이 어떻게 성도들에게 구별된 삶을 살아야 한다고 설득하겠습니까? 자기 영혼에 대해 조금도 수고를 감내하려고 하지 않는 사람이 어떻게 다른 영혼에게 수고를 베풀겠습니까? 자신이 불쌍한 죄인임을 알지 못하면서 어떻게 다른 사람을 불쌍하게 여길 수 있겠습니까?

진리를 몸소 경험하거나 진리에 완전히 사로잡히지 않고는 진정한 확신을 가지고 진리를 전할 수 없습니다. 절박한 심정으로 눈물을 흘리며 주님 앞에 회개하라고 간청할 수 없습니다. 지옥이 있다는 사실을 마음으로 깊이 받아들이지 않는 사람은 다른 사람들을 지옥에서 건져내기 위해 성심껏 일할 수 없습니다. 천국이 있다는 사실을 진정으로 믿지 않는 사람은 사람들을 천국으로 인도하기 위해 성심껏 일할 수 없습니다. 칼뱅은 "자신의 구원을 소홀하게 여기는 사람은 다른 사람의 구원을 위해서도 열심히 일할 수 없다"고 말했습니다. 하나님의 말씀과 장래 일에 대한 확신이 부족하여 세상 헛된 것에 연연해하고 자신의 구원을 위해 거룩한 열심을 내지 않는 사람은 결코 다른 사람의 구원에도 거룩한 열심을 낼 수 없을 것입니다.

또 자신을 저주에 몰아넣는 목회자는 다른 사람들도 저주에 빠뜨릴 것입니다. 가룟 유다처럼 스승을 은돈 몇 푼에 파는 자는 양들도 팔아치울 것입니다. 하늘나라의 소망을 뒤로한 채 세상의 육체적 쾌락을 좇는 사람은 다른 영혼을 구원하는 데 참여할 수 없습니다. 자신을 좀처럼 사랑하지 못하는 사람도 다른 사람들에게 긍휼을 베풀 수 없습니다. 분명히 말하건대 하나님은 아주 특별한 경우를 제외하고, 자신을 살피며 돌보지 않는 목회자에게 다른 영혼들을 구원으로 이끌도록 감독하는 일을 결코 맡기지 않으실 것입니다.

셋째, 성화되지 않은 사람은 사탄에게 종노릇하기 마련이며 막강한 권력을 지닌 사탄과 대항할 수 없습니다. 마귀의 왕국에 속한 사람이 어찌 마귀를 해하겠습니까? 적군과 밀약을 맺은 자가 과연 그리스도께 충성할 수 있겠습니까? 신앙경력, 지위고하를 막론하고 성화되지 못한 사람은 모두 사탄의 시종이며 그 왕국의 신민입니다. 사탄에게 지배를 받는 사람이 어떻게 그리스도에게 참된 충성을 드릴 수 있겠습니까? 어떤 왕이 그 대적의 친구와 시종을 자기 군대의 지도자로 삼겠습니까?

이와 같이 수많은 복음 전파자들이 실은 복음 사역을 방해하고 있습니다. 그러한 자들이 신실한 자들의 거룩한 순종을 조롱하는 것은 놀라운 일이 아닙니다. 그들은 사람들에게 거룩한 삶을 살라고 설교하지만, 이를 실천하는 사람들을 수치스럽게 만듭니다.

예전부터 그리스도의 교회 안에는 그러한 배신자들이 많이 있어왔습니다. 그들은 그리스도의 일꾼으로 가장하여 공공연한 대적자들보다 훨씬 더 큰 피해를 주님께 끼쳤습니다. 그들은 평상시에는 그리스도를 칭찬하고 경건을 권장하지만, 은밀하게는 불경스러운 일을 꾀할 뿐 아니라 전심으로 하나님을 찾는 사람들을 모두 광신자, 혹은 위선자로 만들어버립니다.

안타까운 일입니다. 그런 늑대들이 양들을 지킨답시고 앉아 있는 경우가 얼마나 많습니까! 예수님의 열두 제자들 가운데도 배신자가 있었으니 지금 그런 사람들이 많다 해도 놀랄 일은 아닐 것입니다. 사탄의 종["그들의 신은 배요……땅의 일을 생각하는 자라"(빌 3:19)]이 "그리스도의 십자가의 원수"(빌 3:18)가 되는 것은 당연한 일입니다. 그들이 아무리 건전한 시민 생활을 하고, 그럴듯하게 설교하고, 외적으로 목회자의 직책을 유지한다 할지라도 그러합니다. 다른 사람들은 술 취함과 부정함 같은 방탕한 죄로 인해 올무에 걸리는 반면 목회자는 세속성과 교만과 경건에 대한 은밀한 혐오와 신앙에 뿌리박지 않은 불건전한 마음으로 인해 마귀의 올무에 걸리게 됩니다. 세리와 창녀들이 바리새인들보다 먼저 천국에 들어갈 수 있는 것은 그들이 바리새인들보다 먼저 자신들의 죄와 처참한 신세를 깨달았기 때문입니다.

이러한 목회자들은 누구 못지않게 훌륭한 설교를 하고 죄를 열심히 비난하기도 하지만 이는 위선적인 열심이요 허탄한 소란에 불과합니다. 마음으로 죄를 도모하는 사람은 결코 다른 사람의 죄를 도말할 수 없습니다. 제가 보기에는 악한 자가 자기보다 다른 사람의 개혁에 더 열성이고 사람들에게 악의 길을 멀리하라고 열심히 설득하는 것 같습니다. 이는 자신이 악을 떨쳐 버리기보다 남들에게 악을 떨치라고 말하는 편이 훨씬 쉽고, 또 다른 사람의 개혁이 자신의 정욕을 즐기는 것과 잘 맞아떨어지기 때문입니다. 이처럼 많은 악한 목회자와 부모들이 양들과 자녀들에게 열심히 순종을 강요하곤 하는데, 그 이유는 다른 사람들의 개혁을 통해 자신의 쾌락과 죄된 유익을 지킬 수 있고, 또 그들에게 자기부인을 설득함으로써 자신은 그럴 필요가 없기 때문입니다.

그들에게서는 참 그리스도인다운 열정과 결단과 근면함을 찾아볼 수 없습니다. 그들은 죄를 멀리하지 않음으로써 양들의 영혼을 위험에 빠뜨립니다. 배신한 사령관은 공포탄을 총에 넣고 쏘아댐으로써 소리만 요란하게 낼 뿐 적에게 아무 상처를 입히지 못합니다. 마찬가지로 그리스도를 배반한 목회자들도 요란하게 열심을 내지만 실제로는 죄와 사탄을 물리치지 못합니다.

사람은 대적에 대한 미움과 분노를 지닐 때 맹렬하게 싸울 수 있지 사랑하는 대상과는 잘 싸울 수 없습니다. 거듭나지 못한 사람은 결코 죄를 미워할 수 없습니다. 왜냐하면 죄를 사랑하기 때문입니다. 그러므로 성화되지 못한 사람은 그리스도의 군대가 되기에 적합하지 않습니다. 다른 사람에게는 세상과 육신을 부인하라고 가르치면서 정작 자신은 그것을 갈망하면 어떻게 되겠습니까?

넷째, 성화되지 않은 사람은 자신이 말한 대로 살지 않습니다. 목회자가 자신이 설교한 대로 살지 못하면 양들은 그의 가르침을 받아들이려 하지 않을 것입니다. 양들은 목회자의 말이 진심이 아니라고 생각할 것입니다. 만약 어떤 사람이 여러분에게 "뒤에 무서운 곰이나 적군이 따라오니 얼른 피하라"고 말하면서 자신은 어슬렁거리며 걷고 있다면 여러분은 그가 농담을 하고 있거나, 아니면 실제로 다가오고 있는 위험이 그리 크지 않다고 여길 것입니다. 어떤 설교자가 사람들에게 경건이 없이는 결코 주님을 볼 수 없다고 말하면서 자신은 불경한 상태로 남아 있다면 사람들은 그가 시간을 때우기 위해 쓸데없는 말을 하고 있거나, 아니면 돈을 뜯어내기 위해 그런 말을 한다고 여길 것입니다.

여러분이 죄를 비난하는 목소리를 높일지라도 사람들이 그 설교 안에서 악의 흔적과 위험성을 발견한다면, 곧 죄를 책망하는 사람의 마음속에서 죄를 사랑하고 기뻐하는 모습을 발견한다면 설교를 어떻게 귀담아듣겠습니까? 오히려 여러분은 사람들로 하여금 죄 안에 무슨 특별한 유익이 있는 게 아닌가 하고 생각하도록 유혹하는 셈이 됩니다. 마치 탐식가들이 자기들이 좋아하는 음식을 경멸스레 말하듯 목회자가 죄에 대해 그렇게 말한다면 사람들은 자기도 한 번쯤 죄를 짓고 싶어 할 것입니다. 사람들은 보고 듣는 모든 감각을 통하여 여러분이 무슨 의도로 말하고 있는지를 파악하려 들 것입니다.

목회자의 모든 언행은 일종의 설교입니다. 만약 여러분이 탐욕스럽고 부주의한 삶을 산다면 이는 양들에게 그런 삶을 살도록 설교하는 것과 같습니다. 만약 여러분이 술을 마시고 게임을 즐기고 쓸데없는 논쟁으로 시간을 소비한다면 이는 마치 양들에게 이렇게 말하는 것과 같습니다. "이웃들이여, 이것이 당신들이 살아야 하는 삶입니다. 이렇게 하면 별 위험 없이 즐거움을 누릴 수 있습니다."

만약 여러분이 하나님에 대한 경외심과 거룩한 삶에 대하여 가르치지 않는다면, 사람들이 헛된 이야기를 할 때 화제를 돌리지도 않는다면, 그들에게 구원에 관한 이야기를 진지하게 하지 않는다면 그들은 여러분처럼 살아도 아무 문제가 없으리라고 생각하게 될 것입니다. 그리고 거리낌 없이 마음 놓고 죄를 저지를 것입니다.

그런 목회자들 때문에 수많은 신실한 목회자와 그리스도인들이 미움과 책망을 받고 있습니다. 사람들이 그들에게 뭐라고 말하는지 알고 있습니까? "당신들은 죄와 의무에 관해서 왜 그리 엄격하게 꼬치꼬치 지적하면서 호들갑을 떱니까? 아무개 목사는 당신들 못지않은 훌륭한 학자요 설교가인데도 우리와 농담도 주고받으며 잘 지냅니다. 그러면서도 스스로 아무 가책도 안 받고 우리에게 부담도 주지 않습니다. 당신들은 필요 이상으로 법석을 떠는군요. 건전하고 학식 있고 우호적인 성직자들은 우리 앞에서 조용하고 여느 사람과 마찬가지로 우리와 잘 어울려 사는데 당신들은 왜 저주의 말을 꺼내 사람들을 겁먹게 합니까?"

목회자의 나태함을 본 사람들은 이런 식의 생각과 말을 하게 됩니다. 여러분이 강단 위에서 죄의 위험성을 경고하고 경건에 관해 아무리 많은 말씀을 언급할지라도 설교 후에 그들의 죄를 가만히 놓아두고, 오히려 친하게 어울려 지낸다면 여러분의 설교는 한낱 공연이 되고 맙니다. 왜냐하면 그들은 강단을 마치 무대처럼 생각하기 때문입니다. 만약 여러분이 개별적인 교리문답과 성경공부에 열심을 내지 않는다면 그들은 설교자가 마치 강단을 무대 삼아 자기가 만든 대사를 마음대로 떠들어댄다고 생각할 것입니다. 이렇게 주일날 한 시간 동안 강단에서 혼자 떠들다가 한 주간 내내 설교와 반대되는 행동을 함으로써 설교를 웃음거리로 만들어버리는 사람이 과연 목회자로서 합당하겠습니까?

설사 성도들이 현명하여 그런 목회자를 본받지 않는다 할지라도 하나님의 말씀이 쓸모없는 것으로 되어버리기는 마찬가지입니다. 아무리 고기가 싱싱하고 깨끗하다 해도 요리사가 더러운 손으로 만져 오염시킨다면 연약한 위장을 가진 사람들은 이를 먹고 복통을 일으키게 될 것입니다. 그러므로 여러분은 다른 사람에게 유익을 끼치기 위해서라도 자신을 살펴야 합니다.

마지막으로, 여러분이 행하는 모든 수고의 성공 여부는 주님의 도우심과 축복에 달려 있음을 명심하십시오. 주님이 경건치 않은 자들에게 도우심과 축복을 약속하신 적이 있습니까? 신실한 종들에게는 함께하시고, 성령을 부으시고, 말씀을 입에 담아주실 것이며, 사탄이 그들 앞에서 번개처럼 하늘에서 떨어질 것이라고 약속하셨지만 불경건한 종들에게는 그런 약속을 전혀 하지 않으셨습니다. 오히려 그들의 위선과 불순종에 진노하시며 모든 수고를 물거품으로 만들어버리겠다고 말씀하셨습니다.

T h e   R e f o r m e d   P a s t o r

PART 2

목양

chapter 3

목양의 대상

  지금까지 저는 목회자의 자아성찰에 관해 이야기하면서 다른 사람들의 영혼 구원을 위해 무언가 하기 전에 자신의 영혼부터 구원받도록 힘써야 한다고 강조했습니다. "태만하여 자신의 상처를 치유하지 못하는 자는 다른 사람의 상처를 치유할 수 없습니다. 누군가를 일으켜 세우기는커녕 자신도 넘어지고 맙니다. 그렇습니다. 목회자의 내면과 생활이 부정하면 그의 사역 또한 부정해질 수 있습니다. 때로 목회에 대한 전문성을 스스로 과신한 탓에 고지식한 방식으로만 일관하다가 사역의 선한 빛을 잃어버리기도 합니다. 기다림과 묵상으로 전달해야 할 내용을 성급하게 가르치려다 낭패를 보고, 대중에게 설교했던 바를 자신의 행동으로 반박하는 모순을 저지르기도 합니다."[1] 목회자가 양들을 생수가 흘러나오는 샘으로 인도한다 할지라도 자신의 부정한 삶으로 그 샘을 흐려놓는다면 모든 수고가 헛되게 되며 양들을 결국 더럽히고 말 것입니다.

양들을 어떻게 보살펴야 할지를 살펴보기에 앞서 이에 바탕이 되는 전제 몇 가지를 짚고 넘어가겠습니다.

첫째, 양들은 각자 그들의 목자가 있고, 목자는 자신이 이끌어야 할 양들이 있습니다. 모든 군대에 대장과 장교, 그리고 그들에게서 지도를 받는 사병이 있는 것처럼 교회에도 목회자가 있고 그의 보살핌을 받는 성도들이 있습니다. 이것이 하나님의 뜻입니다. 물론 목회자가 목회안수를 받을 때는 모든 교회를 섬기라는 사명을 받는 셈이지만, 특정 교회와 교구를 담당하게 되어 있습니다. 목회자는 그렇게 자신에게 맡겨진 양들을 위해 자신의 모든 은사와 시간과 힘을 쏟아야 합니다. 목회자는 양들을 보살펴야 할 책임이 있습니다.

공공의 선은 어떠한 경우든 최우선적으로 고려되어야 합니다. 목회자와 양들은 상호 간 책임을 져야 하는 관계에 놓입니다.

---

[1] Gregory, *Pastoral Care*, Book IV.

둘째, 목회자는 양들을 보살피는 사명을 받은 사람으로, 이는 양들보다 보살피고 돌보는 일에 뛰어난 능력이 있음을 전제합니다. 하나님은 본질적으로 불가능하거나 감당하기에 벅찬 일은 시키지 않으십니다. 가령 인간에게 달까지 뛰어오르라거나, 별을 따오라거나, 바다의 모래알을 헤아리라는 명령은 결코 하지 않으십니다. 10명, 20명, 혹은 100명 이상이 해도 불가능한 일을 어느 한 사람에게 맡기시지 않는다는 것입니다. 그러므로 목회자는 하나님이 자신에게 감당할 만한 양들을 할당하셨다는 사실을 믿어야 합니다.

이런 관점에서 볼 때 학식이 높고 의욕에 찬 사람들이 고위 성직을 하나의 특권처럼 여기며 추구하는 것은 매우 안타까운 일입니다. 또한 고위직에 있으면서 모든 일을 자신이 전적으로 책임져야 한다고 부담을 느끼는 경우도 안타깝습니다.

만일 초대교회 사도들이 그러했던 것처럼 장로와 감독 각자의 역량에 따라 교구의 범위를 정하고, 돌봐야 할 교회나 영혼의 수가 늘어날 때마다 이를 감당할 사역자의 수를 늘린다면 목회자들이 이러저러한 직책과 심적 부담만 잔뜩 짊어진 채 힘들어하는 일은 없을 것입니다. 또 버거운 일을 함께 할 수 있는 동역자들을 더 보내달라고 열심히 기도할 것입니다. 영향력을 과시하려고 자신의 역할을 확장시켜 모든 추수를 혼자 떠맡으려는 목회자들, 죽음과 저주의 고통에도 불구하고 이 특권을 얻어내려 애쓰는 목회자들에 대해 저는 깊은 우려를 갖게 됩니다. 목회자들은 좀 더 신중하고 겸손하게 직책을 맡을 필요가 있습니다.

혹자는 "그렇다면 역할 분담을 확실히 해서 어떤 사람은 교회를 경영하는 일에만, 어떤 사람은 가르치는 일에만 관여하면 되지 않겠습니까?" 하고 말할지 모르겠습니다. 네, 그렇게 해서 목회가 전반적으로 원활하게 이뤄진다면 하나님께 참 감사할 일이지요. 하지만 생각해보십시오. 대개 목회자들은 가르치고 양육하는 일에만 영혼에 대한 관심이 필요하고, 교회를 경영하는 일에는 영혼에 대한 관심이 덜 필요하다고 생각하여 설교에 집중하고 교회 경영에는 등한시하는 경향이 있습니다. 결과적으로 자신이 수행하기에 적합한 영역은 활성화하고 그렇지 못한 영역은 제외하곤 하지요. 그것은 전쟁터에서 지휘관이 자기 혼자만으로는 역부족이라 느끼며 "명령할 자가 없으니 군대가 전멸하도록 놔둡시다" 하고 말하는 것과 같습니다. 의사가 병원 복도를 가득 메운 환자들을 바라보며 "저 혼자서는 다 살펴볼 수 없으니 죽도록 내버려둡시다" 하고 말하는 것과 같습니다.

우리는 각자의 할당 수준을 지혜롭게 정할 필요가 있습니다.

일상적인 상황에서는 목회의 모든 업무를 혼자서 감당하기보다 자신이 할 수 있는 일만 맡아야 합니다. 솔직히 고백하건대 저는 노회를 총괄하는 것보다 교구나 지역교회 하나 정도만 맡아서 하는 편이 좋습니다. 큰 직책을 맡아놓고 일을 감당하지 못한 채 남겨두느니 차라리 제가 할 수 있는 일만 확실하게 완수하는 게 말입니다. 하지만 불가피한 상황에서는 교회의 일상적 조건을 너무 따지는 게 바람직하지 않습니다. 양 떼는 점점 늘어나는데 목자의 수가 부족하다면 때로 자신이 감당하기에 벅찬 정도로, 자신이 돌볼 수 있는 한계 이상의 큰 교구를 맡을 수 있습니다.

그렇다면 이제 양들을 보살피는 일에 관하여 살펴봅시다. 알다시피 목회자는 성도 하나하나를 돌봐야 할 책임이 있습니다. 그리고 그 성도의 인상착의와 가정형편, 성향, 말투, 심지어 그가 어떤 유혹에 취약한지, 어떤 의무를 가장 소홀히 하는지도 자세하게 파악해야 합니다. 제대로 알지 못하면서 어떻게 돌볼 수 있겠습니까? 진찰을 정확하게 하지 않고는 제대로 의사 노릇을 할 수 없는 이치와 같습니다.

여러분, 양들과 친해졌다면 이제 그들을 돌봐야 합니다. 목자가 양 떼를 돌보는 것처럼, 교사가 학생들을 선한 길로 이끌기 위해 애쓰는 것처럼, 의사가 환자를 돌보고, 지휘관이 군대를 이끄는 것처럼 그리스도의 교회 안에서 목회자가 성도들을 정성껏 돌보는 것은 당연한 일입니다. 위대하고 선한 목자이신 그리스도께서는 모든 사람을 돌보시면서 동시에 각 개인에 대한 관심과 사랑을 게을리하지 않으셨습니다. 아흔아홉 마리의 양들을 놔두고 한 마리 양을 찾아 헤매시는 예수님의 비유를 머릿속에 그려보십시오.

하나님의 일꾼들은 대개 이스라엘 백성을 대상으로 메시지를 선포했지만 때로 한둘 혹은 소수 사람들에게 보내심을 받기도 했습니다. 가령 에스겔은 악인에게 "너는 꼭 죽으리라"(겔 3:18)고 외치는 파수꾼의 역할을 했고, 바울은 공공장소에서 복음을 전했을 뿐 아니라 "각 사람을 권하고 모든 지혜로 각 사람을"(골 1:28) 가르치기도 했습니다. 수많은 성경말씀에서 확인할 수 있듯이 양 하나하나에 주의를 기울이는 것은 목회자의 의무임에 틀림없습니다. 고대 종교회의 문서도 개인을 대상으로 한 목회가 초대교회의 관습 중 하나임을 증거하고 있는데, 그 예로 이그나티우스의 글 한 부분을 인용해보겠습니다. "모임을 자주 갖도록 하십시오. 각 사람의 이름을 불러 모으되 종이나 하녀도 무시하지 마십시오." 이렇게 초대교회 교부도 가장 비천한 종이나 하녀까지 하나씩 이름을 불러 모으는 것을 의무로 말했습니다.

혹자는 이렇게 반문할지 모르겠습니다. "제가 맡고 있는 무리는 너무 커서 그들의 이름을 전부 알기가 불가능할뿐더러 개인적으로 돌보기는 더욱 불가능합니다." 저는 다음과 같이 대답하겠습니다. "무리를 맡으라는 제안을 받았을 때 당신은 그 책임을 자신이 반드시 감당해야 한다고 생각했습니까? 두 가지로 생각해봅시다. 첫째, 그렇게 생각하지 않았다면 당신의 진정한 동기는 무엇이었을까요? 감당하기에 벅찰 줄 알면서 그 일을 감히 맡아보겠다고 했던 동기 말입니다. 아마도 충성스럽게 일하겠다는 것 외에 다른 동기가 있었을 것입니다. 둘째, 만약 자신이 반드시 감당해야 할 책임이라고 생각했다면 그렇게 큰일을 감당하기 위해 다른 사람의 도움을 구해보았는지 묻고 싶습니다. 친구나 이웃에게 도움을 얻기 위해 최선을 다했습니까? 가령 당신의 월수입 중 일부, 아니면 가족의 생계를 꾸리기가 어려워질 만큼 물질을 포기하면서까지 다른 사람에게 동역을 구했는지 말입니다. 어떤 사람에게는 이 말이 벅찬 도전으로 들릴 것입니다. 하지만 저는 단호하게 말씀드리고 싶습니다. 한 달에 단돈 몇만 원으로 생활할 수밖에 없는 형편에서도 수입의 일부를 동역자에게 주며 당신에게 맡겨진 양들을 끝까지 돌보는 것이 마땅하다고 말입니다.

"목회자 본인이야 그럴 수 있다지만 어떻게 처자식까지 그런 식으로 살게 하겠습니까?" 하고 말한다면 저는 이렇게 말하겠습니다. "당신보다 더 못사는 가정들도 많지 않습니까? 교부 시대의 위대한 성직자들은 훨씬 더 어려운 생활을 하면서도 오직 복음을 전파하는 자유를 갖고 있다는 사실만으로 기뻐하지 않았습니까? 지금도 복음을 마음껏 전파할 수만 있다면 아무런 보수도 받지 않고 헌신하겠다고 말할 사람들이 있습니다."

그럼에도 자신은 여전히 가난뱅이로 비천하게 살아갈 수 없다고 말하는 사람에게 저는 다시 물어보겠습니다. "궁핍과 가난을 감내하는 게 낫겠습니까, 아니면 담당 교구민에게 정죄를 받는 게 낫겠습니까? 복음의 종이라 자처하면서 다른 사람들의 영혼을 하찮게 여기거나, 그들의 영원한 멸망을 방치해두고, 다른 사람은 몰라도 자기 가족만큼은 열악한 환경에 살아서는 안 된다고 말하면 어쩌자는 것입니까? 영혼의 구원처럼 중요한 일을 위태롭게 만들기보다 차라리 자신이 빵을 구걸하러 다니는 편이 낫지 않습니까? 단 한 사람이라도 천국으로 이끌기 위해 어떠한 비천한 일도 감내하겠다고 말해야 하지 않을까요?"

여러분, 우리가 천국과 지옥을 배워 전하며 구원의 어려움을 잘 인식하고 있으면서도 구원을 위해 선한 열심을 내지 않는다면 이는 참으로 비참한 일입니다. 만일 세상에서 적당히 안락하게, 고상하게 살겠다고 고집한다면 우리는 결코 선한 열심을 낼 수도, 양들이 지옥으로 떨어지는 것을 막을 수도 없을 것입니다.

양들을 개별적으로 만나 말씀을 전하고 훈계한다면 그들은 분명 구원의 지식을 얻을 것입니다. 여러분은 이 일을 감당하기 위해 동역자, 혹은 보조 사역자를 곁에 둘 수 있습니다. 하나님의 양 떼가 무지한 상태에서 멸망의 길로 가게끔 내버려두느니 자신과 가족이 조금 궁핍하게 사는 편이 낫지 않습니까?

목회자인 여러분에게 성경을 펼쳐들고 "한 사람의 영혼이 세상보다 귀하고 몇천만 원 연봉보다 귀하다"는 메시지를 외쳐야 겠습니까? 또는 우리 자신과 우리가 가진 모든 것이 하나님의 소유이며, 그것이 모두 하나님을 위해 쓰여야 한다는 기록을 보여드릴까요? 내 처자식이 다소 힘겹게 사는 것이 두려워 다른 사람들의 영혼을 지옥에 떨어지게 한다면 이는 비인간적이고 잔인한 처사가 아닙니까? 그리스도께 속한 자는 그 육신을 정욕과 함께 십자가에 못 박는다고 성경은 말씀하고 있습니다. 자기 육신을 조금 불편하게 함으로써 사람들을 비참한 지옥에서 건져낼 수 있다면 그렇게 하는 것이 하나님을 섬기는 자의 본분 아니겠습니까?

하나님께 속한 것은 하나님께 돌려드려야 합니다. 여러분, 우리 자신과 우리가 갖고 있는 것은 전부 하나님의 소유임을 기억하십시오. 우리가 고귀하게 여기는 모든 것이 실은 하나님께 드려진 헌물 아닙니까? 모두 주님에게서 받은 달란트이기에 마땅히 주님을 섬기는 일에 사용되어야 하지 않습니까? 그러므로 모든 그리스도인은 "내가 가진 것으로 어떻게 하면 주님을 가장 영화롭게 해드릴 수 있을까?"를 물어야 할 것입니다.

양들에게는 그렇게 설교하면서 왜 동일한 메시지를 자신에게 적용하지 않습니까? 만일 백만 원 월급을 받는 목회자가 그중 절반을 떼어 영혼 구원 사역을 위해 한두 명의 보조 사역자를 두기보다 월급 전부를 가족을 위해 쓰는 편이 하나님을 영화롭게 한다고 입증할 수 있다면 저는 그 결정을 탓하지 않겠습니다. 하지만 이를 입증할 수 없다면 그의 씀씀이는 결코 정당화되지 못할 것입니다.

여러분, 가난이라는 것은 생각만큼 위험하고 비참한 것이 아닙니다. 먹고 입을 것만 있으면 그것으로 만족해야 하지 않을까요? 하나님의 일을 하는 데 더 필요한 것이 무엇입니까? "자색 옷과 고운 베옷을 입고 날마다 호화롭게"(눅 16:19) 즐겨야 값진 인생을 살 수 있는 것입니까? 인생의 가치는 그가 소유한 재물의 풍부함에 있지 않습니다. 만약 여러분에게 추위를 막아줄 옷이 있고 허기를 달래줄 음식이 있다면 육신을 위해서는 더 이상 바랄 것이 없는 줄 알고 하나님을 섬기는 일에 열심을 다해야 할 것입니다.

모든 양을 보살피는 것이 목회자의 의무이긴 하지만 그중 특별하게 주의를 기울여야 할 양들이 있습니다. 안타깝게도 이 점을 이해하지 못하는 목회자들이 더러 있으므로 제가 여기서 자세히 언급하도록 하겠습니다.

1. 지옥으로 향하는 사람들

목회자는 비신자를 회심시키기 위해 아주 특별한 수고를 들여야 합니다. 그만큼 회심은 우리가 온 힘을 다해 우선적으로 수행해야 할 중요한 과제인 것입니다. 회개를 하고 안 하고는 엄청난 차이가 있습니다. 가령 진정으로 회개한 사람은 죄를 또 범한다 해도 영원한 형벌에 처해지지 않습니다. 물론 하나님은 회개하든 회개하지 않든 모든 사람의 죄를 동일하게 미워하십니다. 하지만 회개한 사람들에게는 선한 양심을 주셔서 불경한 자들처럼 계속 악에 머물러 있도록 놔두지 않으실뿐더러 궁극적으로 천국에 데려가셔서 영원한 선 가운데 살게 하십니다. 반면 회개하지 않은 사람들은 "악독이 가득하며 불의에 매인 바"(행 8:23) 되어 죄를 용서받거나 영광을 소망할 만한 여지가 전혀 없습니다. 그러므로 우리는 그들의 눈이 열려 "어둠에서 빛으로, 사탄의 권세에서 하나님께로 돌아오게 하고 죄 사함과 나(주)를 믿어 거룩하게 된 무리 가운데서 기업을 얻게"(행 26:18) 하기 위해 더욱 힘쓸 필요가 있습니다. 단지 가벼운 두통을 앓고 있는 사람과 3개월 시한부 선고를 받은 사람 중 우리는 당연히 후자를 동정할 수밖에 없습니다. 두통에 걸린 사람이 내 형제요 아들이고, 불치병에 걸린 사람은 낯선 이웃이라 할지라도 후자를 서둘러 돕는 편이 마땅합니다.

죄가 죄인지 알지 못하는 사람들, 저주의 상태에 놓인 그들을 보면 저는 매우 슬픕니다. 그대로 놔둔다면 영원한 형벌을 받는 지옥으로 버림받을 테니까요. 우리는 개인적으로든 공개적으로든 우선적으로 그들에게 다가가 붙들어주어야 합니다.

때때로 목회자는 비신자를 우선적으로 돌보느라 기존 신자들에게 말씀 전하는 일을 소홀히 할 때가 있습니다. 부끄럽기도 하고 안타까운 일이지만 솔직하게 고백합니다. 하지만 세상과 육신밖에 모르는 무지한 영혼들의 비참한 운명을 눈앞에 보면서 어찌 교인들의 소모적인 논쟁에 관여할 수 있겠습니까? 아무리 고상한 교리에 관한 변론이라 해도, 저는 최후의 재앙 속으로 들어가며 절박하게 살려달라고 외치는 비신자들에게 먼저 달려갈 것입니다. 제게 그들의 비참함이 더 크게 들리는 이유는 그들에게는 스스로를 위해 애청할 만한 가슴이 없기 때문입니다. 저는 좀 더 고상하고 참신한 설교를 듣기 위해 여러 교회를 기웃거리는 성도들을 많이 봐왔습니다. 그들은 뭔가 독창적인 메시지가 없으면 곧잘 설교자를 멸시하곤 합니다. 저는 그들의 영적 허영심을 만족시켜주기 위해 비신자들을 내버려둘 수 없었습니다. 구원이 시급한 비참한 죄인들에게 말하는 일을 미룰 수는 없었습니다.

바울이 "아덴에서 그들을 기다리다가 그 성에 우상이 가득한 것을 보고 마음에 격분"(행 17:16)했던 것처럼 영원히 죽을 수밖에 없는 위험에 처해 있는 많은 사람들을 보면 우리도 비슷한 심정이 될 것입니다. 믿음의 눈을 열어 지옥 문턱에 서 있는 사람들을 바라본다면 크로이소스의 아들이 아버지의 위험을 보며 그랬던 것처럼[2] 우리의 혀도 풀려 소리치게 될 것입니다. 지옥으로 치닫는 죄인을 향하여 한마디 말도 건네지 않는 목회자는 주님보다 사람들에게 먼저 책망을 받고 원수보다 못한 대접을 받게

---

[2] 크로이소스는 BC 6세기경의 리디아 왕인데, 그가 한 페르시아 군사에게 죽임을 당하려 할 때 이를 본 크로이소스의 벙어리 아들이 혀가 풀리며 이렇게 외쳤다고 한다. "크로이소스 왕을 죽이지 마라!" 그 젊은이는 이후로 계속 말을 할 수 있게 되었다고 한다.

될 것입니다.

그러므로 형제들이여, 기존 신자들도 중요하지만 가장 비참한 운명에 처한 영혼들을 소홀히 하지 마십시오. 율법의 저주와 정죄 아래 있는 그 가련한 영혼들을 그냥 지나치지 마십시오. 조금이라도 지체했다가는 그들이 영원한 지옥으로 떨어질 것입니다. 비신자들을 부르십시오. 그들을 회개시키는 일만큼은 최우선으로 힘껏 행하십시오.

2. 죄책감에 사로잡혀 구원의 길을 묻는 사람들

우리는 양심상의 문제로 우리를 찾아오는 모든 사람에게 조언해줄 준비가 되어 있어야 합니다. 특히 베드로를 찾아온 유대인들이나 바울과 실라를 찾아온 간수처럼 "내가 어떻게 하여야 구원을 받으리이까"(행 16:30)라는 큰 문제를 들고 오는 사람들에게는 더욱 그러해야 합니다. 목회자는 단지 대중을 향해 설교만 하는 사람이 아닙니다. 의사가 환자의 아픈 부위를 진찰하고, 변호사가 의뢰인의 억울한 사정에 귀를 기울이듯 목회자는 사람들의 영혼을 돌봐야 합니다. 니고데모가 회의와 의문에 찬 마음으로 그리스도를 찾아왔듯이 말입니다. 구약시대에도 사람들은 제사장을 찾았는데 이는 "제사장의 입술은 지식을 지켜야 하겠고 사람들은 그의 입에서 율법을 구하게 되어야 할 것이니 제사장은 만군의 여호와의 사자가"(말 2:7) 되기 때문이었습니다.

그러나 요즘은 대부분의 사람들이 목회 직무에 관해 잘 모르고 굳이 알려고 하지도 않습니다. 따라서 우리는 성도들에게 영혼에 관한 문제가 생길 때마다 기꺼이 찾아와 사연을 이야기하고 충고를 받으라고 권해야 합니다. 영혼의 문제에 개입하겠다는 각오를 스스로 다질 뿐 아니라 그들에게 언제든 목회자의 도움을 받으라고 초청하십시오. 우리가 목회의 의무를 제대로 깨닫고 이행한다면 사람들의 영혼을 큰 상처와 위험에서 건져내고 많은 선을 이뤄갈 것입니다.

강력히 권하건대 구원의 길을 묻는 사람들에게 성심껏 도움을 베푸십시오. 그렇게 하려면 여러분은 여러 사례를 경험하고 연구할 필요가 있습니다. 구원이란 무엇인지, 구원 은혜의 본질이라든지, 영원한 생명이나 심판 등에 관한 질문에 답을 잘할 수 있어야 합니다. 곤경에 처한 사람에게는 목회자가 신중하게 건네는 시기적절한 한마디의 충고가 웅장한 설교보다 유익할 수 있습니다. 솔로몬은 "때에 맞는 말이 얼마나 아름다운고"(잠 15:23)라고 말하지 않았습니까?

3. 하나님의 은혜를 이미 경험한 사람들

목회자는 이미 회심한 사람들을 든든히 세우기 위해서도 열심히 노력해야 합니다. 믿음의 상태에 따라 네 부류로 나누어 설명하도록 하겠습니다.

첫째, 회심했지만 아직 어리고 연약한 양들입니다. 오랫동안 신앙생활을 했음에도 믿음과 힘이 약한 경우인데, 실제로 성도의 대부분이 이러한 상태에 있다고 해도 과언이 아닙니다. 그들은 적당한 수준의 은혜에 머물러 있는 데 만족하므로 목회자가 그들의 믿음을 끌어올리기란 결코 쉽지 않습니다. 좀 더 상세한 성경지식을 전달하거나 정확한 신념을 갖도록 유도할 수는 있어도 그들의 은사와 능력을 증진시키기가 쉽지 않습니다.

그리스도인이 연약하다는 사실은 매우 서글픈 일입니다. 연약한 그리스도인은 위험에 쉽게 노출될뿐더러, 하나님이 베푸시는 위로와 기쁨을 충분히 느낄 수 없고, 지혜의 길을 따라가는 감미로움도 누리지 못합니다. 하나님과 이웃에게 헌신하거나 주님을 영화롭게 할 수 있는 기회, 영혼의 유익을 얻는 기회를 제대로 붙잡지 못하지요. 은혜의 방편들을 사용해도 별로 큰 은혜를 얻지 못합니다. 사탄의 간교한 함정에 쉽게 빠지고 유혹에 휘둘려 악과 선, 거짓과 진리를 혼동하게 됩니다.

모든 인간은 이에 맞서 싸우고 대처할 능력이 부족합니다. 누구나 쉽게 넘어지고 어렵게 일어납니다. 세상의 소리에 더 솔깃해하고 하나님을 대적하는 주장에 마음이 더 끌리는 자신을 발견합니다. 수많은 그리스도인들이 회심과 구원을 경험했음에도 여전히 자신의 정체성과 자신이 갖고 있는 무기, 자원을 제대로 깨닫지 못해 연약하게 살아간다는 사실은 참으로 서글픈 일입니다. 그런 연약함 때문에 복음이 수치를 당하고 각 사람들의 영혼이 복음의 유익을 누리지 못하는 것입니다. 다시 말하면 이는 우리 목회자가 영혼들의 유익을 위해 헌신하는 삶을 제대로 살지 못하고 있으며 아직도 자아가 죽을 준비가 되어 있지 않다는 의미입니다.

수많은 그리스도인들이 회심을 했음에도 여전히 연약한 믿음으로 힘들어한다는 사실을 알았으니 목회자 여러분, 이제 그들이 보다 큰 은혜 안으로 들어갈 수 있도록 힘써 도와야겠습니다. 능력 있는 그리스도인은 교회를 영화롭게 합니다. 하나님에 대한 사랑을 불태우고, 활기찬 믿음으로 열심히 일하고, 세속적인 유익과 명예가 헛된 줄 알고, 순수한 마음으로 사랑하고, 서로의 잘못을 진심으로 용서하고, 그리스도로 인한 고난을 기쁘게 여기고, 선행을 베풀며 평화를 이뤄가는 데 힘쓰고, 모든 사람의 유익을 위해 그들의 종이 될 것을 각오하고, 영혼 구원을 위해서라면 어떠한 모습으로든 다가가고, 그러면서도 악은 흉내도 내지 않고, 언제나 신중하고 겸손하고 열정적이고 착한 마음으로 행한다면 그들이 고백하는 믿음이 얼마나 선한 영향력을 미치겠습니까? 또 교회에는 얼마나 아름다운 면류관이 되며 하나님과 사람을 섬기는 일에는 얼마나 큰 보탬이 되겠습니까?

세상 사람들은 신앙을 고백하는 성도의 삶에서 이러한 결과들이 나타나는 것을 볼 때 복음이 하늘로부터 온 것임을 더 빨리 믿게 될 것입니다. 세상은 성경보다 신자의 삶을 통해서 신앙의 본질을 더 빨리 깨닫습니다. "말씀을 순종하지 않는 자라도……행실로 말미암아 구원을 받게 하려 함이니"(벧전 3:1)라는 말씀에서 볼 수 있듯이 이러한 결과는 경건의 핵심적인 본질입니다. 그리고 성도들을 연마시켜 주님 안에서 강한 자로 세우고 헌신하기에 적합한, 온전한 자로 만들기 위해 애쓰는 것이 우리의 가장 중요한 임무 중 하나입니다.

둘째, 특정한 죄의 영향력 아래에서 힘들어하는 양들입니다. 그들은 하나님의 은혜를 느끼면서도 여전히 죄를 거듭 지으면서 이웃과 자기 자신을 괴롭힙니다. 교만에 빠진 사람, 세속적인 가치관에 붙들린 사람, 육신의 정욕에서 헤어나지 못하는 사람, 완악한 사람, 도박이나 성, 알코올, 게임 등에 중독된 사람 등 안타깝게도 교회에는 이런 사람들이 너무나 많습니다. 목회자는 그들에게 죄의 궁극적인 결과를 경고해주고 죄에서 돌이킬 것을 경고함으로써 그들을 도울 수 있습니다. 또 어떤 경우엔 합당한 치료 방향을 제시하거나 죄의 유혹을 피할 수 있는 요령을 일러주는 것도 도움이 됩니다.

목회자는 죄와 어두움, 지옥의 세력에 대항하여 싸우는 그리스도의 군대장관입니다. 설혹 빛의 자녀들 가운데서 그러한 세력이 틈타는 것을 보게 된다면 엄중히 맞붙어야 합니다. 신자의 죄라고 해서 비신자의 죄보다 관대하게 대해서는 안 되며, 이를 감싸주거나 옹호해서는 더더욱 안 됩니다. 진정 사랑할수록 그의 죄를 지적해주고 질타해야 합니다.

그런데 여기서 우리는 심약한 사람들도 있다는 점을 기억해야 합니다. 특히 불법과 분열이 많은 사람들을 시험에 빠뜨리려고 할 때는 더욱 그러합니다. 심약한 사람들은 작은 책망에도 쉽게 토라지거나 의기소침해지며 큰 죄를 지은 양 심한 자책감에 빠지곤 합니다. 심지어 자신의 잘못을 믿음 자체와 연관시키기도 합니다.

목회자는 성도들의 기질과 개별적인 상황을 신중하게 판단하여 죄를 깨우치고 책망하는 이 힘든 의무를 감당해야 합니다.

셋째, 신앙을 잃어가는 양들입니다. 하나님과의 첫사랑을 잊어버린 사람들, 죄의 늪에 빠졌거나 회의에 젖어 옛 신앙과 열정을 잃어버린 사람들 말입니다. 영원한 생명과 평화의 길을 알았음에도 결국 사탄의 꾐에 넘어가 하나님께 등을 돌려버린다면 이 얼마나 비참한 일입니까?

그들에게 소망을 두고 수많은 아픔을 참아낸 우리의 모든 수고가 한순간에 물거품이 되게 할 수는 없습니다. 무엇보다 하나님이 오랫동안 사랑하시고 돌봐주셨던 사람들로부터 모욕을 당하시도록 할 수는 없습니다. 그리스도께서 친구에게 배신당하는 아픔을 또다시 겪으시도록 해서는 안 됩니다. 믿음이 점점 사그라지는 사람들을 그대로 놔둔다면 그들은 결코 돌아올 수 없는 배교의 길로 가버릴 것입니다.

믿음이 심하게 꺾여버린 사람일수록 우리는 그의 회복을 위해 더욱 노력해야 합니다. 사연이 어떠하든 영혼이 허약해져서 오류에 빠진 사람들이 있다면 그들에게 어떤 상처가 있는지 살피고 치료하면서 다시 믿음의 공동체 안으로 들어올 수 있게 이끌어야 합니다. 그들이 죄를 온전히 자복하고 회개하며 교회에 끼친 손상을 어떤 식으로든 보상할 수 있도록 도와줘야 합니다.

신앙을 잃어가는 사람들을 회복시키는 데는 많은 기술이 요구됩니다.

넷째, 믿음이 강한 양들입니다. 그들에게 목회자의 특별한 보살핌이 필요한 이유는 우선 은혜를 간직하고 신앙의 진보를 계속 이뤄갈 수 있도록 길을 열어주기 위함입니다. 또 그리스도를 섬기고 형제들을 돕는 일에 끝까지 힘써서 면류관을 받게 하기 위함입니다. 이 모든 것이 목회사역의 목적이요, 우리는 각 목적에 맞게 양들을 세심하게 보살펴야 합니다.

4. 그리스도인 가정들

우리는 각 가정들이 질서 있게 생활하고 각자의 의무를 잘 수행하고 있는지 특별히 살펴봐야 합니다. 교회와 국가의 안위는 가정이 얼마만큼 건강하게 각자의 의무를 이행하고 있는지에 크게 좌우됩니다. 가정을 소홀히 하면 우리의 모든 수고가 수포로 돌아갈 수 있습니다. 회중을 개혁하는 일이 전부 목회자에게 떠맡겨진다면 과연 어떻게 될까요? 그래서는 안 되고, 그렇게 될 수도 없습니다. 각 가정의 가장들이 의무를 충실하게 이행하면서 목회자가 남겨둔 일을 이어받는다면 교회는 풍성한 유익을 얻게 될 것입니다. 그러므로 강권하건대 여러분, 담당 교구의 개혁과 안녕을 원한다면 가정을 올바른 신앙 공동체로 세워가는 일에 최선을 다하십시오.

그러기 위해서는 첫째, 각 가정의 신앙 상태가 어떠한지 파악하십시오. 그리하여 각 가정의 특수한 상황에 따라 어떤 식으로 도와야 할지를 생각하십시오.

둘째, 때때로 가정을 심방하십시오. 가장 한가로울 만한 때에 찾아가서 가장에게 그가 과연 가족들과 함께 기도하는지, 성경을 읽는지 등을 물어보십시오. 가정예배를 소홀히 한다고 말한다면 그것이 죄임을 가르치십시오. 그리고 집을 떠나기 전에 되도록 그들과 함께 기도하고 앞으로 해야 할 일을 몇 가지 일러주십시오. 가족들이 합심하여 거룩한 의무를 성심껏 이행하겠다는 약속을 받아내는 것도 좋습니다.

셋째, 그동안 무지하거나 훈련이 부족해서 가정예배를 소홀히 했다면 그들에게 부족한 것이 무엇인지 알려주고 보완하게 하십시오. 기도가 익숙하지 않은 가족들에게는 기도문을 읽어가는 것도 하나의 방법임을 말해주십시오. 기도하는 방법을 몰라서 기도할 수 없었다는 것은 분명 게으름이요 부끄러운 죄임을 알려줘야 합니다. 거지도 동냥할 때 무슨 말을 해야 하는지 다 아는데 영혼이 궁핍한 신자가 하나님께 어떻게 기도해야 할지 모른다는 것은 말이 안 됩니다. 그러므로 기존의 기도문은 거동이 불편한 사람이 사용하는 지팡이처럼 정말 기도하기가 힘든 사람만 사용해야 할 것입니다. 성실한 그리스도인이라면 기도문을 그대로 읊는 데 만족하지 않고 가능한 한 빨리 기도하는 법을 배워 자신의 마음에서 우러나는 기도를 드려야 합니다.

넷째, 각 가정마다 성경 외에 도움이 될 만한 신앙서적들이 있는지 살펴보십시오. 만약 없다면 몇 권을 추천해주고 사서 읽어보라고 권하십시오. 구입할 만한 형편이 안 되는 가정에게는 여러분이 갖고 있는 책들 가운데 몇 권을 주고, 그것도 어려우면 교인들 중 경제적으로 풍족하고 헌신할 마음이 있는 사람에게 그 일을 부탁하십시오.

다섯째, 그들에게 주일을 어떻게 보내야 하는지 가르치십시오. 일주일 동안 몰두했던 생업을 내려놓고 교회에 와서 가족들과 알차게 시간을 보내도록 권하십시오. 이러한 결심은 가족의 화합, 더 나아가 가족의 신앙생활에 큰 영향을 줍니다. 경제적으로 여유가 없는 가장일수록 대부분의 시간을 일에 매여 살게 되므로 주일에는 되도록 가족들과 친밀한 소통과 영적 교제의 시간을 갖도록 설득하십시오. 가령 매 주일 저녁에 가족들과 교리문답을 반복하여 외우거나 그날 교회에서 들은 설교 내용을 나뉘보는 것입니다.

  가정, 특히 각 가정의 가장을 대상으로 하는 목회는 매우 중요합니다. 가장들만 올바로 세워도 여러분의 수고가 크게 덜어지고 성공적인 사역을 하는 데 큰 도움을 받을 것입니다. 장군은 사병들을 일일이 챙기기보다 직속 장교들만 확실히 통솔하는 편이 훨씬 효과적임을 압니다. 마찬가지로 여러분도 각 가정, 특히 가장을 개혁하지 못하면 교회 전체의 개혁을 이룰 수 없습니다. 믿음이 가정 공동체에 뿌리내리지 못하고 개인 신앙으로만 남겨진다면 그 믿음은 성장할 수 없고 하나님의 나라도 확장되리라 기대할 수 없습니다.

5. 병을 앓고 있거나 임종을 앞둔 사람들

  우리는 열심히 환우들을 심방하여 그들이 열매 맺는 삶을 살거나 행복한 임종을 맞이하도록 도와야 합니다. 특히 죽음을 앞둔 마지막 순간이라면 특별히 주의해야 합니다. 지금이 아니면 하나님과 화해할 기회를 영영 놓치게 되기 때문입니다. 얼마 남지 않은 시간 동안 그들이 영원한 생명을 확실하게 얻을 수 있도록 최선을 다하십시오.

  생명의 기운을 잃어가는 사람을 볼 때, 또 그의 영혼이 수일

내에 천국이나 지옥에 들어갈 것을 생각할 때 어찌 마음속에서 동정심이 일지 않겠습니까? 죽어가는 사람과의 대면은 분명 목회자에게 자신이 과연 내세에 관하여 얼마나 진지한 태도를 갖고 있는지를 파악할 수 있는 시험대가 될 것입니다.

죽음으로 가는 과정은 너무도 생생하고 신비로워서 죽음에 임박한 사람을 바라볼 때 우리의 감수성은 극도로 높아집니다. 또 동정심이 깊은 곳에서 우러나와 우리는 그 영혼이 육체를 떠나가기까지 작은 천사가 되어 그를 돌보게 됩니다. 작은 천사의 일이란 그가 거대한 천사 군대의 호위를 받으며 빛나는 성도의 기업에 들어가도록 준비시키는 것을 말합니다. 인생 여정을 거의 마치고 천국과 지옥의 갈림길 앞에 서게 되는 그를 열심히 돕는 것이 우리의 할 일입니다. 기독교 신앙을 비웃어왔던 완악한 사람이라도, 맹수처럼 거칠게 반항하던 사람이라도 죽음이 임박한 상황에서는 분노를 가라앉히고 양처럼 온순하게 목회자의 말을 듣게 되어 있습니다. 제가 경험하기에도 죽음 앞에서 여전히 완악하고 냉소적인 태도를 보인 사람은 하나도 없었습니다. 그들은 모두 겸손하게 자신의 잘못을 회개하고 만일 건강을 회복하게 된다면 제대로 거듭난 인생을 살겠다고 약속하곤 했습니다.

키프리아누스는 이렇게 말했습니다. "자신이 죽음으로 가고 있음을 매일 기억하는 사람은 현재 일에 연연해하지 않고 장래 일을 준비합니다. 그렇다면 실제로 병상에 있는 사람은 더더욱 그러하지 않겠습니까?" 아무리 극악무도한 죄인이라도 죽음이 다가오면 자신의 죄를 회개하고, 개과천선을 약속하고, 세상의 헛됨과 자신의 어리석음을 인정하지 않을 수 없습니다.

혹자는 이처럼 겁에 질려서 허겁지겁 해버리는 고백이 과연 얼마만큼 진정성이 있겠냐면서 구원을 얻는 데 별 도움이 안 될 것이라고 말할지 모르겠습니다. 네, 물론 죄인이 두려움을 느낀다고 해서 다 하나님을 인정하고 회심하는 것은 아닙니다.

하지만 어거스틴은 다음과 같이 말했습니다. "선하게 살던 사람이 악하게 죽는 경우는 '절대' 없으며 악하게 살던 사람이 선하게 죽는 경우는 '거의' 없습니다." 거의 없다는 말은 절대 없는 게 아니라 얼마만이라도 있다는 이야기입니다. 악한 자가 마지막에 구원받는 일은 거의 없지만 그럼에도 이것이 결코 불가능한 게 아니므로 우리는 마지막까지 최선의 방법을 동원하여 노력해야 합니다.

임종을 맞는 사람에 대해 특별히 주의해야 할 점을 몇 가지만 언급하겠습니다.

첫째, 그의 기력과 정신이 쇠할 때까지 기다리지 말고 얼른 달려가십시오. 죽음의 순간이 언제 임할지 모르므로 미리 준비하지 않으면 당황하기 쉽습니다. 그러므로 누군가 병들었다는 소식이 들리면 심방을 요청받았든 받지 않았든 곧장 그에게 달려가십시오.

둘째, 시간이 촉박하여 믿음의 원리를 차근차근 가르쳐줄 상황이 아니라면 주된 교리, 즉 회심을 이끌어낼 수 있는 필수적인 진리만 집중적으로 알려주십시오. 내세의 영광이 어떠한지, 이를 얻을 수 있는 방법이 무엇인지 알려주고, 건강했던 시절에 이를 소홀히 했던 것이 얼마나 큰 죄요 어리석음이었는지 가르치십시오. 그러나 아직 가능성이 남아 있으니 유일하신 구세주 그리스도를 믿고 죄를 자복하면 구원을 얻을 수 있음을 일러주십시오.

셋째, 만일 병환에서 기적적으로 회복한 사람이 있다면 그가 죽음의 문턱 앞에서 행한 약속과 결심을 분명히 상기시켜주십시오. 자신이 고백한 바를 양심에 깊이 새길 수 있도록 거듭 말하십시오. 이처럼 환우 심방은 임종을 맞이하는 사람뿐 아니라 회복 가능한 환자에게도 영혼을 회심시키기 위한 효과적인 방법입니다. 독일 황제 지기스문트가 쾰른의 한 주교에게 어떻게 해야 구원을 얻을 수 있는지 묻자 주교는 이렇게 대답했습니다. "지난번에 담석과 통풍 때문에 고생하셨을 때 하나님께 다짐하고 약속했던 대로만 행하시면 됩니다."

6. 죄 지은 사람들

목회자는 말씀을 거스르며 회개치 않는 사람들을 책망하고 훈계해야 합니다. 공적인 범죄가 아니라면 그 문제를 교회 전체에 공개하기에 앞서 당사자에게 찾아가 회개를 촉구하는 편이 바람직합니다. 이는 상당한 기술과 경험을 요하는 일로, 목회자는 죄를 지은 사람의 기질과 상황에 따라 신중하게 접근해야 할 것입니다. 책망과 훈계의 완급을 조절할 필요는 있지만 대부분의 경우에는 단도직입적으로 강력하게 죄를 지적해주고 그 죄의 심각성을 경고해야 합니다. 죄가 얼마나 악하며 하나님과 자신에게 얼마나 슬픈 결과를 가져오는지 분명하게 알려주십시오.

7. 교회의 규율

마지막으로, 목회자가 돌봐야 할 부분은 교회의 규율권 행사에 관한 것입니다. 규율권 행사는 앞에서 언급한 사적인 책망 후에 이루어지는 것으로, 좀 더 공개적인 징계 단계를 말합니다. 여기에서는 회개에 대한 권면, 죄인을 위한 기도, 회개한 사람의 복귀, 혹은 회개하지 않은 사람의 축출 문제를 언급하겠습니다.

첫째, 목회자가 개인적으로 찾아가 권면했는데도 끝내 회개하지 않는 사람에 대해서는 온 회중이 공개적으로 책망하고 다시금 회개를 촉구해야 합니다. 이런 일을 시행해본 적이 없다고 해서 마치 우리의 의무가 아닌 것처럼 여겨서는 안 됩니다. 그리스도께서도 교회에게 명하셨고, 바울도 "모든 사람 앞에서 꾸짖어"(딤전 5:20)라고 말한 바 있습니다. 목회자들 중에는 기도와 설교를 소홀히 하면 부끄러움을 느끼면서도 이러한 의무를 고의적으로 소홀히 하는 데는 별 문제의식을 느끼지 않는 사람들이 많습니다. 하나님이 치유와 회복을 위해 마땅히 사용하라고 허락하신 징계수단임에도 사용하기를 망설이거나 아예 사용하지 않음으로써 성도들을 방탕과 간음과 죄악에 빠지도록 방치해버리는 경우가 많습니다.

공개적인 책망은 별로 유익하지 않으며, 오히려 죄인의 수치심과 분노만 자극하는 셈이 될 것이라고 누군가 말한다면 저는 이렇게 대답하겠습니다.

- "창조주께서 정하신 규례를 쓸모없다고 항변하는 게 합당합니까? 하나님이 만드신 규례 중에는 하나도 무의미한 것이 없습니다. 만약 그렇다면 하나님이 아예 만들지 않으셨을 것입니다.
- 규율은 죄를 부끄럽게 하고, 죄인을 겸손케 하며, 그리스도의 거룩하심

과 교회 및 그 가르침의 순결함을 온 천하에 드러내는 것입니다.
- 회개하지 않는 죄인들을 소망 없는 자라고 포기하겠습니까? 포기하는 것은 책망하는 것보다 훨씬 잔인한 일입니다.
- 공개적인 징계는 범죄자 자신뿐 아니라 교회 전체를 위해서도 꼭 필요합니다. 이를 통해 다른 사람들이 유사한 죄에 빠지는 것을 막을 수 있고, 성도들과 그들의 예배를 순결하게 유지시킬 수 있습니다. 세네카는 이렇게 말했습니다. '적당하게 핑계를 대며 현재의 악을 용납하는 사람은 이를 후손에게로 전해줄 수 있습니다. ……징벌을 아끼면 선한 사람들까지 해를 입게 됩니다.'"

둘째, 공개적인 책망과 더불어 우리는 죄 지은 사람이 대중 앞에서 죄를 고백하고 회개하여 교회로부터 공식적인 용서를 받도록 권면해야 합니다. 교회는 회개하지 않은 사람과의 교제를 금하고 있으므로 죄의 증거를 가진 사람은 반드시 회개의 증거를 가져와야 합니다. 여기서 교회가 인정하는 회개의 증거란 죄에 대한 자복과 이후 실제로 변화된 삶을 말합니다.

이러한 과정이 죄인과 교회 모두에게 유익이 되려면 목회자가 매우 신중하게 일을 처리해야 합니다. 가령 비판과 질책 일변도로 나가거나 출회 방침을 고집하기보다 죄인 당사자가 참 그리스도인의 자세를 회복할 수 있도록 도와야 합니다. 부득이하게 엄중한 징계를 내릴 때라도 겸손과 온유함을 잃지 말고 다음과 같은 말을 함으로써 그 징계가 위압적 태도와 복수심에서 비롯된 게 아니라 목회자의 양심상 결코 소홀히 할 수 없는 의무를 이행하기 위함임을 분명히 보여줘야 합니다.

> "형제여, 아무리 사소한 죄라도 거룩한 하나님이 보시기에는 가증한 악이기 때문에 온전히 회개하지 않으면 지옥에 떨어져 영원한 고초를 겪게 됩니다. 지옥의 심판을 피할 수 있는 유일한 방법은 하나님의 아들 예수 그리스도의 십자가를 의지하는 것입니다. 진정으로 죄를 회개하고 죄에서 돌이키는 사람만이 십자가의 속죄 은혜를 누릴 수 있습니다. 하나님은 모든 사람에게 회개를 촉구하시며 이렇게 명하셨습니다. '오직 오늘이라 일컫는 동안에 매일 피차 권면하여 너희 중에 누구든지 죄의 유혹으로 완고하게 되지 않도록 하라'(히 3:13)."

또 우리는 마음으로 형제를 미워하지 말고 이웃을 견책하여 그가 죄에 빠지지 않도록 해야 합니다(레 19:17). 만약 죄를 범한 형제가 있으면 그에게 개인적으로 찾아가 회개할 것을 촉구해야 합니다. 하지만 말을 듣지 않으면 교회에 알리고, 교회의 말도 듣지 않으면 그냥 이방인이나 세리처럼 여기십시오(마 18:15-17). 죄를 계속 범하는 사람은 모든 권위를 동원하여 공개적으로 책망하고(딛 2:15) 모든 사람들이 그러한 죄를 수치스럽고 두렵게 생각하도록 해야 합니다(딤전 5:20). 설령 그리스도의 종이라 해도, 바울이 베드로에게 그러했듯 공개적으로 책망해야 합니다(갈 2:11, 14). 공개적인 책망에도 끝내 회개하지 않는다면 그와는 식사는 물론 상종조차 하지 마십시오(살후 3:6, 11–12, 14; 고전 5:11–13). 교회에게는 다음과 같이 공고하기를 권합니다.

> "교회는 어느 성도가 추악한 행동을 했다는 소문을 듣고 그에 대한 증거도 확보했습니다. 우리는 그를 개인적으로 불러 회개하기를 진지하게 권했지만 애석하게도 그는 자신의 죄를 계속 부인하며 회개하지 않고 있습니다(혹은 말로는 회개한다고 하면서 여전히 동일한 죄를 짓고 있습니다). 그러므로 교회의 직무를 이행하기 위해서 우리는 그리스도께서 정하신 최후의 치유책을 사용해야 할 것 같습니다.
>
> 이제 우리는 주님의 이름으로 그에게 명합니다. 더 이상 지체하지 말고 자신의 죄가 얼마나 큰지, 또 그리스도와 자신에게 얼마나 큰 잘못을 범했는지, 이웃들에게 얼마나 큰 슬픔과 수치를 주었는지 인정하십시오. 죄와 불순종의 결과가 어떠할지를 생각하기 바랍니다. 그것이 영생과 맞바꿀 만큼 중요합니까? 회개치 않은 상태에서 죽음을 맞이하여 하나님과 주 예수 그리스도 앞에서 심판을 받게 된다면 어찌하겠습니까?
>
> 본 교회는 예수 그리스도의 사자로서 그에게 간절히 명합니다. 영원한 심판대 앞에서 수치를 당하고 싶지 않다면 이제 완악한 마음을 내려놓고

하나님과 회중 앞에서 자신의 죄를 자복하십시오. 교회가 이러한 조치를 취하는 것은 그에 대한 악감정 때문이 아닙니다. 주님이 아시겠지만, 그 영혼을 사랑하고 그리스도께 받은 사명에 충실하려는 의도에서입니다.

교회가 간절히 바라는 바는 그가 죄를 회개함으로써 사탄의 손아귀와 하나님의 영원한 진노에서 벗어나 하나님과 그분의 교회와 화목하게 되는 것입니다. 돌이킬 수 있는 기회가 사라지기 전에 어서 진심으로 회개하기를 바랍니다."

사소한 죄라도 스스로 회개하지 않는 사람에게는 교회에서 공개적 권고를 시행하기 바랍니다. 죄의 경중과 관계없이 그 심각성을 일깨워줄 필요가 있습니다. 특히 성경말씀을 인용하여 죄의 악영향과 위험성을 경고하는 것이 좋습니다.

셋째, 공개적으로 책망하고 권고했다면 온 교회가 죄인을 위해 합심하여 기도해야 합니다. 특히 죄인이 권고를 받아들이지 않고 참석을 회피하거나 회개의 증거를 보이지 않을 경우 더욱 그리해야 합니다. 목회자가 회중에게 직접 기도를 부탁하는 편이 좋습니다. 회개를 거부하는 것 자체가 얼마나 무서운 상황인지를 성도들에게 상기시키고, 죄와 사탄으로 인해 눈이 멀고 마음이 완악해진 죄인에게 긍휼의 마음을 갖도록 부탁하십시오. 돌이킬 수 없는 지옥에 빠지기 전에 그가 완악한 마음을 내려놓고 겸손히 하나님께 나아가도록 합심하여 기도하십시오. 목회자가 솔선수범하여 간구한다면 회중도 마음이 동하여 우리와 함께 기도할 것입니다. 하나님이 우리의 기도를 들으시고 죄인의 닫힌 마음을 열어주시지 않겠습니까?

이러한 의무를 양심껏 성실하게 이행하는 목회자는 큰 축복을 받을 것입니다. 위험하고 힘들다 하여 물러선다면 우리의 목회는 절름발이식이 되어 복음을 활기 있게 전파하기가 어렵습니다.

넷째, 회개한 사람을 성도들의 교제 안으로 복귀시켜야 합니다. 복귀를 관대하게 허락하여 교회의 징계를 만홀히 여기도록 해서는 안 되지만, 너무 가혹한 징계로 죄인을 좌절시켜서도 안 됩니다. 자기 행위의 악함을 진정으로 깨닫고 회개한 듯이 보이면 그로 하여금 죄를 자복하게 하고 앞으로는 결코 반복하지 않겠다고 약속하게 하십시오. 좀 더 신중하게 행동하고, 유혹을 멀리하며, 자신의 힘 대신 그리스도 예수 안에 있는 은혜를 의지하겠다는 다짐도 하게 하십시오.

또 그가 용서와 구원을 위한 성도들의 기도를 받기 원하는지, 성도들과 교제하기를 간절히 원하는지도 확인해야 합니다. 목회자는 그에게 하나님의 사랑의 풍성함을 보여주어야 하며, 믿음으로 회개할 때 그리스도의 피로 충분히 죄 사함을 받을 수 있다는 사실을 확신시켜야 합니다. 한편 성도들에게는 교회가 그리스도를 본받아 회개한 죄인을 무조건 용서하고 받아들이도록 가르쳐야 합니다. 편견을 갖고 그를 비난하거나 외면해서는 안 된다는 사실을 주지시켜야 합니다.

그리고 마지막으로 그의 복귀로 인해 하나님께 감사하고, 그의 믿음과 구원을 위해 지속적으로 기도해야 합니다.

다섯째, 사적으로나 공적으로 수차례 권면했음에도 여전히 회개하지 않은 채 죄를 범하는 사람은 어떻게 해야 할까요? 가장 흔하게 사용하는 징계는 성도들의 교제에서 일시적으로 배제하는 것으로, 교회의 교제로부터의 축출, 혹은 파문이라고 일컫습니다.

이 기간 동안 목회자는 회중 앞에서 교제를 피해야 할 사람의 이름을 공표하고 주님의 이름으로 단호히 명해야 합니다. 하나님의 말씀에 어긋나지 않는 한 이러한 목회자의 강력한 권고는 교인들이 순종해야 할 의무입니다.

물론 우리는 출회된 자의 회심과 회복을 위해 계속 기도해야 합니다. 그리고 하나님의 은혜로 그가 회개한다면 그 즉시 교회의 교제 안으로 그를 기쁘게 받아들여야 합니다.

안타깝게도 목회자들 중 대다수는 이 규율의 의도와 방식을 알고 그 필요성을 역설하면서도 실제로 실행하기를 주저하는 경우가 많습니다. 여러분, 장차 하나님의 법정에서 이 문제로 인해 누가 궁극적으로 책임 추궁을 당하게 될지 생각해보십시오. 이 규율의 성격과 필요성을 알지 못해 이를 반대하고 방해하는 사람입니까, 아니면 말로는 이 규율을 지지하면서도 실제로 이행하지 않아 규율을 무력화하는 우리일까요? 주님의 뜻을 알면서 시행하지 않는 것은 불순종이요, 말과 행위를 일치시키지 않는 것은 위선입니다. 더 이상 불순종과 위선의 죄에 머물러 있지 마십시오.

저는 경건한 목회자요 신학자로 인정받는 몇몇 사람들이 성례론자(Sacramentarians)와 규율론자(Disciplinarians)를 분파주의로 비판한다는 말을 듣고 적잖게 놀란 적이 있습니다. 왜 분파주의라고 비난하는지를 묻자 그들은 교회의 규율에 따라 누구에게는 성례를 베풀고, 누구에게는 베풀지 않으려 하기 때문이라고 대답했습니다.

저는 규율을 소홀하게 여기는 목회자도 그렇지만 규율을 시행하지 않는 편이 옳다고 주장하는 목회자도 마귀의 거짓에 넘어갔다고 생각합니다. 오히려 후자가 더 심각하게 마귀에게 포섭된 셈입니다.

교회를 인도하는 것이 목회자의 특권이요 사명임을 깨닫는다면 규율을 철저히 이행하는 것 또한 매우 중요함을 알아야 합니다. 규율을 저버리는 것은 목회를 저버리는 것이요, 목회를 저버리는 것은 교회를 저버리는 것이요, 교회를 저버리는 것은 궁극적으로 그리스도를 저버리는 것입니다. 논리의 비약이 심하다고 비난하지 말고 그리스도 앞에서 흠 없는 사역자가 되도록 노력하십시오.

chapter 4
목양의 자세

이번 장에서는 목양의 자세에 관하여 전반적으로 살펴보겠습니다.

1. 올바른 목적으로 하라

목회자는 오직 하나님의 영광과 영혼 구원을 사역의 궁극적인 목적으로 삼아야 합니다. 본질상 아무리 선한 일이라도 잘못된 목적으로 행한다면 아무 소용이 없습니다. 우리가 사욕을 채우기 위해 목회를 한다면 이는 하나님을 섬기는 게 아니라 우리 자신을 섬기는 것입니다.

이런 점에서 자기부인은 모든 그리스도인에게 중요한 덕목이지만 목회자에게는 더욱 그러합니다. 자기를 부인하지 않으면 한순간도 하나님을 신실하게 섬길 수 없기 때문입니다. 아무리 학식을 쌓고 설교를 유창하게 한다 할지라도 그 목적이 올바르지 않으면 위선의 죄를 쌓는 것과 같습니다. 성 베르나르는 이렇게 말했습니다. "단지 지식만을 위해 공부하는 것은 부끄러운 호기심에 불과합니다. 지식을 팔아먹기 위해 공부하는 것도 부끄러운 일입니다. 명성을 얻기 위해 공부하는 것 역시 수치스런 허영일 뿐입니다. 반면 다른 사람의 덕을 세우기 위해 공부하는 것은 칭찬할 만한 일입니다. 또 자신의 덕을 세우기 위해 공부하는 것은 현명한 일입니다."

2. 열심히 하라

목회자는 열심히, 또 부지런히 목회에 임해야 합니다. 그 이유는 목회가 그만큼 중요한 일이기 때문입니다. 우리는 세상을 견고히 세우고 하나님의 저주로부터 세상을 구하기 위해 일하고 있습니다. 또 피조세계를 완전케 하고, 그리스도의 십자가 사역을 완성하고, 마귀를 물리쳐 그의 왕국을 훼파하고, 사람들을 영광의 나라로 들어갈 수 있도록 돕는 것이 우리의 일입니다. 이러한 일들을 부주의한 마음과 게으른 손발로 할 수 있겠습니까? 여러분, 온 힘을 다해 목회하고 있는지 스스로 살펴보십시오! 열심히 공부하십시오! 카시오도루스[1]의 말을 기억하십시오. "지식의 세계는 한계가 없으므로 각자의 지적 열망이 그대로 드러납니다. 지식을 더 깊이 추구하는 사람일수록 더 많은 지식과 영예를 얻을 것입니다." 또 바울이 "내가 부득불 할 일임이라 만일 복음을 전하지 아니하면 내게 화가 있을 것이로다"(고전 9:16)라고 했던 말을 마음에 새겨두십시오. 여러분의 손이 무슨 일을 잡고 있는지 늘 생각하십시오. 스스로 분발하여 열심을 내지 않으면 사탄이 세력을 잡고 사람들을 영원한 멸망으로 이끌 것입니다. 지금의 수고와 고통을 회피하면 훗날 수천 배에 달하는 고통을 겪게 되고, 현재 부지런히 일하면 나중에 큰 복락을 누리게 됨을 기억하십시오.

3. 단계적으로 하라

목회사역은 신중하고 질서 있게 수행되어야 합니다. 질긴 고기를 먹기 전에는 먼저 엄마 젖을 먹어야 하고, 큰 건물을 지으려면 기초부터 든든히 닦아야 합니다. 아이들을 성인처럼 다루

---

[1] 6세기에 활동한 이탈리아의 정치가이자 역사가.

면 안 되듯 우리는 사람들에게 은혜의 역사를 기대하기에 앞서 그들을 은혜 안으로 먼저 이끌어야 합니다. 그리스도에 대한 믿음과 회심을 우선 가르쳐야지, 양들의 능력을 벗어난 무리한 요구를 한다거나 믿음의 첫 원칙을 배우지 못한 사람에게 완전함을 가르쳐서는 안 됩니다. 니사의 그레고리우스[2]는 이렇게 말했습니다. "우리는 어린아이에게 철학의 심오한 개념부터 가르치지 않습니다. 먼저 글자를 가르치고, 그다음에 낱말과 문장을 차례로 가르칩니다. 이처럼 교회 지도자들도 갓 회심한 사람들에게 기초적인 교리부터 가르치다가 점차 심오하고 신비한 영적 문제들을 가르쳐야 합니다." 교회는 세례를 베풀기 전에 교리문답을 먼저 훈련하여 믿음에 걸림돌이 생기지 않도록 해야 합니다.

4. 우선순위대로 하라

어떠한 종류의 목회든 우리는 가장 총체적이고 확실하고 중요한 교리부터 강조해야 합니다. 나머지 세세한 내용들은 자주 거론할 필요가 없습니다. 그리스도만 온전히 가르칠 수 있다면, 그래서 그들을 하늘나라로 무사히 인도할 수 있다면 그만큼의 지

---

[2] 4세기에 활동한 카파도키아 교부.

식으로 충분합니다.

  일반적으로 중요하게 생각되는 신앙적 진리는 인간이 어떻게 살아야 하며, 인간의 죄를 파괴하고 하나님의 마음을 움직이는 위대한 도구들이 무엇인지에 관한 것들입니다. 우리는 양들에게 절실히 필요한 진리가 무엇인지를 파악하고 그 몇 가지 진리만 확실하게 가르치면 됩니다. 핵심만 기억해도 소모적인 논쟁이나 혼동을 피하고 영원한 생명을 얻을 수 있습니다.

  여기서 중요한 것은 우선순위입니다. 우리의 연수가 무한하다면 언제든 무엇이나 시도해볼 수 있겠지만 인생은 짧고 우리의 지혜는 한계가 있습니다. 고백하건대 저는 필요에 따라 공부하고 생활도 해왔습니다. 필요에 따라 무슨 책을 읽을지 결정하고 언제, 어떻게 말할 것인지도 결정했습니다. 또 필요에 따라 성경 본문을 선택하고 설교 방식을 정해왔습니다. 유한한 인생에 대한 인식이 이러한 결정을 재촉하는 하나의 큰 원인이 되었음을 고백합니다. 저는 건강한 대부분의 사람들이 왜 인생의 유한함과 불확실성을 깨닫지 못하고 가장 중요한 것을 최우선으로 삼지 않는지 이해할 수 없습니다.

  크세노폰은 이렇게 말했습니다. "필요보다 더 좋은 선생은 없습니다. 필요는 모든 것을 가장 부지런하게 가르칩니다." 공부를 하든, 설교를 하든, 노동을 하든 그것이 반드시 필요한 일임을 깨닫는다면 어느 누가 딴전을 피울 수 있겠습니까? 일의 시급성을 깨달은 사람은 지체 없이 일을 완수하는 데 전력할 것입니다. 군대에도 이런 말이 있습니다. "유사시에는 긴 토론이 필요 없고 다만 민첩하고 강력한 대응만 필요합니다." 주님의 일은 세상사보다 더 중요하기에 우리 목회자는 더욱 그러해야 합니다. 한순간도 낭비하지 않고 모든 시간을 가장 중요하고 시급한 일에 사용하도록 최선을 다해야 합니다. 이렇게 한다면 모든 사람에게도 유익한 영향을 끼칠 수 있을 것입니다. 물론 세네카가 "우리는 고상한 일보다 저속한 일에 더 이끌립니다" 하고 말한 것처럼 인간이란 본디 연약한 존재이기 때문에 목회자의 이러한 수고가 사람들에게 늘 칭송과 격려를 받는 것은 아닙니다.

또 시급하게 전해야 할 필수적인 메시지는 한정되어 있기 때문에 목회자는 동일한 설교를 반복할 수밖에 없습니다. 우리는 저속함을 추구하는 사람들을 만족시키기 위해 본질적인 메시지를 숨기거나 부차적인 내용을 부각시켜서는 안 됩니다. 물론 동일한 메시지에 다양한 옷을 입혀 전달할 필요는 있습니다. 그러나 우리를 곤혹스럽게 하고 많은 시간을 소비하게 하는 두꺼운 책들과 지겨운 논쟁은 불필요한 의견들로 가득 차 있는 경우가 많습니다. 피치누스[3]가 언급한 대로 "필수적인 것의 범위는 한정되어 있지만 불필요한 의견들은 그렇지 않기 때문"입니다. 나지안주스의 그레고리우스와 세네카도 종종 이렇게 말했습니다. "필수적인 일은 일상적이고 명백합니다. 그런데 우리는 부수적이고 사치스러운 것 때문에 시간을 낭비하고, 피땀을 흘리고, 이를 얻지 못한다고 불평합니다."

그러므로 목회자는 양들을 가르칠 때 내용과 형식 중 그들에게 우선적으로 필요한 게 무엇인지를 깨닫게 해야 합니다. 우리가 읽을 책을 고를 때도 아주 우아하고 세련된 필체로 쓰였지만 내용이 헛되고 거짓된 책보다는 비록 문체가 좀 투박할지라도 내용이 참신하고 가장 필요한 진리를 명백하게 전달해주는 책을 고르지 않겠습니까? 어거스틴이 "말씀의 의미에 우선 주목하십시오"라고 했던 권고를 따르십시오. 친구를 고를 때 얼굴이 잘생긴 사람보다 생각이 올바른 사람을 선택하듯 토론을 할 때도 논리정연하게 주장을 펼치는 것보다 진실한 내용을 말하는 게 중요합니다.

공부는 목회자 자신을 위한 것이기도 하지만 다른 사람의 덕

---

[3] 15세기에 활동한 이탈리아 철학자.

을 세우기 위한 것입니다. 속이 텅 비고 무지한 목회자는 공교한 미사여구로 자신의 말을 장식하는 데 급급하지만 연륜과 학식을 갖춘 목회자는 단순하고 명료하게 진리의 본질을 전달합니다. 아리스토텔레스는 "왜 여자들은 남자들보다 의상과 장식에 더 신경을 쓰는 것입니까?"라는 질문에 "그들은 내적인 가치에 별 관심이 없으므로 자연히 각종 장신구를 통해 외모 가꾸기에 힘쓰는 것입니다"라고 말한 바 있습니다. 내실이 보잘것없는 무지한 설교자도 마찬가지입니다. 그는 자신의 모습을 실제보다 부풀리고 사람들로부터 평판을 얻어내는 데 힘씁니다.

5. 단순하고 명료하게 가르치라

목회자는 청중의 수준에 맞춰 단순명료하게 진리를 전달해야 소기의 목적을 달성할 수 있습니다. 진리는 빛을 사랑합니다. 그래서 벌거벗은 듯 완전히 드러날 때 진리는 가장 아름답습니다. 원수는 진리를 완전히 감춰버리려 하고, 위선자는 진리를 드러낼 것처럼 하면서 감춰버립니다. 그러므로 빛을 차단하는 스테인드글라스처럼 갖가지 색으로 칠한 모호한 설교는 가식과 위선의 표징이라 할 수 있습니다. 사람들을 가르칠 생각이 없으면서 왜 강단에 올라갑니까? 왜 사람들이 이해할 수 있는 언어로 말하지 않습니까? 어려운 성경본문은 설교자가 아무리 쉽게 설명해도 이해하기가 힘든 법인데 왜 일부러 난해한 용어를 써가며 모호하게 말합니까? 이는 가르치는 시늉만 할 뿐 자신의 생각을 사람들에게 숨기는 행위입니다. 어리석은 사람은 그에게 해박하다고 감탄할지 몰라도 지혜로운 사람은 그의 무지함과 교만과 위선을 비난할 것입니다.

어떤 목회자는 사람들이 편견에 사로잡혀 있거나 진리를 받아들이고 이해할 만한 준비가 되어 있지 않기에 그럴 수밖에 없노라고 변명합니다. 하지만 편견은 진리가 드러나기만 해도 극복됩니다. 그리고 우리가 최대한 쉽고 명료하게 진리를 언급한다면 진리는 밝게 드러날 것입니다. 목회자는 또 진리를 드러냄으로써 자신이 제대로 설교할 준비가 되었는지의 여부를 점검해볼 수 있습니다. 가령 내용을 쉽고 명료하게 설명할 수 없다면 이는 우리가 아직 그것을 제대로 소화하지 못했다는 표징입니다. 또 필수적인 진리를 가르칠 때는 사람들의 수용 능력을 신중히 고려해야 합니다. 아무리 쉬운 말로 명료하게 가르친다 해도 일부 사람들은 이해하기가 조금 어려울 수 있습니다. 간단한 문법을 쉽게 가르쳐주어도 이제 막 알파벳을 외운 아이에게는 이해하기가 어려운 것처럼 말입니다.

6. 겸손하라

목회자는 모든 사람에게 유순하고 낮은 자세로 겸손하게 사역해야 합니다. 사람들을 가르치면서도 그들에게 배울 수 있다는 자세를 가지십시오. 자신이 배운 지식을 전부라고 확신하여 자기 생각과 다른 사상을 무조건 배척해서는 안 됩니다. 목회자만 의자에 앉을 자격이 있고 일반 성도들은 우리 발밑에 앉아야 한다고 생각하지 마십시오. 교만은 천국으로 가는 길을 결정적으로 방해하는 악입니다. 그러므로 다른 사람들은 천국으로 인도해놓고 정작 자신은 들어가지 못하는 불행을 자초하지 말기 바랍니다.

그로티우스는 이렇게 말했습니다. "교만은 천국에서 태어납니다. 그러나 방심하여 천국 문이 닫히는 것을 깨닫지 못하면 다시는 그리로 돌아갈 수 없습니다." 교만한 천사들을 쫓아내신 하나님이 교만한 설교자들을 용납하시겠습니까? 우리는 적어도 사역자(minister, '작은 자'라는 뜻—옮긴이)라는 말의 의미를 기억해야 할 것입니다. 으스대기 좋아하는 목회자들은 그러고 싶지 않겠지만 우리는 꼭 기억해야 합니다. 모든 죄의 근원은 바로 교만입니다. 목회자들 사이에서 시기와 분열을 일으키고 모든 개혁의 발목을 잡는 것도 교만입니다. 모두 앞장서려고만 할 뿐 뒤를 받쳐주거나 따르는 사람이 거의 없기 때문입니다. 수많은 목회자들이 제 역할을 못하는 이유도 그들이 너무 교만하여 배우려 하지 않기 때문입니다. 겸손한 목회자라면 늘 새로운 교훈을 얻을 것입니다.

저는 목회자, 특히 나이 든 목회자들에게 어거스틴이 제롬에게 했던 말을 들려주고 싶습니다. "나이 든 사람은 배우는 자리보다 가르치는 자리에 있는 편이 어울리겠지만 이에 앞서 무지보다 배움이 더 중요하다는 사실을 알아야 합니다."

7. 엄격함과 온유함을 조화시키라

사안의 심각성이나 연루된 사람들의 성격에 따라 목회자는 설교와 징계의 수위를 신중하게 조절해야 합니다. 가령 우리가 무조건 관대하게 대하면 징계는 별 효과를 내지 못할 것입니다. 반면 매사를 엄격하게 처리하면 사람들은 우리가 진리를 설득하고 권면하기보다 그들을 강제로 이끌어가는 독재자라고 생각할 것입니다.

8. 진지하고 열정적으로

우리는 무슨 일을 하든 항상 진지하고, 열정적이고, 성실하게 행해야 합니다. 목회는 다른 어떤 일보다 큰 열정과 생명력과 기술을 요하기 때문입니다. 심오한 진리의 말씀을 무지한 대중에게 전하고, 죽은 듯 무력해진 심령을 일깨우고, 논쟁하기 좋아하는 궤변가들을 입 다물게 할 만큼 확고하게 전한다는 것은 결코 쉬운 일이 아닙니다. 우리는 스스로 잘 깨어 있어야 할 뿐 아니라 다른 사람을 깨울 수 있을 만큼 활기찬 영을 갖고 있어야 합니다. 못처럼 날카롭고 강력하지 않으면 돌처럼 무딘 자의 마음을 움직일 수 없을 것입니다. 하늘의 일들을 대충 무심하게 전한다면 차라리 아무 말도 안 하는 편이 낫습니다.

9. 부드러운 사랑으로 성도들을 대하라

모든 목회사역은 양들에 대한 따뜻한 사랑으로 행해져야 합니다. 양들의 유익 외에는 우리에게 기쁨이 되는 것이 하나도 없음을 그들에게 보여줘야 합니다. 또 그들에게 유익한 것이 우리에게도 유익한 것이요, 그들이 겪는 상처만큼 우리를 괴롭게 하는 것도 없음을 알게 하십시오. 우리는 부모의 심정, 특히 어머니 못지않은 지극한 사랑으로 양들을 대해야 합니다. 그들 안에서 그리스도의 모습이 나타날 때까지 해산의 수고를 감당하십시오. 그들의 구원 외에는 부귀나 명예 따위에 전혀 관심이 없음을 보여주십시오. 또 모세가 말한 것처럼 그들의 이름이 영원한 생명

책에 기록될 수만 있다면 우리의 이름이 삭제되어 영원히 천국에 들어갈 수 없다 해도 만족할 수 있음을 보여주어야 합니다. 우리는 요한이 말한 대로 "형제들을 위하여 목숨을"(요일 3:16) 버릴 준비가 되어 있어야 하며, 바울처럼 "달려갈 길과 주 예수께 받은 사명……을 마치려 함에는"(행 20:24) 자신의 생명을 조금도 아끼지 말아야 합니다.

여러분에게서 무조건적인 사랑을 느낄 때 양들은 여러분의 말을 무엇이든 다 들을 것입니다. 어거스틴은 이렇게 말했습니다. "하나님을 사랑한다면 그다음에는 원하는 대로 하십시오." 우리도 우리를 전적으로 사랑해주는 사람의 말은 무조건 듣지 않습니까? 악감정이나 분노에서 나온 욕설은 한마디에도 발끈하지만 사랑의 매는 잘 참습니다. 대부분 사람들은 권고가 사랑에서 비롯된 것인지를 잘 알아채고 받아들입니다. 그러므로 여러분의 마음속에 양들에 대한 부드러운 사랑이 있는지 살펴보십시오. 그리고 그 사랑을 말과 행동으로 드러내고 전하십시오. 때로는 말만 가지고 그들에게 사랑을 확신시키기가 어려우므로 상황이 허락하는 한 여러 가지 자선을 베풀 필요가 있습니다. 자선을 베풀 여유가 없을지라도, 만약 베풀 수 있으면 베풀었을 것임을 그들에게 알게 하고 여러분이 줄 수 있는 도움을 주십시오.

단, 여러분의 사랑이 자신을 드러내기 위한 육신적 사랑이어서는 안 됩니다. 그리스도보다 자신을 위하는 사람은 자신이 사랑받고 있기 때문에, 혹은 사랑받기 위하여 다른 사람을 사랑합니다. 또 사랑을 가장하여 양들의 죄를 묵인하려 해서도 안 됩니다. 그런 일은 사랑의 속성과 목적에 어긋나기 때문입니다. 우애는 경건을 통해 강화되어야 합니다. 악한 자는 참된 친구가 될 수 없습니다. 만약 여러분이 그들의 악을 용납하며 그들과 친구로 지낸다면 여러분 역시 악한 사람임을 보여주는 셈입니다. 그들의 죄를 용납해주고 싶다면 그들을 사랑한다고 말하지도, 그들의 구원을 위해 애쓰지도 마십시오. 죄를 용납한다는 것은 곧 하나님에 대한 적대감을 드러내는 것인데, 어찌 그런 상태에서 형제를 사랑할 수 있겠습니까? 진정으로 좋은 친구가 되어주려면 그들이 하나님의 원수가 되지 않도록 도와야 합니다. 그리고 통렬한 비판이 사랑과 모순된다고 여기지 마십시오. 자식을 사랑하는 부모라면 매를 들기 마련이고, 하나님도 그분의 받으시는 모든 자녀를 징계하시기 때문입니다. 어거스틴도 "(지나친) 관대함으로 자녀를 잘못 인도하기보다 엄격함으로 사랑하는 편이 낫습니다"라고 말했습니다.

10. 오래 참음으로 하라

목회사역에는 오래 참음이 필요합니다. 우리는 선한 일을 행하려다가 엉뚱하게 오해를 사고 상처 입게 되는 경우가 더러 있습니다. 이때 우리는 참고 견뎌야 합니다. 그들을 위해 정성껏 설교하고, 기도하고, 권면하고, 진실한 마음과 겸손함으로 충고하고, 줄 수 있는 것을 모두 주며 부모의 심정으로 돌봐야 합니다. 그렇게 하는데도 여전히 우리를 조롱하고 미워하고 멸시하며 우리를 마치 원수처럼 취급하는 사람들이 많습니다. 왜 그럴까요? 우리가 진리를 말하기 때문입니다. 우리는 이 모든 일을 인내하며 지속적으로 선을 행해야 합니다. 비록 우리를 반대하는 사람들일지라도 우리가 온유함으로 가르치면 하나님이 그들에게 회개의 영을 부으시고 진리를 알게 하실지 모릅니다.

우리는 의사의 낯을 피해 달아나는 피곤한 사람들을 다루게 될지 모릅니다. 욕설을 퍼부으며 치료를 거부하는 정신병 환자 같은 사람을 만날 수도 있습니다. 그렇다고 환자에 대한 책임을 외면한다면 그는 의사가 될 자격이 없을 것입니다.

안타깝게도 수많은 목회자들은 죄인들이 충고에 감사하기는커녕 사랑을 비난하고, 중상모략하며, 수모를 줄 때 시험에 빠져 자기 마음속에 분노를 품고 옛 사람의 교만과 혈기로 새 사람의 온유와 인내를 꺾어버리곤 합니다. 이 얼마나 서글픈 일입니까!

11. 경건함을 지키라

목회자는 경건한 마음을 품어야 합니다. 우리는 하나님의 임재를 믿는 사람답게 일해야 하며 거룩한 것을 가지고 세속적으로 사용해서는 안 됩니다. 경건함이란 우리의 영혼이 하나님에 대한 깊은 이해와 친밀성을 가질 때 우러나오는 특징입니다. 하나님의 일을 행한다고 하면서 경건함을 동반하지 않는다면 이는 곧 마음과 혀가 일치하지 않는 위선입니다.

하나님의 존전에 있는 것처럼 경건한 마음으로 설교하는 목회자는 평범한 단어를 사용해도 사람들에게 깊은 울림을 주지만 경건하지 않은 설교자는 아무리 공교한 미사여구를 동원해도 별 감동을 주지 못합니다. 목청을 돋워 열정적인 설교를 해도 경건함이 없으면 아무 소용이 없습니다.

저는 거짓과 오류투성이인 설교를 싫어하지만 이에 못지않게 실없는 한담으로 사람들을 웃기거나 얄팍한 감동을 자아내려는 설교도 몹시 싫어합니다. 목회자는 하나님의 거룩한 이름에 대한 경외심으로 성도들을 감동시켜야지, 마치 무대 위에 선 연극 배우처럼 몸짓과 말투로 사람들을 움직이려 해서는 안 됩니다. 제롬은 이렇게 말했습니다. "설교자는 사람들에게 박수받을 설교를 하기보다 그들 가운데 흐느낌이 일어나게 하는 설교를 해야 합니다. 청중의 눈물이야말로 그에게 내려지는 찬사입니다." 우리가 목회사역에서 하나님을 높여드릴수록 하나님은 우리의 권위를 높여주십니다. 우리는 하나님의 보좌와 그분을 둘러싸고 있는 수백만의 영화로운 천사들을 보는 것처럼 깊은 경외감에 젖어들어야 합니다. 하나님께 나아가 그분의 위엄에 압도된다면 그분의 일을 속되게 행하거나 그분의 이름을 헛되이 부르는 일이 없을 것입니다.

12. 영적인 방식으로 하라

목회자는 모든 일을 영적으로 행해야 합니다. 성령충만한 사람답게 말입니다. 어떤 설교는 영적인 요소가 풍부하여 영적인 사람들에게 기쁨을 주지만, 어떤 설교는 신성한 색채가 너무 없어서 영적인 내용을 언급할 때조차 세속적인 느낌을 주곤 합니다. 우리는 하나님의 진리에 대한 증거와 예화를 영적으로 전하기 위해 사람의 글보다 성경에서 인용하는 편이 좋습니다. 하나님의 지혜보다 세상의 지혜를 높여서는 안 됩니다. 믿음을 어느 귀퉁이에 제쳐두고 세상 철학을 가르침의 중심에 놓으면 안 됩니다.

또 아리스토텔레스 학파의 학자들처럼 스승을 지나치게 숭상하는 태도를 조심해야 합니다. 사람의 눈에는 아무리 위대해 보여도 하나님 나라에서는 지극히 작은 자요, 그리스도 학파에서는 가장 작은 자로 간주될 수 있기 때문입니다. 세상의 여느 철학자들 못지않게 지혜로웠던 바울도 그리스도의 십자가 외에는 그 어느 것도 영광스럽게 여기지 않고 오직 자신이 십자가에 못 박혔다는 사실 외에는 알지 않겠노라고 결심한 바 있습니다. 하나님과 상관없는 삶을 살았던 아리스토텔레스를 천국 길의 안내자처럼 떠받들어서는 안 될 것입니다. 그레고리우스의 말을 기억하십시오. "하나님은 먼저 무식한 자들을 불러모으시고 그다음에 지혜로운 자들을 모으십니다. 웅변가를 어부로 만드시는 것이 아니라 어부를 웅변가로 만드시는 것입니다." 특히 학식이 뛰어난 사람이라면 이 말을 깊이 새겨야 합니다.

아무리 탁월한 저술도 하나님의 말씀에 비하면 아무것도 아닙니다. 물론 세상 지혜에 대해 우리가 인정할 것은 인정해야겠지만 하나님을 필적하거나 대적하려는 것은 결코 용납할 수 없습니다. 성경의 탁월성을 인정하지 않는 것은 심령이 병들었다는 증거입니다. 건강한 영성은 본디 하나님의 말씀을 사모하게 되어 있습니다. 왜냐하면 말씀은 사람을 거듭나게 하는 씨앗이기 때문입니다. 말씀은 참 신자의 마음속에 거룩한 생각들을 심어주고, 특히 하나님의 형상을 새겨넣는 도장입니다. 그러므로 신자들은 세상을 살아가는 동안 늘 말씀을 사모하고 소중하게 여겨야 합니다.

13. 성공에 대한 간절한 소망과 기대를 품으라

현재 성공적인 목회를 하고 있더라도 더 높은 성공을 끊임없이 갈망하고 기대하십시오. 만약 목회자가 자신이 행하는 수고의 목적, 즉 양들의 회심과 성장에 대한 소망과 기대 없이 적당히 연구하며 설교한다면 그는 큰 성공을 거두기 어렵습니다. 이런 태도는 진정한 헌신이 결여되어 있다는 증거로, 그저 일을 계속한다는 데 만족할 뿐 수고의 열매는 거둘 수 없습니다. 하나님도 성공을 위해 온 마음으로 수고하지 않는 사람에게는 좀처럼 축복하지 않으십니다. 사역보다 돈에 더 관심이 있었던 가룟 유다처럼 일을 할 때 흉내만 내는 사람은 보수만 제대로 받고 사람들에게 칭찬과 인정을 받으면 만족할 것입니다. 그러나 그리스도의 영광과 영혼의 구원을 위해 설교하는 사람은 사역의 궁극적인 목적이 성취될 때까지 결코 만족하지 않습니다.

목표한 바가 성취되었는지 안 되었는지에 도무지 관심이 없고, 실패를 애통해하거나 성공을 기뻐하는 마음이 별로 없다면 그는 제대로 된 설교자라고 할 수 없습니다. 가령 사람들에게 유능하다는 칭찬을 받거나 안정적인 수입원을 확보하려고 설교의 내용과 방법을 연구하는 목회자, 설교한 뒤 사람들에게 어떤 평가를 받게 될지 살피기만 하는 목회자는 그리스도를 위해서가 아니라 자신을 위해 설교한다고밖에 볼 수 없습니다. 설사 그가 그리스도에 관해 이야기하고, 또 그 설교가 훌륭해 보인다 해도 역시 그러합니다. 담당 환자들이 전부 악화되거나 죽어가는데도 자신은 처방전을 써주었기 때문에 할 만큼 했다고 만족해하는 의사는 결코 지혜롭고 자애롭다고 말할 수 없습니다. 또 학생들을 전혀 이해시키지 못했음에도 단지 가르쳤다는 것에 만족하는 교사는 진정한 교사라고 할 수 없습니다.

물론 믿음 있는 목회자는 자신이 큰 성공을 거두지 못해도 평안함을 누립니다. 하나님은 얼마나 많은 열매를 거두었느냐보다 얼마나 열심히 일했느냐를 중요하게 보시기 때문입니다. 그러나 사역의 성공을 갈망하지 않는 사람은 결코 이런 위로를 받을 수 없습니다. 그는 신실한 일꾼이 아니기 때문입니다. 하나님은 목표를 정해놓고 이를 위해 매진하다가 채 이루지 못하여 애통해하는 사람을 위로하십니다. 환자가 죽었는데도 불구하고 하나님이 담당 의사를 높이 인정해주셨다면 그 이유가 무엇일까요? 병세가 호전되리라는 기대와 갈망을 가지고 끝까지 환자를 돌보다가, 실패한 후에는 이로 인해 애통해하던 사람이기 때문입니다. 저는 고대의 어느 경건한 사람들의 이야기를 듣고 감동을 받은 적이 있습니다. 그들은 믿음 없는 사람들과 함께 20-30년, 혹은 40년간 살면서 영혼의 회심과 구원을 위해 무진 애를 썼지만 아무 열매도 거두지 못했습니다. 만일 제가 그들이었다면 하나님의 부르심을 배반하여 감히 포도원을 떠나지는 않겠지만 다른 사람이 이 자리를 맡는 게 더 합당하지 않을까 의심하고, 이런 식으로 인생을 낭비하고 싶지 않다며 불평했을 것입니다.

14. 그리스도를 전적으로 의지하라

목회자는 자신의 부족함을 깊이 인식하고 그리스도께 전적으로 의존해야 합니다. 우리는 우리를 목회자로 부르신 하나님을 위해 온 힘과 목숨을 다해 충성해야 함을 알지만 때로 믿음이 약해지고 마음이 둔해져서 감당하기 벅찬 일을 만날 때면 '과연 이 일에 내가 적합할까?' 하고 생각합니다. 그럴 때마다 그리스도께 나아가 이렇게 말하십시오. "주님, 이렇게 불신하는 마음을 가지고 어떻게 다른 사람들에게 믿으라고 설득할 수 있겠습니까? 죄인들에게 영원한 생명과 멸망을 전해야 하는데 저 자신부터 이 중대한 문제에 관하여 아무 감격이나 확신을 못 느끼면 어떻게 합니까? 아무 준비도 없이 벌거벗은 채 나아가지 않게 해주십시오. 이 일을 행하라고 명하셨으니 그에 합당한 영을 제게 채워주옵소서."

기도는 설교만큼이나 중요한 일입니다. 양들을 위해 성심껏 설교하지 않는 목회자는 양들을 위한 기도도 소홀히 합니다. 양들에게 회개의 영과 믿음을 달라고 하나님께 매달려 이기지 못한다면 우리는 양들을 결코 회심시킬 수 없습니다. 양들을 치유하고 회복시켜달라고 하나님께 매달려 이기지 못한다면 우리는 결코 성공적인 목회의 역사를 이룰 수 없습니다.

15. 연합을 이루라

마지막으로 우리는 같은 일에 부르심을 받은 동료 일꾼임을 깨닫고 서로 합심해야 합니다. 열심히 협동과 교류를 도모하고 우리가 돌보는 교회의 평화와 연합을 위해 힘써야 합니다. 또 이 일이 교회 전체의 번영을 위해 얼마나 필요한지, 우리의 공통된 목표 강화와 성도 개개인의 유익, 더 나아가 그리스도의 왕국의 확장을 위해 얼마나 중요한지를 깨달아야 합니다.

그러므로 목회자들은 교회가 상처를 입을 때 지혜롭게 처리하고 지도자들 사이에 분열이 일어나지 않도록 조심해야 합니다. 교회의 분열을 치료하고 예방하는 것이 목회자의 중요한 임무 중 하나이기 때문입니다. 어떻게든 연합할 수 있는 방안을 찾고 그것을 실천에 옮겨야 합니다. 초대교회로부터 내려온 기독교 신앙의 순수성을 굳게 지키고 보편적 연합의 중심과 기초를 잃지 말아야 합니다. 아울러 오류를 제거하고 진리를 수호한다는 미명 아래 새로운 세력을 결집시켜 그리스도의 교회를 찢고 깨뜨리려는 사람들의 오만을 미워해야 합니다.

무엇보다도 우리는 성경의 충분성(sufficiency)을 주장하면서 그 이상의 어떤 것을 덧붙이지 않도록 해야 합니다. 가령 교황주의자들이 우리에게 신앙의 기준이나 규범이 무엇이냐고 물을 때 우리는 성경 대신 교회의 고백이나 사람의 저술 따위를 보여주면 안 됩니다. 우리는 분명한 것과 분명하지 않은 것, 보편적인 객관적 진리와 개별적인 주관적 진리를 구별하는 법을 배워야 하며 교회의 화평을 지키기 위해 후자보다는 전자에 중점을 두어야 합니다. 우리는 언어상 오류와 실질적 오류의 차이를 구별하지 못하는 사람들이 공통적으로 저지르는 혼동을 피해야 하며 형제들의 주장을 이해하기에 앞서 그들을 이단으로 정죄하기에 바쁜 신학자들의 광기를 미워해야 합니다.

또한 우리는 논쟁의 정확한 본질을 파악하도록 노력해야 합니다. 대립되는 두 견해의 차이점을 가려내어 문제를 실제보다 확대시켜서는 안 됩니다. 내부에서 논쟁하기보다 합력하여 공동의 적과 싸워야 합니다. 모든 사역자들은 서로 교제하고 평화로운 협력을 도모하기 위해 지속적으로 회합을 가져야 합니다. 사소한 견해차로 갈라서는 일이 없어야 합니다. 가능한 한 마음을 합해 하나님의 일을 해야 하며, 이를 위해 종교회의가 존재하는 것입니다. 종교회의의 목적은 통제하고 지배하는 법을 만들기 위해서가 아니라 오해를 종식하고, 서로 덕을 세우도록 권면하며, 사랑의 교제 가운데서 하나님께 부여받은 일을 일치단결하여 행하기 위함입니다. 복음의 사역자들이 분열보다 화평과 단합의 정신을 갖고 있었다면 그리스도의 교회가 오늘날과 같은 상황은 아니었을 것입니다. 교파들끼리 서로 헐뜯거나 등을 돌린 채 앙심을 품었던 까닭에 교회는 오랫동안 성장을 방해받았고 공동의 적만 그 세력을 키워갔습니다.

chapter 5
목양의 이유

앞서 목양의 자세를 살펴보았으니 이제는 목양의 이유를 몇 가지 생각해봅시다.

1. 목회자는 양 떼를 이끄는 목자이기 때문이다

목회자와 일반 성도들의 관계를 볼 때 우리는 그들의 목자입니다. 목자가 양을 돌보지 않으면 누가 돌보겠습니까? 그렇다면 목자란 어떤 존재일까요?

첫째, 목자는 양 떼를 돌보는 의무가 있습니다. 폴리도어 버질[1]

---

1) 16세기에 이탈리아와 영국에서 활동한 성직자요 역사가.

은 "감독이란 명예직이라기보다 노동직에 더 가깝습니다"라고 말했습니다. 양 떼의 감독관이라 할 수 있는 목회자는 사람들에게 칭송받는 자리가 아니요, 배불뚝이처럼 육신의 쾌락과 안위를 추구하는 자리도 아닙니다. 목회자가 된다는 것은 죄인들을 하늘나라로 이끄는 안내자가 된다는 의미입니다. 안타깝게도 많은 목회자들이 목회 소명의 본질이 무엇인지, 목회가 무엇을 하는 것인지 제대로 모르면서 무턱대고 이 길을 걸으려 합니다. 그저 적당히 명예를 누리고 안정된 보수를 받으면서 헛된 토론을 벌이는 게 목회입니까? 도움을 필요로 하는 사람들을 외면한 채 쓸데없는 여흥에 몰두하는 게 목회일까요?

사랑하는 형제들이여, 목회자는 하나님께 어떤 일을 위임받은 사람입니까? 목회자는 그리스도께 소속된 군대의 지휘관으로서 "통치자들과 권세들과……하늘에 있는 악의 영들을"(엡 6:12) 상대하는 임무를 맡습니다. 군사들에게 적군의 전략과 무기에 대하여 가르치고 훈련하여 그들을 격렬한 전쟁터로 이끌고 가야 합니다. 자칫 임무를 소홀히 했다가는 자신은 물론 군대 전체를 위기로 몰아넣을 수 있습니다. 게다가 적군인 사단은 교활할 뿐 아니라 밤낮 깨어 있으므로 여러분도 늘 깨어 현명하게 대처해야 합니다. 원수가 악랄하고 끈질기고 포악한 만큼 여러분도 단호함과 인내와 용기로 무장해야 합니다. 수많은 적이 각처에 도사리고 있기에 잠시라도 방심하면 여러분은 곧 넘어지고 말 것입니다.

목회자는 사단과 맞붙는 싸움터에서도 활약해야 하지만 양 떼를 돌보는 엄청난 수고를 감내해야 합니다. 여러분은 노쇠하고 무지한 사람들을 가르쳐봤습니까? 설사 그들에게 배움에 대한 열망이 있다 하더라도 그들을 가르친다는 것은 여간 힘들지 않을 것입니다. 무지한 데다 배우려는 마음조차 없는 사람이라면 말할 것도 없겠지요. 그런데 우리의 양 떼는 후자가 대부분이니 이 일을 어쩌면 좋을까요! 이성의 기능을 거의 사용하지 않는 사람들에게 진리를 전해야 하고, 자신이 무슨 말을 하는지조차 모르는 사람들과 논쟁을 벌여야 하니 이 얼마나 고단한 일입니까!

게다가 인간의 영혼 안에 존재하는 악의 세계는 얼마나 크고 견고한지요. 여러분이 어렵사리 복음의 씨앗을 뿌렸다고 해도 공중의 새들이 날아와 그것을 쪼아먹습니다. 여러분의 입에서 무슨 말이라도 나오면 사단은 준비 자세를 취하고 있다가 얼른 나와서 반박을 합니다. 여러분이 죄인에게 한 번 말을 걸 때 사단은 수차례, 수십 번 말을 겁니다.

어디 사단의 방해뿐입니까? 죄인들의 마음에 있는 염려와 세속적 욕망도 여러분의 씨 뿌린 수고를 헛되게 만듭니다. 외부의 방해가 없어도 염려와 두려움, 이기적인 욕심 등으로 얼어붙은 육신의 마음은 여러분이 오랫동안 지펴왔던 진리의 불꽃을 순식간에 사그라뜨릴 수 있습니다. 연료와 지속적인 보살핌이 없다면 그 불꽃은 곧 꺼질 것입니다. 사람들이 죄를 회개하고 새로운 피조물로 변화된 삶을 살겠노라고 결심할 때면 여러분의 사역은 감사하게도 큰 성공을 거둔 것처럼 보이지만 그들 중 대다수는 쉽게 마음이 흔들려 일시적이고 피상적인 변화에 머물러버리거나 신앙을 그저 새로운 사상 정도로 받아들이는 경우가 많습니다.

상당한 변화를 겪은 뒤에도 세속적인 이익과 명예에 눈이 어두워 예전의 정욕으로 돌아가는 사람들, 변화되긴 했지만 양심의 가책과 수치심을 적당히 피해 가면서 육신대로 살아가는 사람들, 진리를 철저히 습득하기도 전에 자신의 어쭙잖은 지성을 과신하고 진리인 양 가장하는 온갖 오류들을 게걸스럽게 받아들이는 사람들이 얼마나 많습니까? 암탉의 품을 떠나 흩어진 병아리들처럼 그들은 그리스도께서 보호막으로 세워주신 목회자들의 충고와 지도를 무시하다가 지옥의 솔개들에게 낚아채입니다.

아, 형제들이여! 우리 앞에 펼쳐진 들판을 바라보십시오. 얼마나 할 일이 많습니까? 수많은 사람들이 여러분을 바라보고 있습니다. 만일 여러분이 돌보지 않는다면 그들 중 상당수는 그리스도의 은혜를 잃어버리고 죄악의 길에 빠져 복음을 욕되게 하거나 큰 슬픔을 겪게 될 것입니다. 목회자가 된 이상 여러분은 어떠한 삶을 살아야 하는지 깨달아야 합니다. 난관이 우리를 당황스럽게 하더라도 낙심하지 말고 해야 할 일에 최선을 다합시다. 우리가 이를 소홀히 한다면 우리는 물론 우리가 돌보는 양들에게도 화가 임합니다. 여타 의무들을 제쳐놓은 채 설교만 그럴듯하게 한다고 해서 자신을 목회자라고 말할 수 있을까요? 그럴듯한 흉내로 하나님과 사람을 속인다면 우리의 상급도 우리의 사역만큼이나 피상적이 될 것입니다.

둘째, 목자는 자원하는 마음으로 합니다. 여러분에게 교회의 목자가 되라고 강요한 사람은 아무도 없습니다. 목회자가 된 것이 전적으로 자신의 자발적인 선택이었음을 인정한다면 그 일에 성실한 태도로 임해야 하지 않겠습니까?

셋째, 목자는 명예로운 자리입니다. 하나님의 사자가 된다는 것은 큰 명예입니다. 또 회심의 도구가 되어 사람들을 영원한 죽음에서 건져내고 허다한 죄를 덮는 일에 동참하는 것도 큰 영광입니다. 그래서 시대를 막론하고 많은 사람들이 목회자의 길을 흠모했으며 세상 사람들도 목회직의 존귀함과 중요성에 관한 열띤 논쟁을 벌여왔습니다. 하지만 안타깝게도 많은 목회자들이 자신이 맡은 직분의 본질을 망각하곤 합니다. 판자촌에서 살아가는 사람들에게 천국으로 가는 길을 어떻게 하면 신속히 전할 수 있을까를 고심하는 목회자가 얼마나 있을까요? 죄인들에게 회개를 선포하고 그들 가운데서 종으로 섬기겠노라고 망설임 없이 나서는 목회자가 또 얼마나 있을까요?

그리스도께서 분명하게 말씀하시고, 또 말씀하셨건만 목회의 본질을 제대로 이해하는 목회자가 드물다는 사실은 참 아이러니합니다. 진정한 목회가 무엇인지를 알았더라면 불쌍한 죄인을 도와줄 마음이나 능력이 없는 상태에서 섣불리 목회자로 나서겠습니까? 지극히 세속적인 사람들을 인내하며 그들을 회심시키기 위해 진지하게 애쓸 각오를 하지 않을 수 없을 것입니다.

명예는 수고 뒤에 따라오는 부산물입니다. 자신이 담당한 교구의 일을 변변찮게 하는 사람이 나라 전체를 짊어진 사람만큼의 명예를 바란다면 어불성설입니다. 여러분이 진정 원하는 것은 하나님의 일과 성취입니까, 아니면 명예와 이익입니까? 여러분, 명성을 생각하지 않은 채 그리스도와 그분의 교회를 위해 신실하고 겸손히 일한다면 여러분이 원하든 원치 않든 명예는 저

절로 따라오기 마련입니다. 명예를 우선적으로 염두에 둔 사람은 명예도, 사역도 모두 놓치고 말겠지요. 명예는 일의 그림자와 같아서 우리가 열심히 일하면 쫓아오지만 명예부터 쫓게 되면 그것은 달아나버립니다.

넷째, 목자는 귀한 특권들을 누립니다. 목회자가 받는 생활비는 다른 사람들의 수고를 통해 얻어지는 것입니다. 목회를 하는 한 그 특권을 빼앗기지는 않겠지만, 바울이 명한 대로 목회자는 이 모든 일에 전심전력하고 다른 사람의 영혼 돌보기를 자기 몸 돌보듯이 해야 합니다. 자신의 일을 제대로 하든지, 아니면 자신이 받는 생활비를 포기하십시오. 그런데 우리에게는 이보다 훨씬 더 큰 특권들이 있습니다.

목자만 누리는 특권들은 무엇일까요? 우선 무지함 가운데 놓인 세상에서 여러분은 놀라운 지식을 공급받고 있습니다. 또한 다른 사람들은 경박하고 세속적인 이야기를 나누는 데 반해 여러분은 경건한 사람들과 고상한 일에 관해 대화할 수 있지 않습니까? 무엇보다 목회자의 큰 특권은 그리스도의 신비를 끊임없이 탐구하고 그분에 관해 전한다는 데 있습니다. 하나님의 존귀한 성품과 그분이 행하신 일, 그분의 길을 날마다 묵상하는 일에 종사한다는 것은 대단한 특권입니다. 게다가 다른 사람들은 주일 하루와 주중 틈틈이 얻는 몇 시간으로 안식을 즐기지만 우리는 지속적인 안식일을 누릴 수 있습니다. 하루 종일 하나님과 그분의 말씀을 연구하고, 기도와 찬양에 몰입하고, 주님의 거룩한 구원의 진리에 취할 수 있습니다. 이런 점에서 목회는 혼자든 여럿이 함께든 상당히 고상하고 영적인 차원의 일임이 분명합니다. 아, 우리가 전심으로 이 일에 열심을 낸다면 얼마나 좋을까요! 우리의 일상생활은 참으로 복되고 즐거울 것이요, 우리의 연구는 지극히 감미로울 것입니다. 강단에 오를 때마다 흥분이 넘치고 영적인 모임에 유쾌함이 가득할 것입니다.

다섯째, 목자는 양과 더불어 그리스도와도 함께합니다. 목자는 그리스도의 비밀을 맡은 청지기요 그분의 나라를 다스리는 통치자입니다. 주님은 여러분에게 일을 맡기시며 그 일을 넉넉히 감당하도록 도우실 것입니다. 하지만 일을 맡기시기에 앞서 주님은 "맡은 자들에게 구할 것은 충성"(고전 4:2)이라는 조건을 먼저 언급하셨습니다. 주님이 여러분을 신실하게 도우시리라는 사실을 결코 의심하지 마십시오. 그분은 양 떼를 돌보는 여러분을 궁핍 가운데 내버려두지 않으시고, 엘리야에게 하셨듯 여러분을 친히 먹이실 것입니다. 여러분이 옥에 갇히면 주님이 옥문을 열어주실 것입니다. 옥문이 열렸을 때 여러분은 옥에 갇힌 다른 영혼들을 구하면 됩니다. 주님은 여러분에게 말의 권세와 지혜를 허락하셔서 어떤 대적도 반박하지 못하게 하실 것입니다. 주님께 받은 능력과 지혜를 성실하게 사용하십시오. 여러분이 고통에 처한 사람들에게 손을 내밀면 주님은 여러분을 치려는 자들의 손을 마르게 하실 것입니다.

우리는 수세기에 걸친 교회사를 통해 주님의 신실하신 개입을 목격할 수 있습니다. 잔인하고 포악하고 무지한 박해자들에게서 주의 종들을 보호하신 일들을 생각해보십시오. 하나님이 왜 그러셨을까요? 몇몇 목회자를 위해서입니까, 아니면 주님의 교회를 위해서입니까? 여러분은 주님의 양 떼를 맡고 있다는 것 외에는 여느 사람들과 다를 바 없습니다. 더 나은 진흙으로 만들어졌다거나 천사와 같은 대접을 받는 피조물도 아닙니다. 여러분도 주님의 은총을 필요로 하는 죄인들의 세대 아닙니까? 그렇다면 자리에서 일어나십시오! 구원을 받은 사람답게, 주님을 섬기는 자리로 부르심을 받은 사람답게 열심히 일하십시오! 하나님에게서 구원의 은총을 받았다는 사실을 믿는다면 그 믿음에 합당한 삶을 살아야 합니다.

2. 목회자는 성령 하나님이 세우셨기 때문이다

우리를 목회자로 세우시고 사역을 감당케 하시는 분은 성령 하나님이십니다. 그분은 감독이나 목회자를 세우실 때 다음과 같은 원칙에 따라 역사하십니다. 첫째, 공식적인 절차를 통해 목회자의 직분과 자격을 부여하십니다. 둘째, 성직 수여자에게 분별력을 주셔서 적임자를 찾을 수 있게 하십니다. 셋째, 성직자로 임명된 사람들을 적재적소에 배치하도록 인도하십니다.

항상 그렇다고 볼 수는 없지만 대개 성직자의 임명과 역할 분담은 성령의 인도로 이뤄집니다. 또 오늘날은 일상적으로 기존의 관례를 따르지만 그 바탕에는 역시 성령 하나님의 개입과 조력이 깔려 있습니다. 성령께서 여전히 우리와 함께하시며 교회의 목회자들을 세우시므로 사람에 의한 성직 수여가 성령의 부르심보다 절대적이라는 교황파의 주장은 당치 않은 오만입니다. 하나님은 교회에 어떤 직분이 있어야 하며, 그 직분의 성격과 권위가 어떠해야 하는지, 직분 맡은 사람의 자격이 무엇인지를 성경말씀에 분명히 언급하셨습니다. 성경에 나온 것은 무엇 하나도 인간에 의해 삭제되거나 무효화될 수 없습니다. 사람들에게 성직에 필요한 자격을 부여하시는 분은 하나님이십니다. 그러므로 교회가 할 일은 하나님이 자격을 부여하신 사람들을 온전히 분별하여 그들에게 합당한 직책을 맡기는 것뿐입니다.

성직으로 부르심을 받은 우리의 의무가 얼마나 막중한지 알겠습니까? 우리는 하늘로부터 온 사명을 결코 거절할 수 없습니다. 세속적인 직업에 종사하고 있던 사도들은 그리스도께 부르심을 받았을 때 즉시 일터와 가족, 친구를 버리고 주님을 따랐습니다. 바울도 그리스도의 음성을 들었을 때 "하늘에서 보이신 것을……거스르지"(행 26:19) 않았습니다. 비록 우리를 향한 부르심이 초대교회 사도들처럼 직접적이고 특별하지는 않더라도 동일한 성령 하나님에게서 비롯된 것은 분명합니다. 그러므로 요나처럼 그분의 명령을 거슬러 도망치는 것은 부질없는 일입니다. 만일 우리가 하나님의 부르심을 외면하고 도망친다면 그분은 사자를 보내셔서 우리를 붙잡으시고 일하는 곳으로 데려가실 것입니다. 만일 우리가 일을 게을리한다면 채찍을 들어 우리를 깨우치실 것입니다. 그러므로 여러분, 나중에 억지로 붙들려 하는 수 없이 하기보다 기꺼이 순종하는 마음으로 먼저 하십시오.

3. 목회자에게 맡겨진 것은 하나님의 교회이기 때문이다

이것은 우리에게 주어진 임무의 숭고한 목적과 관련되어 있습니다. 목자가 돌봐야 하는 것은 하나님의 교회입니다. 하나님의 교회는 세상을 지탱하는 것으로, 성령에 의해 거룩하게 구별된 곳이요 그리스도의 신비로운 몸입니다. 교회 안에는 천사들이 존재하여 그곳을 드나드는 성도들을 섬깁니다. 아무리 보잘것없는 사람이라도 천국에서 매일 하나님의 얼굴을 뵙는 천사들에게 섬김을 받습니다. 이러한 교회와 하나님의 가족인 성도들을 맡는다는 것은 여간 막중한 임무가 아닙니다. 하나님의 가족들을 섬기는 청지기의 사명을 어떻게 대충 할 수 있겠습니까? 하나님이 용납하지 않으실 것입니다.

형제들이여, 게으른 생각에서 깨어나십시오. 힘들고 고된 의무를 손수 이행하기보다 쓸데없는 예식으로 사람들의 영혼을 질식시키는 것이 그리스도의 신부를 섬기는 올바른 길이라고 생각합니까? 성도들은 장차 하늘나라에서 하나님의 얼굴을 직접 뵈며 영원히 거할 텐데 그들을 각별히 돌보고 섬기는 게 마땅하지 않겠습니까? 자기가 소유한 양과 돼지는 한 마리도 잃지 않으려고 정성을 들이면서 하나님의 교회와 성도들의 영혼은 어떻게 소홀히 할 수 있을까요?

그리스도께서 성도들 가운데 계십니다. 그곳에서 우리가 우리 일을 열심히 하고 있는지를 바라보고 계십니다. "너희는 택하신 족속이요 왕 같은 제사장들이요 거룩한 나라요 그의 소유가 된 백성이니 이는 너희를 어두운 데서 불러내어 그의 기이한 빛에 들어가게 하신 이의 아름다운 덕을 선포하게 하려 하심이라"(벧전 2:9)는 말씀을 기억합니까? 그들 중 하나가 되는 것은 영광이요 하나님 나라의 문지기만 맡아도 그러한데, 하물며 제사장들의 제사장, 거룩한 백성을 인도하는 임무를 맡는다면 얼마나 큰 영광입니까! 이처럼 영광스럽고 존귀한 직무에 모든 열심을 쏟아붓는 것은 지극히 당연한 일입니다.

4. 그리스도께서 교회를 그분의 피값으로 사셨기 때문이다

사도 바울은 "하나님이 자기 피로 사신 교회를 보살피게 하셨느니라"(행 20:28)고 언급했습니다. 게으른 자를 일깨우는 데 이보다 확실한 말씀이 어디 있을까요! 그리스도께서 그분의 피값으로 교회를 사셨다는 말씀을 듣고도 계속 게으름을 피우는 사람은 저주를 받아 마땅합니다. 고대의 한 교부는 이렇게 말했습니다. "아, 만일 그리스도께서 그분의 피 한 방울이 담긴 유리병을 맡기신다면 저는 그 병이 깨지지 않도록 온 정성을 쏟아부을 것입니다. 하물며 그리스도의 피로 사신 교회에 대해서는 어떻게 하겠습니까?"

여러분, 그리스도께서 그분의 피로 사신 교회를 정성껏 돌보지 않는다면 그분의 피를 멸시하는 셈입니다. 목회자의 게으름이 얼마나 큰 죄인지 알겠습니까? 여러분이 나른한 잠에 취해 있는 사이, 그리스도의 피는 헐값으로 전락합니다. 주님이 목숨을 내어주어 사신 영혼들을 모조리 잃어버리는 셈입니다.

그러므로 나태해졌다고 느껴지면 다음과 같은 그리스도의 음성을 상기하십시오.

> "이 영혼들을 위해 나는 목숨까지 내어놓았건만 너는 왜 그들을 돌보려 하지 않느냐? 잃어버린 영혼들을 되찾으려고 나는 하늘에서 땅까지 내려왔다. 그런데 너는 옆집이나 이웃 마을조차 가기를 꺼려하는구나. 내 수고에 비하면 네 노고는 얼마나 작으냐! 나는 비록 낮은 곳에 임했지만 하나님의 구원 사역에 참여한 것은 말할 수 없는 영광이었다. 죄인들의 구원을 위해 나는 큰 고통과 수모를 감내했고 이제 너를 내 동역자로 삼고자 하는데, 너는 작은 수고조차 감당하기를 마다하느냐?"

우리는 회중을 둘러볼 때마다 그들이 그리스도의 피값으로 사신 자들이요, 따라서 우리가 온 정성과 사랑으로 섬기고 돌봐야 할 존재임을 기억해야 할 것입니다. 아, 게으름을 피우다가 마지막 날에 그리스도의 피로 고소를 당한다면 얼마나 당혹스럽고 두려울지 상상해보십시오! 그리스도께서는 "네가 그토록 소홀히 다루었던 성도는 내 피값으로 내 소유가 된 영혼이다. 그러고도 네가 구원받은 줄로 생각하느냐!" 하고 책망하실 것입니다. 형제들이여, 그리스도께서 모든 죄인을 구원하시기 위해 그분의 피값을 내어놓으셨다는 것을 기억한다면 우리는 결코 우리의 의무를 소홀히 할 수 없습니다.

지금까지 저는 성경말씀을 통해 목회자가 양 떼를 돌봐야 하는 이유들을 살펴보았습니다. 이중 몇 가지라도 우리의 마음에 깊이 새겨진다면 우리의 삶은 변화되고, 목회는 더욱 개선되고, 우리 자신과 양 떼 모두 하나님의 큰 축복을 받게 될 것입니다. 저는 여러분에게 충고할 자격이 없습니다만 저와 여러분 모두 죄와 의무에 관한 이야기를 나눌 필요가 있습니다. 이 훈계를 받아들이십시오. 그러면 죄의 짐에서 자유로워져서 누구에게도 회개하라는 충고를 듣지 않을 것입니다. 그러나 만일 훈계를 거절한다면 아주 보잘것없어 보이는 누군가에게 고소를 당해 큰 당혹감에 빠질 것입니다.

PART 3

목회의 실제

chapter 6
겸손을 훈련하라

사랑하는 목회자 여러분, 오늘 우리는 주님 앞에 나와 과거의 나태함을 회개하고 장차 행할 일에 대해 주님이 도와주시도록 간구해야 합니다. 진실한 회개 없이는 하나님의 도우심을 기대할 수 없습니다. 하나님은 우리를 도우시기에 앞서 우리에게 죄를 깨닫게 하시고 겸손한 마음을 주실 것입니다. 자신의 잘못을 애통하게 생각하지 못한다면 그 잘못을 고쳐달라고 간구할 수 없기 때문입니다. 물론 애통한 마음으로 회개한다고 해서 그것이 곧바로 마음과 삶의 변화로 이어지는 것은 아닙니다. 감정은 쉽게 움직일지 몰라도 참된 회심은 쉽게 이뤄지지 않습니다. 하지만 참된 변화는 절실하고 애통한 마음에서 시작됩니다.

여러분, 이 자리에서 우리가 먼저 죄를 고백하고 회개합시다. 양들에게 회개를 촉구하면서 정작 우리 자신은 죄에 무뎌진 경우가 얼마나 많은지요. 우리가 먼저 겸손하지 않으면 양들을 겸손하게 만들 수 없습니다. 우리의 눈이 메말라 있으면 양들에게서 회개의 눈물을 자아낼 수 없습니다. 말로는 양 떼를 달래고 돌보면서 행동으로는 완악함을 보이면 되겠습니까? 아, 성도들의 마음을 녹이고 변화시키기 위해 노력하는 것의 절반만이라도 우리의 마음을 움직이려 노력한다면 오늘날 목회자가 이런 지경까지 가지는 않았을 것입니다.

다른 사람의 영혼을 위해서는 무언가 행하면서 자기 영혼을 위해서는 아무것도 하지 않는 목회자들이 너무 많습니다. 그들은 마치 눈물과 애통을 촉구하는 것이 자신들의 몫이요, 눈물 흘리며 애통하는 것은 양들의 몫이고, 죄에 대해 엄중히 호통치는 것이 자신들의 역할이요 죄를 끊어야 하는 것은 양들의 의무이고, 그리스도인의 마땅한 의무를 설파하는 것이 자신들의 일이요 이를 실천하는 주체는 양들이라고 생각하는 듯합니다.

하지만 성경을 보면 교회 지도자들이 양들의 죄를 지적할 뿐 아니라 자신의 죄도 회개했음을 볼 수 있습니다. 에스라는 백성들의 죄와 더불어 제사장들의 죄까지 고백하며 하나님의 성전

앞에서 재를 뒤집어쓴 채 눈물을 흘렸습니다. 다니엘도 이스라엘 백성과 자신의 죄를 모두 고백했습니다. 우리도 앞서 언급한 목회자의 의무를 하나씩 떠올리며 자신이 그 의무를 얼마나 소홀히 이행했는지 자문한다면 주님 앞에 겸손히 무릎 꿇고 회개하지 않을 수 없을 것입니다. 혹자는 스스로 올무에 매이는 일이라고 우려를 나타낼지 모르지만 저는 우리 모두가 에베소 교회의 장로들을 향한 바울의 훈계를 읽고 이에 비춰 우리의 삶을 돌아봐야 한다고 생각합니다. 자신의 나태함을 애통해하지 않고, 하나님 앞에서 재를 뒤집어쓰며 회개하지 않고, 그리스도의 피를 의지하며 은혜와 용서를 구하지 않는 목회자는 참으로 어리석고 완악한 마음의 소유자입니다.

아마도 여러분 중에 죄를 용서받기 위해 통회와 자복과 겸손이 반드시 필요하다는 사실을 부인할 사람은 없을 것입니다. 정통 이론에 밝지만 이를 행동으로 옮기지 않는다면 참으로 애석한 일입니다! 우리는 이성뿐 아니라 의지와 정서를 동원하여 눈과 혀와 손으로 교훈을 배워야 합니다. 회중을 졸리게 하는 지루한 설교를 하는 것은 슬픈 일이지만, 그보다 더 슬픈 사실은 목회자가 설교를 준비하면서 영적으로 여전히 졸고 있다는 것이요, 성도들에게 마음의 완악함을 거듭 경고하면서 정작 자신은 강퍅한 마음을 내려놓지 못하고 다른 사람의 책망에 귀를 닫아 버린다는 것입니다.

저는 하나님이 아무런 이유 없이 우리에게 애통한 마음을 요구하시지는 않는다는 사실을 보이기 위해 목회자가 흔히 저지르는 죄들을 차례로 열거하고자 합니다. 우리가 정직한 마음으로 죄를 인정하고 고백할 때 하나님은 우리를 용서하시고 모든 불의에서 깨끗하게 하실 것입니다. 혹시라도 여러분 중에서 당혹감과 수치심을 느끼는 경우가 더러 있을지 모르겠습니다. 하지만 화를 내지 않고 오히려 책임을 통감하며 겸손하게 회개하리라 믿습니다. 저 역시 비판자의 입장에 선다고 해서 제 죄가 정당화되는 게 결코 아니므로 죄인 명단의 맨 상단에 제 이름을 올려놓으려 합니다.

크고 작은 죄를 수없이 저질러놓고 어떻게 하나님 앞에서 자신의 무죄를 주장할 수 있겠습니까? 내면의 양심조차 소리 높여 고발하고 있는데 말입니다. 우리가 부끄러운 목회를 한다면 그것은 단순히 목회 직분을 더럽히는 게 아니라 우리의 인격에 수치를 끼치는 것입니다. 또 목회자의 직분이 아무리 영광스러운 것이라 해도 그 영광이 우리를 죄의 유혹에서 막아주지는 못합니다. 그러므로 목회자든 일반 성도든 모든 사람은 회개하고 죄에서 돌이켜 주님의 긍휼을 얻어야 합니다. 마음을 완악하게 내 버려둔다면 누구든 불행에 빠질 수밖에 없습니다.

저는 겸손한 회개와 신속한 개혁이 필요한 몇몇 특정한 죄를 언급하고자 합니다. 지면상 미처 언급하지 못한 죄들이 있을 텐데, 그렇다고 그것을 가볍게 여기거나 정당화하려는 의도가 결코 없음을 알아주기 바랍니다.

우선 목회자의 죄를 고백하기에 앞서 제가 말씀드리고 싶은 것은 과거에 비해 유능하고 신실한 종들이 많아졌다는 사실입니다. 자기를 부인하고 양들의 유익을 위해 쉼 없이 헌신하는 귀한 목회자들이 오늘날 많습니다. 저는 이처럼 겸손하고 신실한 동료들과 연합하며 형제애를 나누게 하신 하나님께 감사드립니다. 그리고 제가 지금까지 경험했던 교회의 변화가 다른 지역에도 확산되기를 하나님 안에서 소망합니다. 원수의 간교한 궤계와 비방과 공격 속에서도 영혼을 구원하는 일에 온 힘을 기울이는 신실한 종들이 일어나고 교회가 더 흥왕하기를 기도합니다.

물론 혹자는 교회의 부흥 과정을 우려 섞인 시선으로 바라보며 여러 문제점을 지적하기도 하지만 저는 설사 절차적인 면에서 미흡한 점이 있더라도 교회가 성장하는 데 흥분과 기쁨을 감출 수가 없습니다. 사람들의 영혼이 영원한 생명의 떡을 받아먹을 수 있다면 비록 그 떡이 공식적인 인준을 받지 않은 사람들에 의해 떼어진다 하더라도 이를 문제 삼아서 되겠습니까? 모든 교회는 주님의 긍휼하심을 입어 세워지고 자라왔습니다.

다시 교회와 목회자의 죄 고백으로 돌아가겠습니다. 회개와 변화는 한순간에 이뤄지지 않습니다. 병든 교회를 회복시키고 타락한 목회를 바로잡는 데는 많은 시간이 걸립니다. 무지하고 부패한 목회자들을 축출하고 그 공백을 메울 만한 사람들을 금방 찾기는 어렵겠지요. 영적 지도자들을 양성하여 그들에게 각자 적합한 임무를 부여하기까지 우리는 인내하며 기다려야 할 것입니다. 그들이 잘 훈련되어 진실하고 열정적으로 사역한다면 사단이 은밀히 스며들어와 방해한다 해도 복음은 효과적으로 전파되고 악의 세력은 흩어질 것입니다.

제가 목회자들의 오늘과 내일을 낙관적으로 말하는 것을 보면서 어떤 사람은 "그렇다면 죄를 정말 고백할 마음이 있는 것입니까, 아니면 그저 회개하는 흉내만 내려는 것입니까?" 하고 물을 것입니다.

저의 답변은 이렇습니다. 오늘날 충성스럽게 일하는 목회자들과 그 배후에 있는 하나님의 은혜를 기린 이유는 이 책에서 언급하려는 죄의 고백이 누군가를 헐뜯거나 하나님의 은혜가 부족하다고 불평하기 위한 것이 아님을 분명하게 말하고 싶었기 때문입니다. 하나님이 그분의 풍성한 은혜로 귀한 종들을 보내주셨지만 아쉬운 점들이 더러 있어서 그것을 하나하나 짚어보려 합니다.

1. 교만

목회자의 가장 명백하고 악한 죄 가운데 하나는 교만입니다. 명성이 자자한 목회자도 교만을 쉽게 범하는데, 그 경우 평범한 목회자보다 훨씬 심각한 결과를 초래할 수 있습니다. 교만에 빠진 목회자는 거만한 태도로 대화하고, 말상대를 까다롭게 고르고, 옷치장에 지나친 관심을 둡니다. 또 야심찬 욕망에 사로잡히기도 합니다. 교만한 목회자는 빛 가운데 서 있는 사람들을 시기하고, 심지어 증오하며, 무슨 수를 써서라도 그들의 위신을 실추시키려 애씁니다.

아, 교만은 얼마나 끈질긴 동행자요 포악한 독재자이며, 얼마나 교활하고 거짓된 원수입니까! 교만은 자기에게 맞는 옷감을 고르고 자신에게 맞도록 재단도 합니다. 만약 이 사악한 독재자의 명령이 없었다면 적잖은 목회자들의 머리 모양과 복장이 지금과 사뭇 달랐을 것입니다. 만약 그 정도에서 끝났다면 괜찮았을 것입니다.

그런데 교만은 어찌나 끈질긴지 우리의 서재까지 따라 들어와 설교 원고를 장황하고 난해한 문장들로 채워가게 합니다. 하나님은 배움이 부족한 사람들을 위해 가능한 한 쉬운 말을 하고, 완악한 사람들의 마음 문을 열기 위해 되도록 진실하면서 명료한 말을 하라고 하셨는데 말입니다. 교만한 설교에는 불필요하고 모순된 말들이 가득하여 진리의 말씀을 한낱 빛 좋은 개살구로 만들어버립니다. 창문에 울긋불긋 요란스럽게 칠을 하여 빛을 가려버리거나 왕자가 어릿광대 복장을 하는 것과 같습니다.

주제가 명백한 본문 말씀을 고른다 해도 교만에 빠진 목회자는 과격하고 직설적인 분위기를 완화한다는 명목으로, 혹은 보다 세련된 설교를 하겠다는 명목으로 말씀의 예리한 날을 무디게 하여 진리의 생명력을 소멸시키곤 합니다. 하나님이 양들의 목숨을 무엇보다 소중하게 여겨서 최대한 강력하게 그들을 권면하고 이끌라고 명하셨는데 말입니다. 교만은 모든 것을 교묘히 조작하고, 하나님의 거룩한 명령을 묵살하며, 우리에게 이렇게 말합니다. "뭐라고? 사람들에게 미쳤다는 말을 듣고 싶어? 지나치다는 말을 듣고 싶냐고! 좀 더 차분하고 온건한 설교를 하는 편이 낫지 않겠어?" 교만은 진리의 힘을 무력화하며, 이는 곧 마귀가 하는 일과 같습니다.

교만은 설교 원고를 작성할 때뿐 아니라 강대상까지 우리를 따라옵니다. 교만은 우리의 말투와 억양을 조종하고 메시지 전달에도 관여하여 사람들의 마음을 불편하게 할 만한 내용을 은근슬쩍 생략하게 합니다. 목회자의 성경 연구와 설교에 영향을 미쳐 결국 진리를 진리답게 전달하지 못하게 하지요. 교만은 목회자로 하여금 '어떻게 해야 하나님을 기쁘시게 하고 양들을 올바로 이끌 수 있을까?' 하고 물어야 하는 시점에서 이렇게 묻도록 만듭니다. '어떻게 설교해야 내가 유능하고 박식한 설교자로 인정받고 청중에게 박수갈채를 받을 수 있을까?' 자기를 부인하고 하나님의 영광을 구해야 하는 자리에서 오히려 그분의 영광을 가리고 자신의 영위를 추구하게 되는 것입니다.

여기서 끝나지 않습니다. 설교가 끝난 뒤 교만은 목회자의 집에도 따라갑니다. 그리고 목회자가 '양들에게 구원의 은혜를 제대로 전했을까?'를 생각하기보다 사람들을 얼마나 흡족하게 했는지, 칭찬받을 만한 설교였는지를 따져보게 합니다. 심지어 넉살 좋은 설교자는 일일이 양들을 찾아가 그날 설교가 어떠했는지를 묻고 칭찬을 받아내려 합니다. 칭찬을 받으면 으쓱해하지만 기대만큼의 평가를 받지 못하면 몹시 속상해하고 낙심합니다.

더 안타까운 경우도 있습니다. 동료 목회자가 대중에게 주목받고 인기 얻는 것을 보면서 교만에 빠진 어떤 목회자는 마치 자기가 받아야 할 칭찬을 빼앗긴 양 시기와 질투에 휩싸입니다. 또 은사는 교회의 덕을 세우기 위해 부차적으로 주어지는 것인데도 하나님이 자신에게 있는 은사를 빼앗아 그에게 주셨기에 그가 사람들로부터 각광받게 되었다고 생각합니다. 그리고 다른 사람들이 명예로운 자리에 서 있는 듯 보이면 그들에게 있는 모든 하나님의 은사를 짓밟고 헐뜯어야 마땅한 것처럼 생각합니다.

이게 어찌된 일입니까? 그리스도인이요 그리스도를 전하는 목회자가 그리스도의 형상을 지닌 동료들을 시기하고 그들의 은사를 비방하다니요. 자기가 드러나지 않는다는 이유로 하나님의 영광을 가립니까? 참 그리스도인들은 한 몸을 이루고 있습니다. 따라서 어느 한 지체가 영광을 받으면 우리 모두가 함께 영광을 받는 것입니다. 발이 눈의 안내를 받는 것에 감사하듯 우리도 다른 형제들의 은사에 참여하고 있으므로 감사하는 것이 마땅합니다. 또 우리의 궁극적인 목적은 하나님의 영광이므로 우리의 은사를 통해서든 형제의 은사를 통해서든 그 목적이 이루어지면 감사할 일입니다. 하나님의 영광과 교회의 확장을 목적으로 삼지 않는 사람은 참 그리스도인이 아닙니다. 주인을 위해 열심히 일하는 동료 일꾼을 어찌 비방할 수 있습니까? 이 사악한 죄가 목회자들 가운데 만연해 있다는 사실은 참으로 애석한 일입니다!

교만의 죄를 은밀하게 범하는 목회자들도 있습니다. 그는 설교와 행실이 일치하지 않는다고 비난받을까 봐 몰래 숨어서 동료를 훼방합니다. 가령 거짓된 이야기를 넌지시 퍼뜨려 성도들이 오해와 의혹을 품게 한다거나 자기보다 유능한 동료와 후배를 설교단에 세우지 않습니다. 우리는 성도들의 박수갈채를 빼앗길까 봐 두려워할 게 아니라 그저 눈에 보이는 은사에만 욕심을 내고 잠든 성도들을 깨우지 못할까 두려워해야 합니다. 하나님을 두려워하지 못하고 시기와 질투에 붙들려 있는 것이 참으로 무서운 일입니다.

이 치명적인 악은 설교자의 영향력이 클 수밖에 없는 대형교회에서 더 활개를 칩니다. 목회자들이 동등한 위치에서 사랑과 격려를 주고받으며 한마음으로 헌신하는 경우가 거의 없습니다. 대개 담임목사가 부목사들에게 일방적인 복종을 강요하고 부목사들 간에는 알력 다툼이 치열한데, 이는 목회자들에게 큰 수치이며 양들에게도 큰 잘못을 범하는 것입니다. 부끄러운 일이지만 저는 목회자 임명권을 가진 사람들에게 찾아가 큰 교회에 몇 명의 목회자를 보내달라고 강력히 요청한 적이 있는데 그때마다 "함께 일하게 하기가 어려울 것입니다"라는 대답을 듣곤 했습니다. 예외적인 일이었다고 믿고 싶지만 애석하게도 이것이 오늘날 목회자들의 실상입니다. 어떤 목회자는 하나님의 일을 동등하게 분담해야 하는 것이 마땅한데도 다른 사람에게 찬사를 빼앗길까 봐 감당하기 벅찬 일을 혼자서 몽땅 짊어지고 쩔쩔맵니다.

한편 사소한 문제에 대해 자신과 의견을 달리하는 사람을 이단이라 취급하고 공격하는 것도 교만의 소치입니다. 이런 목회자는 자신이 교회의 재판관이라도 되는 양 모든 사람들이 자신의 판단에 순응해야 한다고 여깁니다. 마치 우리가 비판하는 교황 무오설처럼 스스로 무오한 교황으로 행세하며 모든 사람에게 자기 생각을 강요하곤 합니다. 물론 드러내놓고 자신이 무오하다고 말할 만큼 뻔뻔한 사람은 많지 않으므로 대개 그럴싸한 근거를 내놓으며 자기 의견의 정당성을 주장하거나 자신이 아닌 진리를 위해 열정을 내는 것이라고 연막을 칩니다.

그러나 사람들이 우리의 진리를 인정하게 하려면 그들에게 우리의 이성이 제대로 된 것임을 확증할 필요가 있습니다. 공정한 검증을 거쳐 자신의 주장이 오류라고 판명되면 권위가 실추되므로 대부분 목회자들은 자기 생각을 사람들 앞에 드러내기를 꺼려합니다. 또 오류의 근거를 감추려고 애씁니다. 오류에 대한 지적을 인신공격으로 여기기도 합니다. 자신의 주장이 철저하게 공박을 당하면 자기 자신이 심하게 공격당한 것처럼 여기고, 진리와 사람들의 영혼이 상처 입은 것처럼 생각합니다. 만약 자신의 주장이 저명인사(예컨대 아리스토텔레스)의 뒷받침을 받고 있다면 설혹 잘못된 주장일지라도 그 인사의 명예를 위해서 그 주장을 좀처럼 굽히지 않습니다.

이처럼 영이 교만해 있으면 자기 의견을 반대하거나 책망하는 사람을 만날 때마다 지나치게 공격적이 됩니다. 또 견해가 일치하기만 하면 아무리 형편없는 인격의 소유자라도 자기편으로 삼습니다.

교만한 사람은 너무 민감하여 누군가 살짝 건드리면 쉽게 상처를 받습니다. 또 자신에 대한 기대치가 높은 까닭에 웬만한 칭찬으로는 만족하지 않을뿐더러 조금만 지적받아도 심각한 명예훼손으로 받아들입니다.

교만은 그리스도인의 일상에 깊이 박혀 있으면서 너무도 쉽게 간과해버리는 죄입니다. 놀라운 사실은 이 교만이 일반 성도들보다 목회자들에게 더 만연해 있다는 점입니다. 생각해보십시오. 술주정뱅이나 노숙자, 무지한 비신자에게 하나님의 경고를 전한다는 명목으로 얼마나 신랄하게 비난의 말을 퍼붓습니까? 또 비참한 죄인의 실상과 수치를 대놓고 이야기하지 않습니까? 그러면서 우리는 그들이 마땅히 잠잠하게 듣고 이를 감사함으로 받아들여야 한다고 생각합니다. 네, 실제로 제가 겪은 죄인들은 묵묵히 참고 받아들였습니다. 책망해주는 목회자에게 존경을 표하는 죄인들도 많았습니다. 그런데 목회자들에게 그들의 오류와 죄를 지적하면 어떻습니까? 경의를 표하며 아주 정중하고 조심스럽게 이야기를 꺼내도 그들은 지독한 모독으로 받아들일 것입니다.

형제들이여, 힘든 줄 알지만 우리는 우리의 교만을 고백해야 합니다. 단순히 고백에 그칠 게 아니라 애통한 마음도 느껴야 합니다. 악을 영원히 숨길 수 있다면 저는 적어도 이렇게 공개적으로 드러내지는 않았을 것입니다. 하지만 애석하게도 우리의 죄는 이미 오래전부터 세상에 드러났습니다. 우리는 목회 직분의 영예를 우상화함으로써 불명예를 자초했습니다. 우리는 우리의 수치를 책으로 출판하고 강단에서 설교하여 온 세상에 선포했습니다. 혹자는 그렇게 고약한 죄인들을 경건한 자라고 부르는 것이 너무 너그러운 처사가 아니냐고 생각할지도 모르겠습니다. 물론 교만에 깊이 물들어 있으면서 이를 미워하거나, 애통해하거나, 물리치지 않는 사람 안에는 진정한 경건이 있을 수 없음을 저는 잘 알고 있습니다. 여러분 모두에게 권면하노니 내면에 조금이라도 교만한 마음이 있는지 살펴보십시오. 미처 발견하지 못한 교만이 있을지라도 주님이 긍휼을 베푸시고 우리에게 새 영을 부어주시기를 기도합니다.

물론 모든 그리스도의 사역자들이 다 이 죄에 빠져 있다는 뜻은 아닙니다. 감사하게도 우리 가운데는 양들과 동료들의 귀감이 될 정도로 겸손과 온유함이 뛰어난 성직자들이 많이 있습니다. 이것은 그들의 영광이요, 장래에도 그들의 영광이 될 것입니다. 그들은 하나님과 모든 의인들 앞에서 큰 영예와 사랑을 얻을 것이요, 심지어 불경스런 자들의 부러움까지 사게 될 것입니다. 아, 우리 모두 그렇게 되면 얼마나 좋겠습니까! 그러나 애석하게도 우리가 다 그렇지는 않습니다.

아, 주님이 우리를 무릎 꿇게 하시고 거짓 없는 회개의 눈물을 흘리도록 인도해주신다면 얼마나 좋을까요! 형제들이여, 진심으로 권면하건대 부디 마음속에 있는 교만을 깨닫고 회개합시다. 교만은 지옥의 첫 손님인 마귀의 죄, 사탄의 속성 아닙니까? 사탄의 왕국에 대항하여 싸우는 목회자가 교만해서야 되겠습니까? 복음은 우리를 낮은 곳으로 이끌며, 은혜는 우리 안에 겸손을 심고 자라게 합니다. 겸손은 그리스도인의 한낱 장신구가 아니라 새로운 피조물의 핵심 부분입니다. 참 그리스도인이 겸손하지 않다는 것은 어불성설입니다. 모든 그리스도인은 그리스도의 제자이기에 "나는 마음이 온유하고 겸손하니……내게 배우라"(마 11:29)는 주님의 말씀을 따라야 합니다.

주님이 친히 선생이 되셔서 우리에게 보여주신 모범과 훈계를 떠올려보십시오. 제자들의 발을 손수 씻기신 주님을 보고도 여전히 거만하게 우쭐댈 것입니까? 주님이 가난하고 소외된 사람들과 따듯하게 대화하신 것을 보고도 오직 돈 많고 존귀한 사람들만 상대할 수 있다고 생각할 것입니까? 사실 우리는 우리의 도움을 필요로 하는 가난한 자의 오두막보다는 부유한 자의 저택에 얼마나 더 자주 들릅니까! 우리 가운데 많은 사람들은 가난한 사람들과 매일 만나고 그들에게 구원과 생명의 길을 가르치는 것은 우리의 할 일이 못 된다고 생각합니다. 우리는 마치 부유한 자들의 영혼에 대해서만 책임이 있는 듯 여깁니다.

여러분, 우리에게 자랑할 만한 게 있습니까? 육체를 자랑하겠습니까? 아닙니다. 우리의 육체는 여느 짐승과 다를 바 없어서 죽은 뒤에는 한 줌의 재나 흙으로 변해버릴 뿐입니다. 은사를 자랑하겠습니까? 아닙니다. 은혜를 자랑하겠습니까? 아닙니다. 귀한 은혜일수록 더더욱 자랑해서는 안 됩니다. 은혜는 전적으로 하나님에게서 온 것이기에 이를 자랑하는 것은 은혜를 몰아내는 것과 다름없습니다. 그렇다면 지식과 학벌은 자랑할 만합니까? 아닙니다. 설사 머릿속에 어느 정도 지식이 있다 하더라도 왜 겸손해야 하는지에 대한 지식이 없다면 진정한 지식을 소유했다고 볼 수 없습니다. 우리의 지식이 얼마나 제한적인지, 우리가 모르는 세계가 얼마나 큰지를 깨닫는다면 우리는 결코 교만할 수 없습니다. 마귀들을 생각해보십시오. 그들은 우리 인간보다 더 많은 지식을 갖고 있습니다. 마귀보다 못한 지식을 가지고 무슨 자랑을 하겠다는 것입니까?

목회자는 양들에게 겸손의 미덕을 가르쳐야 할 책임이 있습니다. 그런데 우리가 교만에 빠져 있으면 어떻게 그 일을 하겠습니까? 겸손에 대해 공부하고 설교하는 것으로 끝난 것입니까? 우리는 겸손을 실천하고 소유하기 위해 애써야 합니다. 겸손을 설파하면서 여전히 교만에 머물러 있는 목회자는 스스로를 정죄하는 셈입니다.

참으로 안타깝고 두려운 것은 다른 사람의 교만은 쉽게 비판하면서 정작 자기 안에 있는 교만은 깨닫기 어렵다는 사실입니다. 세상 사람들이 훤히 보고 있는데도 우리 중 일부 목회자들은 늘 최고급 숙소를 찾고, 허영심을 드러내고, 진리를 추구하기보다 사람들을 호령하며 가르치기 위해 모임을 열곤 합니다. 만천하에 그 교만한 모습이 드러나지만 정작 본인은 자기 모습을 깨닫지 못합니다.

형제들이여, 우리 자신의 마음을 정직하게 살펴봅시다. 곰곰이 생각해 보십시오. 교만의 죄에 빠져 있으면서 그저 교만한 사람들을 훈계하고 그에 대한 설교만 잘하면 구원받을 수 있겠습니까? 신실함과 교만이 공존할 수 있다고 생각합니까? 주정뱅이에게 술을 끊지 않으면 구원을 얻지 못한다고 말하면서, 난봉꾼에게 절제하지 않으면 구원을 얻지 못한다고 말하면서 왜 교만한 자신에게 겸손해지지 않으면 구원을 얻지 못한다고 말하지 않습니까? 실제로 교만은 술 취함이나 무절제보다 더 큰 죄입니다.

사랑하는 형제들이여, 열심히 복음을 전하고 열심히 경건을 추구하는 것처럼 행하면서도 주정뱅이나 난봉꾼처럼 지옥에 빠져들 수 있습니다. 거룩함이란 무엇입니까? 하나님께 헌신하고 그분의 말씀에 따라 사는 것이 아닙니까? 저주받은 상태는 무엇입니까? 자아를 높이고 육체의 소욕을 좇아 사는 것 아닙니까? 아무리 열심히 기도하고 설교를 준비한다 해도 그러한 열정이 자신을 위한 것이라면 이는 교만입니다. 탁월함을 인정받는 목회자라도 마찬가지입니다. 올바른 목회자가 되려면 우리는 모든 사역에 올바른 원칙과 목적을 세워야 합니다. 즉 하나님을 위한다는 확고한 방향성이 있어야 합니다. 여러분, 그리스도보다 자신을 위해 성경을 연구하고, 설교를 준비하고, 글을 기고하고 있는지 자문해보십시오. 고백하건대 저는 목회활동을 하면서 그리스도보다 제 자신의 유익을 먼저 구하고 있지는 않은가 스스로에게 물어봅니다. 가끔 위기라고 느껴지면 저를 정당화하기 위한 핑계거리를 내려놓고 교만의 죄를 그대로 인정합니다.

형제들이여, 생각해보십시오! 목회사역을 하면서 얼마나 많은 유혹을 만납니까? 경건한 하나님의 일을 하는 중에도 우리는 수차례 이기적인 충동에 시달립니다. 박식한 사람이라는 찬사 못지않게 경건한 사람이라는 평가도 우리 목회자들에게 큰 올무가 됩니다. "진실로 너희에게 이르노니 그들은 자기 상을 이미 받았느니라"(마 6:5)는 말씀처럼 진정한 경건을 사모하기보다 경건의 영광만을 추구하는 사람에게는 화가 임할 것입니다!

학식과 허례허식이 성도들에게 통하는 경우 교만의 유혹은 그런 식으로 침투해 들어오지만, 하나님의 은혜로 진정한 설교와 경건의 가치가 인정받고 성도들에게 영향을 미치는 경우 교만은 목회자들로 하여금 열정적이고 경건한 모양새를 갖추도록 유혹합니다.

아, 수많은 성도들이 우리의 설교를 들으려고 몰려와 은혜를 받고 회개한다면 얼마나 감사할 일입니까! 사람들에게 유능하고 경건하고 영성이 뛰어난 목회자로 인정받는 일은 또 얼마나 가슴 벅찬 일입니까? 그러나 형제들이여, 그리스도를 전한다는 미명 하에 자신을 전면에 내세우는 것은 하나님의 은혜와 아무 관계가 없습니다. 교만한 사람은 하나님의 은혜를 의지하지 않고도 자기를 앞세운 채 얼마든지 그리스도를 전할 수 있습니다.

그러므로 방심하지 마십시오. 겸손을 배우기에 힘쓰십시오. 성경은 "무릇 자기를 높이는 자는 낮아지고 자기를 낮추는 자는 높아지리라"(눅 14:11)고 말씀합니다. 선하든 악하든 대부분의 사람들은 교만한 사람을 싫어하고 겸손한 사람을 좋아합니다. 이처럼 교만은 그 안에 모순을 안고 있습니다. 교만을 싫어하면서도 겸손을 가장하여 교만의 죄를 범하는 것입니다. 더군다나 교만을 방심하지 말아야 하는 이유는 그것이 우리의 본성에 깊이 뿌리박혀 있어서 제거하기가 가장 어려운 죄이기 때문입니다.

2. 게으름과 무관심

우리 중에는 온 힘을 다해 주님을 섬기는 사람들도 있지만 목회의 본질을 망각한 채 불성실과 나태함으로 사역에 임하는 사람들이 더 많습니다. 그들에게는 주님을 향한 경외심과 진지함이 결여되어 있습니다. 제가 아무 근거도 없이 이렇게 말하는 게 아닙니다. 우리의 죄된 나태함을 몇 가지 언급해보겠습니다.

(1) 게으른 성경연구

제대로 헌신된 목회자는 공부를 게을리하지 않습니다. 안타깝게도 우리 목회자들 중에는 최신 정보와 지식을 얻기 위해 부단히 노력하며 미래의 사역을 준비하는 사람이 많지 않습니다. 어떤 사람은 공부에서 거의 기쁨과 보람을 느끼지 못합니다. 설교를 준비하기 위해 어쩔 수 없이 한두 시간 책을 들여다보다가 원고를 끝내면 큰 멍에에서 벗어난 듯 기뻐합니다. 신령한 일을 알고자 하는 거룩한 갈망이나 지적인 욕구가 없는 것입니다. 무지에 대한 부끄러움도, 목회에 대한 거룩한 부담도 없는 셈입니다. 이중 하나라도 있다면 그처럼 성경연구를 지루하게 여기고 진리 추구의 길을 마지못해 가지는 않을 것입니다.

아, 목회자가 배우고 깨달아야 할 게 얼마나 많은지 모릅니다.

목회자에게 무지는 곧 약점입니다. 수많은 목회자들이 목회 전반에 필요한 지식을 도외시한 채 설교 준비를 위한 자료를 찾는 데 급급합니다. 한 번의 설교에도 방대한 배경지식과 독서가 병행되어야 하는데 이조차 너무 게을러서 틀에 박힌 설교 자료집 정도만 참고할 뿐입니다. 심령 깊숙한 곳까지 파고들 만한 강력한 메시지의 책들은 거들떠보지도 않습니다. 우리는 성경말씀을 연구하는 것은 물론이요, 어떻게 사람들의 마음을 사로잡을 수 있는지, 어떻게 진리의 씨앗을 사람들의 마음 밭에 깊숙이 심을 수 있는지를 배워야 합니다. 형제들이여, 끊임없는 연구와 시도 없이는 결코 강력한 복음전도의 통로가 될 수 없습니다.

(2) 무성의한 설교

영원한 복락과 영원한 고난을 이야기하면서도 왜 온 열심을 다해 진지하게 설교하는 목회자가 이리도 적을까요? 설교단 아래에서 죽음이 임박한 많은 죄인들이 전혀 감동을 받지 못한 채 꾸벅꾸벅 졸고 있는 모습을 보노라면 마음이 참으로 안타깝습니다.

대부분의 설교자들은 목청을 돋워 열정적으로 말씀을 전하지 않습니다. 그처럼 별 성의 없이 지루하고 따분하게 말을 이어간다면 듣는 성도들은 '그저 그런 설교를 늘어놓는가 보다' 하고 생각해버릴 것입니다. 목회자가 참으로 귀한 진리를 갖고 있음에도 이를 성심성의껏, 설득력 있게 전달하지 못해 그 생명력을 소멸시킨다면 이 얼마나 안타까운 일입니까? 최상의 재료를 갖고도 제대로 요리하지 못해 결국 죄인들에게 먹여주지 못한다면 말입니다. 제대로만 사용하면 참으로 큰 유익을 얻을 텐데, 우리는 하려고 하지도 않습니다.

여러분, 영생과 영멸의 갈림길에 서 있는 양들에게 우리는 얼마나 절박한 심정으로 분명한 진리를 전하고 있습니까? 물론 목회자라면 한 번쯤 자신의 설교를 진지하게 돌아보겠지만 이내 지치고 게을러져서 적당주의로 흘러버리곤 합니다. 하나님과 그분의 심판, 구원의 은혜를 어찌 담담한 목소리로 전할 수 있습니까? 나른한 목소리로 설교하면 양들이 어떻게 회개하고 변화를 결단하겠습니까? 형제들이여, 하나님의 이름으로 권면합니다. 강대상에 올라가기 전에 자신의 마음부터 일깨우도록 애쓰십시오. 그래야 잠들어 있는 죄인들을 깨울 수 있습니다.

기억하십시오. 여러분은 죄인들을 깨우고 변화시키라고 부르심을 받았습니다. 경건한 몸짓과 화려한 미사여구를 동원한다 해도 어조에 열정이 묻어나지 않으면 사람들은 여러분의 설교에 진정성이 결여되었음을 바로 알아챌 것입니다. 진리에 대한 열정과 진정성의 결여는 곧 진리에 대한 일종의 모독과 같습니다. 설교는 내용뿐 아니라 전하는 태도도 중요합니다. "네 손이 일을 얻는 대로 힘을 다하여 할지어다"(전 9:10)라는 말씀대로 우리는 영혼 구원에 관한 설교를 할 때 정말 온 정성을 쏟아야 합니다.

여러분에게 설교 내내 고함을 지르라고 말하는 것은 아닙니다(만약 그렇게 한다면 여러분의 열정은 웃음거리가 될 것입니다). 설교자는 진지함을 잃어서는 안 됩니다. 필요에 따라 성량과 높낮이를 조절하고 때로 중요한 대목에서는 죽은 자를 깨우듯 큰 소리로 외쳐야 합니다. 영원한 복락과 영원한 징벌을 생각한다면 그들에게 목청을 돋워 말하지 않을 수 없습니다.

냉랭하고 무심한 태도로 말하지 마십시오. 어떠한 일을 하든 양들에게 여러분의 열정이 충분히 전해지게 하십시오. 여러분의 사역은 더없이 중요합니다. 양들과 농담이나 주고받고 겉만 번지르르한 설교를 해서는 그들의 마음을 변화시킬 수 없습니다. 졸리고 따분한 설교든 그저 유쾌하기만 한 설교든 사람들은 목회자의 진심이 느껴지지 않는다면 자신이 가장 귀하게 생각하는 것을 하나님께 드릴 만큼 변화되지 않을 것입니다. 설교가 옳은지 그른지에 대해서도 관심을 두지 않을 것입니다. 여러분 중에는 "어차피 하나님의 일이니 우리가 설사 연약하다 할지라도 하나님이 충분히 역사하실 것입니다" 하고 말할 사람이 있을 것입니다. 네, 맞습니다. 하나님은 충분히 그렇게 하실 수 있습니다. 하지만 하나님이 직접 일하시는 것은 지극히 예외적인 경우이고 대개는 사역자들을 통해 일하십니다. 목회자의 설교 내용뿐 아니라 설교 태도를 통해서도 말입니다.

여기서 잠깐 청중에게 지대한 영향을 미치는 설교자의 음성과 어조에 대해 언급하고자 합니다. 아무리 좋은 내용이라도 전달력이 부족하면 사람들에게 감동을 줄 수 없습니다. 우선 설교자는 가식을 버려야 하며 마치 개인과 마주앉아 이야기하듯 친근하게 말해야 합니다. 대부분의 설교자에게 이처럼 친밀한 어조와 자세가 부족하다는 것은 시급히 보완해야 할 문제입니다. 초등학생이 교과서를 읽듯 기계적으로 입을 열고 장황하게 이야기를 끌어간다면 그 설교에 감동받는 사람은 거의 없을 것입니다.

그러므로 힘 있게 말씀을 선포합시다. 불구덩이에서 영혼을 끌어올리듯 절박하고 필사적인 심정으로 양들에게 말합시다. 사탄은 자기 소유로 삼았던 영혼들을 놓치지 않으려 안간힘을 쓸 것입니다. 그러므로 우리는 사탄의 교두보가 어디인지를 발견하여 그곳에 주님의 말씀을 집중적으로 퍼부어야 합니다. 또 주된 전략을 파악하여 적진을 분열시키고 다시는 원상복귀하지 못하도록 치명적인 타격을 가해야 합니다. 우리가 상대하는 영혼들은 이성적인 피조물이며 그들은 진리를 거스르기 위해 이성을 사용하기 때문에 우리의 설교도 조직적이고 합리적이어야 합니다. 성경과 이성의 빛으로 그들의 얼굴을 강력히 비추어 고의로 눈을 감지 않는 한 그 빛을 피할 수 없게 만들어야 합니다. 설교가 아무리 미사여구로 채워진다 할지라도 그 안에 증거의 빛과 뜨거운 생명력이 결여되어 있으면 이는 단지 환상이요 옷을 잘 차려입은 시체에 불과합니다.

우리는 설교를 통해 양들과 교감하며 우리의 생각을 전달할 수 있습니다. 성도들은 제각기 나름의 생각과 의지와 감정을 갖고 있으므로 우리는 우리의 생각과 사랑을 온전히 전달하여 그들로부터 긍정적인 응답을 얻을 수 있도록 최대한 노력을 기울여야 합니다. 모든 종류의 증거를 동원하여 양들에게 진리를 이해시키고, 훈계와 경고의 말씀을 들려주어 하나님을 대적하려는 마음을 내려놓고 진리의 능력 앞에 무릎을 꿇도록 인도해야 합니다.

(3) 긍휼한 마음과 헌신의 부족

참으로 헌신된 목회자는 위기에 처하거나 영적으로 갈급해하는 성도들을 긍휼의 마음으로 돌봅니다. 직접 찾아가 도움을 베풀고 시간이 허락되지 않을 경우에는 유능한 목회자를 연결시켜 줍니다. 특히 목회적 돌봄에서 소외되기 쉬운 사람들의 경우 유능하고 활력 있는 목회자를 파견하여 그들에게 지속적으로 사역을 펼치는 게 필요합니다.

3. 세속적 관심

목회자라면 자신과 자신의 모든 소유를 하나님께 드리는 것이 마땅합니다. 그렇지 못한다면 이는 곧 세상에 치우쳐 있음을 의미합니다. 그리스도의 사역과 배치되는 세속적인 일에 지나친 관심을 쏟는 목회자들이 적잖은데, 여기서 저는 세속적인 목회자의 모습을 세 가지 측면에서 살펴보겠습니다.

(1) 세상 풍조에 휩쓸린 목회자

저는 세상 통치권자들에게 대항하거나 세상의 법질서를 거스르라고 부추기려는 의도가 전혀 없습니다. 다만 세속적인 안위와 이익을 위해 권력자에게 빌붙는 목회자들에게 경고를 하고 싶을 뿐입니다. 대중적인 인기에 영합하는 목회자는 되도록 주류 교파에서 활동하려는 경향이 있고, 이는 목회자들 가운데 전염병처럼 돌고 있는 병폐입니다.

정통 신앙을 가진 콘스탄티누스 1세(306-337) 때에는 정통 교회가 막강한 세력을 갖고 있었습니다. 그런데 이단이 득세하던 콘스탄티우스 2세(337-361) 시절에는 대부분의 성직자들이 아리우스파(그리스도의 신성을 인정하지 않는 이단-옮긴이)로 돌아서고 말았습니다. 배도하지 않고 진리를 고수하는 성직자들은 거의 찾아볼 수 없었으며 니케아 공의회(325, 아리우스파를 이단으로 정죄한 회의-옮긴이)에 참석했던 사람들조차도 대부분 아리우스파로 돌아섰습니다. 리베리우스(로마 주교)와 위대한 오시우스(코르도바 주교)까지 이단에 넘어갔으니 다른 연약한 사람들은 어떠했겠습니까?

만약 세속적 이익이 없다면 세계 각국의 목회자들이 그 지역에서 지지도가 가장 높은 종파에 속해 있겠습니까? 가령 그리스인들이 사는 곳에서는 대부분의 성직자들이 그리스 정교회에 속해 있습니다. 가톨릭 교도들이 많은 나라에서는 성직자들이 대개 가톨릭 신부입니다. 노르웨이와 스웨덴과 덴마크에서는 성직자들이 거의 루터파입니다. 지역에 따라 교파의 편중 현상이 나타나는 이유가 무엇이겠습니까? 세속적 이익이 사람들을 사로

잡고 진리 추구에까지 개입하지 않고서야 어찌 이런 일이 있겠습니까?

사람은 각자 생각이 다르고, 따라서 어떤 일에 대한 의견들이 다양할 수밖에 없습니다. 그런데 권력층이 어느 한 길을 정해서 간다고 생각해보십시오. 아마 성직자 중 대다수가 그들과 의견을 합하여 같은 길로 달려갈 것입니다. 목회자들이 권력층에 따라 자주 신앙노선을 바꿔왔던 것을 생각하면 참으로 안타깝습니다. 그래서 종종 우리의 원수들은 이렇게 비꼬곤 합니다. "명성과 권력이 목회자들의 신앙이요 상급입니다"라고 말입니다.

(2) 세속적인 관심과 염려

세속 사업에 몰두하거나 세상 염려에 사로잡힌 목회자들이 너무 많습니다. 그들은 사업을 확장하는 데 방해가 된다거나 육신의 안위를 위협할 수 있는 사명을 꺼려합니다. '목회에만 전념하면 살길이 막막하다. 생계를 위해서라도 설교 준비 시간을 줄여서 부업을 한두 개쯤 해야 하지 않을까?' 하는 생각이 수많은 목회자들을 충동질합니다. 그렇게 되면 결과는 뻔합니다. 목회자가 세상 일 때문에 자기 짐을 팽개치면 교회와 양들이 그 모든 짐을 짊어지게 됩니다.

어떤 목회자는 교회가 마땅히 해야 할 징계의 의무를 애써 외면하려 합니다. 그 이유는 징계당한 사람들이 헌금을 제대로 내지 않아 결국 목회자의 수입까지 줄어들까 봐 두렵기 때문입니다. 목회자들은 "돈을 사랑함이 일만 악의 뿌리가 되나니"(딤전 6:10)라는 말씀으로 탐욕의 위험성을 장황하게 설교하지만, 막상 그들의 마음속에는 돈에 대한 사랑이 뿌리 깊이 박혀 있는 것을 봅니다. 저는 그들에게 한 가지만 이야기하고 싶습니다. 마술사 시몬은 돈으로 하나님의 은사를 사고자 했을 때 사도로부터 큰 책망을 들었습니다. 우리가 우리의 유익을 위해 돈을 받고 하나님의 은사와 양들의 영혼을 판다면 이것은 평범한 죄일까요? 우리는 돈과 함께 멸망의 길로 접어들지 않을까 심히 두려워해야 합니다.

(3) 인색한 자선 행위

주님과 이웃을 위한 일에 인색하지 않은가 스스로 물어보십시오. 세속적인 이익보다 교회와 그리스도의 이익에 보다 관심이 많은 성직자들은 선한 일에 더 많은 노력을 기울일 것이요, 주님의 영광을 위해 더 많은 것을 바칠 것입니다. 제 경험에 의하면, 자선 행위는 편견을 강력하게 제거해주며 경건의 말씀을 받아들이도록 마음의 문을 열어줍니다. 우리가 자선 행위에 열심을 낸다면 우리를 지켜본 사람들이 우리가 선한 사람임을 믿고, 더 나아가 동참하기도 할 것입니다. 또 우리가 우리의 유익이나 세속적인 것을 구하지 않는다는 사실을 보여주면 사람들은 경계심을 풀고 우리가 부르는 곳으로 좀 더 쉽게 나아올 것입니다. 아, 만약 목회자들이 선행을 하기에 힘쓰고 자신의 모든 능력과 소유를 그 목적을 위해 바친다면 얼마나 큰일을 할 수 있을까요!

혹자는 이렇게 말할지 모릅니다. 인간의 육체에 도움을 주는 것은 별로 중요하지 않으며, 이는 그들을 하나님께로 이끄는 것이 아니라 우리에게로 이끄는 것이라고 말입니다. 그러나 그렇지 않습니다. 사람들의 회심을 막는 큰 장애 중 하나는 편견인데, 편견을 제거할 수 있는 효과적인 방법 중 하나가 자선이기 때문입니다. 사람들이 우리에게 마음을 열고 다가오려 할 때 우리는 그들에게 가장 선한 일, 곧 구원의 복음을 전하는 일까지 할 수 있을 것입니다.

형제들이여, 간곡히 권하건대 여러분은 일반적 자선만 할 것이 아니라 그 이상의 경건을 보여야 합니다. 또 목회자의 달란트를 받은 만큼 일반 성도들보다 더 많은 베풂을 실천해야 합니다. 가난한 사람들에게 몇 푼 동정하는 것으로는 충분치 않습니다. 세상 사람들도 그 정도는 합니다. 우리가 주님의 일을 맡은 자라면 보다 특별한 점이 있어야 하지 않겠습니까? 물론 우리가 가진 것 이상을 줄 수는 없을 것입니다. 그러나 가진 것은 모두 주님께 드려야 합니다. 혹자는 이렇게 말하리라 생각합니다. "우리에게도 돌봐야 할 처자식이 있습니다. 자식교육이며 먹고 사는 데 들어가는 돈이 한두 푼이 아닙니다. 가족들을 거지처럼 버려둘 수는 없지 않습니까?" 이에 대해 저는 다음과 같이 답하겠습니다.

1) 성경에서 다음과 같은 말씀보다 더 오용되는 말씀은 별로 없을 것입니다, "누구든지 자기 친족 특히 자기 가족을 돌보지 아니하면 믿음을 배반한 자요 불신자보다 더 악한 자니라"(딤전 5:8). 이 말씀은 가족을 위해 재물을 쌓아두고 후손을 위해 부동산을 사놓으라는 뜻이 아닙니다. 사도 바울이 이렇게 말한 이유는 가난한 친족과 가족을 충분히 부양할 능력이 있음에도 불구하고 그들을 버려두어 교회에게 부담을 지우는 사람들을 경고하기 위함이었습니다. 지금도 그런 사람들이 있습니다. 과부가 된 어머니나 딸을 부양할 수 있음에도 불구하고 그들의 생계를 교회에 부탁하는 사람들 말입니다.

이어지는 말씀을 보면 바울의 언급이 장래를 위해 재물을 쌓아두라는 뜻이 아니라 현재를 위해 돈을 쓰라는 뜻임을 알 수 있습니다, "만일 믿는 여자에게 과부 친척이 있거든 자기가 도와주고 교회가 짐지지 않게 하라 이는 참 과부를 도와주게 하려 함이라"(딤전 5:16).

2) 여러분도 다른 사람들이 하듯이 자녀들을 교육해야 합니다. 다만 자녀들에게 큰 유산을 물려주는 대신 정직하게 일하여 스스로 생계를 꾸려가도록 가르치는 게 중요합니다.

그들을 부자로 만들 생각은 하지 마십시오. 또 그들에게 조금이라도 유산을 남겨주기 위해 자선 행위를 소홀히 하지도 마십시오. 가족을 위한 재물과 그리스도의 교회를 위한 재물을 적절히 안배하십시오. 진정 자아를 부인하는 마음이 있고 온전히 하나님께 자신을 헌신한 사람이라면 재산 중 어느 정도를 자선에 바쳐야 하는지, 또 재물을 어떻게 써야 하나님을 가장 잘 섬기는 것인지 알 것입니다.

3) 저는 목회자가 독신으로 오랫동안 지내는 것을 무조건 찬성하지는 않습니다. 잘못했다가는 당사자와 교회 모두 큰 상처를 입을 수 있기 때문입니다. 하지만 육신에 속한 욕망을 제어하지 않고는 순수한 삶을 살기가 어렵기는 합니다. 바울이 언급한

대로 결혼하지 않는 것이 결혼하는 것보다 좋다면 목회자는 되도록 좋은 편을 취하려고 노력해야 합니다.

이것은 로마 가톨릭에서 취하고 있는 정책 중 하나입니다. 그들은 독신 생활이 주교와 사제와 수도사의 의무 중 하나라고 주장합니다. 이렇게 되면 성직자에게는 유산 상속자가 없으므로 교회 재산이 빠져나갈 염려가 사라집니다. 또 그들이 걱정하며 돌봐야 할 사적인 대상도 없어집니다. 처자식으로 인한 부담에서 벗어나 자선 행위나 목회에 집중할 수 있게 됩니다. 살아 있는 동안에는 교회 일에 전념하다가 죽을 때는 모든 것을 교회에 두고 가는 것입니다. 로마 가톨릭처럼 독신을 규범으로 정할 필요는 없겠지만 자기부정을 충분히 할 수 있는데도 그들을 따라 하지 않는 것은 참으로 애석한 일입니다.

4) 결혼을 해야 하는 목회자의 경우 배우자와 자녀들을 부양하기 위해 재물을 쓰되, 교회 외부에서 제공해주는 만큼만 그들을 위해 쓰고 교회 내부의 재정은 가능한 한 목회사역에 바쳐야 할 것입니다. 저는 극단적으로 말하고 싶지는 않습니다. 그러나 하나님께 전적으로 헌신하려는 사람에게는 혈과 육이 지극히 부차적이고 목회의 의무가 너무도 중요한 가치로 느껴지므로 자연히 극단적으로 생각할 수밖에 없습니다. 공적인 선이 자신과 가

족을 부인하도록 촉구하는 것입니다. 풍족하게 살기보다 자선을 풍족히 베푸는 편이 훨씬 유익하다면 세상을 좀 더 소박하고 청빈하게 사는 게 옳지 않을까요? 그런데도 우리는 혈과 육에게만 가서 상담을 합니다. 혈과 육이 무슨 조언을 할지 뻔하지 않습니까? 혈과 육은 우리에게 재력을 지녀야 한다고 말할 것입니다. 그런데 성직자가 재력이라고 해봤자 얼마나 되겠습니까? 누가복음의 비유 속에 나오는 부자처럼 "날마다 호화롭게"(눅 16:19) 즐기지 못한다면 재력이라고 말할 수 없습니다.

불멸의 면류관을 설파하는 사람은 일순간의 허영을 추구하면 안 됩니다. 재물을 멸시하도록 가르치는 사람은 실제로 자기 삶에서 그 모범을 보여야 합니다. 자기부정을 설파하는 사람은 양들 앞에서 그 덕을 실천해야 합니다. 그래야 사람들이 그의 가르침을 믿을 수 있습니다. 모든 그리스도인, 즉 목회자나 양들은 다 같이 주님이 쓰시도록 거룩하게 바쳐진 사람들입니다. 그런데 목회자는 이중으로 바쳐진 사람입니다. 그리스도인으로서, 또 목회자로서 자신이 가진 모든 것으로 하나님을 영화롭게 해야 할 이중의 의무를 지고 있는 것입니다.

형제들이여, 우리 앞에는 선한 일들이 얼마나 많이 놓여 있습니까! 그런데도 그것을 얼마나 소홀히 하고 있습니까! 세상은 우리가 가진 것보다 더 많은 것을 우리에게 요구하고 있습니다. 설사 우리가 불합리한 기대에 일일이 부응하지는 못한다 할지라도 하나님과 양심과 모든 의인들의 기대에는 부응할 수 있어야 할 것입니다. "곧 선행으로 어리석은 사람들의 무식한 말을 막으시는 것이라"(벧전 2:15).

특히 소득이 높은 목회자들은 더 많은 자선을 베풀어야 합니다. 이에 관해 한 가지만 이야기하겠습니다. 꽤 높은 연봉을 받는 대형교회 목회자들을 생각해봅시다. 교회에 워낙 성도들이 많은지라 그들은 자기 양들의 절반도 개인적으로 만나 면담하거나 도와주지 못합니다. 그들은 대중에게 설교하는 것만으로 만족을 합니다. 마치 그것이 자기 일의 전부인 양 생각합니다. 자기를 도와줄 수 있는 부교역자 한두 명만 고용해도 대부분의 사람들을 영원한 멸망의 위험에서 건져낼 수 있는데도 그냥 내버려둡니다. 설사 부교역자를 두더라도 비용을 아끼기 위해 너무 어리고 자격이 부족한 사람을 데려다 씁니다. 이런 목회자들의 행태는 하나님을 이용하여 자기를 살찌우고, 사람들의 영혼을 팔아 세상 부귀를 취하는 것이 아니고 무엇이겠습니까?

저는 그런 목회자들이 사람들로부터 훌륭한 설교가요 경건한 목회자로 인정받을지는 몰라도 그리스도께로부터 잔인한 영혼의 살인자로 정죄받을까 봐 걱정됩니다. 제대로 돌봄을 받지 못해 결국 심판에 빠진 영혼들의 울부짖음이 밤낮으로 그들 귀에 울릴 것입니다. 그 영혼들에게 훌륭한 설교를 한다고 보상이 되겠습니까?

사람들의 영과 육을 무거운 심판 아래 내버려두었으면서 어떻게 독재자를 비난할 수 있겠습니까? 목회자 자신이 자비를 베풀지 않으면서 어떻게 무자비한 사람들을 욕할 수 있겠습니까? 믿음으로 행하지 못하면서 어떻게 믿음이 부족한 동료 목회자들을 탓할 수 있겠습니까? 사람들에게 드러나지 않았거나 비난받지 않았다고 해서 그 죄가 작은 게 아닙니다. 어쩌면 여러분이 자선을 베풀지 않는다 해도 사람들이 크게 문제 삼지 않을 수 있습니다. 문제는 우리의 가장 큰 적인 사탄입니다. 사탄은 여러분이 양들의 파멸에 동조한 것을 보며 매우 기뻐할 것입니다. 그러므로 사람들에게 비난받지 않았다고 자신의 죄를 가볍게 생각하지 마십시오. 하나님은 양들이 영원한 생명을 놓치고 영원한 형벌에 놓이게 된 책임을 여러분에게 물을 것입니다.

여러분, 제 말을 깊이 생각하십시오. 복된 사명을 위해 우리가 가진 바를 모두 포기하지 않고, 육신과 자아를 기쁘게 하기 위해 그리스도의 유익을 도외시한다면 그 죄가 얼마나 크고 무서운지를 생각하기 바랍니다. 물질적 비용과 수고가 많이 들어간다고 해서 우리의 중요한 사명들을 게을리한다면 이는 천국에 속한 것처럼 보이면서 실은 땅에 속해 있는 것과 다를 바 없습니다. 사람들에게 위의 것을 바라보고 세상을 미워하라고 설교하면서 정작 자신은 이 세상을 우상처럼 받들고 있는 것이 아닙니까? 살비아누스는 "하나님 외에 다른 것을 사랑하는 자만큼 구원을 무시하는 자도 없습니다"라고 말했습니다. 하나님을 경멸하는 자는 자신의 구원을 경멸하는 자입니다.

4. 교회의 연합과 평화에 대한 평가절하

안타깝게도 목회자들은 전 교회의 연합과 평화를 멸시하는 죄에 빠져 있습니다. 물론 노골적으로 교회의 연합을 반대하는 사람은 별로 없고 대개 입으로 찬성한다고 말합니다. 그러나 교회 연합을 위해 열심히 뛰는 사람들은 거의 없습니다. 속으로 교회의 연합을 싫어하고, 비록 자신이 분열의 도구가 되지는 않을지라도 연합하는 것을 질투하거나 불편하게 생각합니다. 교황주의자들은 오랫동안 가톨릭교회(보편 교회)라는 이름을 오용해왔습니다. 뜻도 제대로 모르면서 함부로 그 이름을 사용해온 것입니다. 아마도 그들은 보편교회의 일원답게 행동하지 않으면서 하나의 몸체만 존재하면 충분하다고 여기는지 모르겠습니다.

신앙을 분열의 도구로 삼는 것은 기독교 세계 전역에 공통적으로 퍼져 있는 고약한 죄입니다. 교회 전체를 사랑하고 돌보는 것이 아니라 특정 부분만을 사랑하고 돌보는 것이 문제입니다. 물론 우리가 평가와 교제를 하는 데 있어 불순한 부분보다 순수한 부분을 선호하고, 잘못된 자들의 죄에 동참하지 말아야 하는 것은 당연합니다. 그러나 연약하고 병든 부분이라도 우리는 그곳에 다가가 최선을 다해 도와야 합니다. 그들과의 교제도 만약 긴급히 필요한 상황이라면 합법적 범위 안에서 행해야 합니다. 전염병이나 나병에 걸린 이웃들도 우리와 같은 하나님의 자녀임을 인정하고 그들에게 우리가 줄 수 있는 모든 도움을 베풀어야 합니다.

자신을 가톨릭 교회의 일원이라고 말하는 사람들이 많이 있지만 그 가운데 진정한 가톨릭 정신을 가진 사람을 만나기는 힘듭니다. 그들은 전체 교회를 보편적으로 인정하고 존중하기보다 자기가 소속된 곳이 전부인 양 생각합니다. 우리 가운데 루터파나 칼빈파라 불리는 사람들을 보십시오. 그들 대부분은 자기 교파의 부흥을 위해 열심히 기도하고 헌신합니다. 그러나 다른 교파가 고난을 당할 때는 이것이 전체 교회에 아무 손해가 안 되는 양 별 관심을 기울이지 않습니다. 그리고 지상의 몇 나라, 혹은 몇 개 도시에 분포해 있는 지극히 작은 교파들도 자기네가 마치 전체 교회인 양 여기고, 자신들이 융성하면 전체 교회가 잘되는 것처럼 생각합니다.

우리는 교황을 적그리스도라고 비난합니다. 교회를 로마의 울타리 안에 제한시켜버렸기 때문입니다. 이것은 의심의 여지없이 교회를 분열시키는 혐오스런 행위입니다. 그러나 애석하게도 교황주의자들을 비판하는 사람들 중에 그들과 다를 바 없이 행동하는 사람들이 얼마나 많은지요! 교황주의자들은 그들의 신조 안에 '로마'라는 말을 몰래 삽입하고 가톨릭 교회를 로마 가톨릭 교회라 부름으로써 마치 다른 가톨릭 교회는 존재하지 않는 듯이 만들어버렸는데, 다른 교파들도 그와 동일한 잘못을 저지르고 있습니다. 어떤 이들은 자기 교회를 루터 가톨릭 교회라고 말하고, 어떤 이들은 자기네를 개혁 가톨릭 교회, 재세례파 가톨릭 교회 등으로 말합니다. 그들은 자기 교회의 평화를 교회 전체의 평화로 여깁니다.

교회의 상처를 자기 상처인 양 가슴 아파하고 이를 치유하기 위해 애쓰는 사람이 얼마나 있을까요! 대부분의 목회자들은 다른 교회가 넘어졌다는 소리를 들으면 이를 자기 교회가 성장할 기회로 여기고 기뻐하곤 합니다. 교파들끼리 논쟁이 벌어졌을 때도 각 주장들 간의 차이가 실제로 무엇인지를 제대로 이해하는 사람이 별로 없습니다. 만일 어떤 사람이 올바른 판단을 위해 다른 교파의 주장을 연구하여 이를 동료들에게 알려주면 그는 상대편을 동조하거나 옹호하려는 배신자라고 매도되기 일쑤입니다.

사람들은 나이가 들기 전까지는 평화에 대해 열심을 잘 내지 않습니다. 인간의 영혼과 교회의 본질 및 원리에 대해 많은 경험을 쌓은 후에야 비로소 평화의 중요성을 깨닫게 되는 것입니다. 반면 가슴에 욕망과 열정이 가득 차 있는 젊은이들은 분당을 짓는 일에 열심을 냅니다. 나이가 지긋해져버린 평화주의자들은 더 이상 젊은 목회자들에게 영향력을 미칠 수 없게 됩니다. 그들은 그저 이 큰 사명을 소홀히 한 데 대한 양심의 가책을 속으로 달래거나, 자신이 죽을 때 악의적 분쟁에 대한 증언 기록과 평화 중재안 등을 남겨 죄책감을 덜어보려 할 뿐입니다.

교회의 평화와 일치를 위해 노력하는 사람은 대개 이단을 비호하거나 자기 신념이 부족한 자로 의심받습니다. 교회의 연합과 평화를 위해서는 별로 애쓸 필요가 없다는 인식이 만연해 있으니 참으로 안타깝습니다.

이런 기회를 이용하여 마귀는 불만 많은 소키누스파(Socinians, 그리스도의 신성을 부인한 16세기의 한 이단 종파—옮긴이)와 같은 하수인들을 충동질하여 가톨릭과 준가톨릭의 연합과 평화에 관한 수많은 논문들을 쓰게 만들었는데, 이런 일은 주님의 목적을 위한다기보다 자신들의 목적을 성취하기 위함이었습니다. 평화의 원수인 마귀는 이처럼 올가미를 쳐놓고 평화에 관해 이야기하는 사람은 누구나 마귀에 동조하는 듯한 의심을 받게 만들었습니다. 두려운 것은 이단들이 누구보다 교회의 연합과 평화를 위해 애쓴다는 인상을 심어준다는 사실입니다. 그리하여 교회의 안녕을 좌우하는 그 중요하고도 필수적인 의무가 의심쩍고 혼란스러운 일처럼 비치고 있습니다.

형제들이여, 제가 아무런 근거 없이 이렇게 말하는 게 아닙니다. 오늘날 기독교는 아주 사소한 의견 충돌로 서글픈 분열상을 겪고 있습니다. 우리를 소원하게 만드는 이유는 대개 교회를 운영하기 위한 형식과 절차에 관한 사소한 것들입니다. 장로교회나 감독교회나 회중교회가 결코 화합하지 못할 정도로 그렇게 다릅니까? 우리 목회자들이 진정 평화를 바라고 이를 위해 노력한다면 평화가 이루어질 것입니다. 각 교회의 형편을 헤아리고 서로에 대한 꾸밈없는 사랑을 실천한다면 안전하고도 복된 교회의 화합이 쉽게 이뤄질 것입니다. 설사 모든 면에서 의견의 일치를 볼 수는 없다 해도 현재의 차이를 쉽게 좁힐 수는 있을 것입니다. 저는 교회가 상처를 입지 않고도 사소한 이견들을 평화롭게 조율할 수 있으리라 믿습니다.

오늘날 이 일이 얼마만큼 진척되었습니까! 그리고 분열의 죄에 동반되는 심각한 과오들이 얼마나 많이 있습니까! 수많은 하나님의 종들이 사도 시대 이후로 계속 경건의 고백을 해왔습니다. 또 교회의 일치와 개혁을 위해 헌신하겠다고 엄숙하게 서약하기도 했습니다. 그들은 모두 평화의 가치를 인정하며 이를 촉구하는 설교도 합니다. "모든 사람과 더불어 화평함과 거룩함을 따르라"(히 12:14), "할 수 있거든 너희로서는 모든 사람과 더불어 화목하라"(롬 12:18)는 말씀을 본문으로 삼아 설교합니다. 그런데 행동으로는 이를 전혀 따르지 않습니다. 말씀을 무시할 뿐 아니라 교회의 연합을 위해 노력하는 사람들에게 비난과 야유를 퍼붓습니다. 거룩함에 대한 열정이 없어서 그런다고 모함합니다. 그들의 이야기를 듣고 있노라면 거룩한 진리를 수호하는 것과 교회들이 서로 화평하는 것은 너무 상극이라 타협의 여지가 전혀 없는 듯 보입니다. 그러나 오랜 경험에 비추어볼 때 화평은 경건의 확실한 친구입니다. 경건은 언제나 화평과 함께 움직입니다. 반면에 오류와 이단은 불화에 의해 싹트고 자라납니다.

하나님의 종인 우리는 모두 하나가 되어야 합니다. 한마음과 한 영혼과 한 입술을 가져야 합니다. 서로의 믿음과 경건을 북돋우고, 죄를 경고하고, 장래 영광에 대한 소망을 함께 누리며 즐거워해야 합니다. 그런데 우리의 모습은 어떠합니까? 질투와 반목 속에 살아갑니다. 교파들끼리 서로 옳다, 그르다 싸우면서 상대를 비난하고 깎아내립니다. 신랄한 논쟁 속에서 거룩한 사랑이 함몰되고 말았습니다. 형제들에 대한 사랑은 우리가 믿음 안에서 신실하게 살아감을 보여주는 증표입니다. 그런데 우리는 이를 교파에 대한 사랑으로 대체해버렸습니다. 같은 교파를 지지하지 않는 사람에게는 멸시와 비난을 보냅니다.

더 나아가 이 분쟁의 불길에 우리의 양들까지 끌어들이고 있습니다. 그래서 영국 내 대부분의 신자들이 교파로 나뉘어 예전에 그들이 가졌던 경건을 헛된 논쟁과 시기와 반목으로 바꾸어버렸습니다. 성도를 비방하는 것이 얼마나 악한 행위인지를 잘 알면서, 수많은 사람들이 자기 교파에 속하지 않았다는 이유 하나만으로 다른 그리스도인을 은밀히 경멸하고 비방합니다. 경건한 감독교회 신자가 점잖게 장로교회 교인을 비방하고 조롱하며, 장로교회 교인은 회중교회 교인을, 회중교회 교인은 양쪽을 모두 공격합니다.

설상가상으로 세상 사람들은 교회가 분쟁하는 모습을 보며 우리를 조롱할 뿐 아니라 기독교에 대해서 마음을 굳게 닫아버립니다. 간혹 전도를 받고 하나님을 믿어보려 했던 사람도 '너무나 많은 교파가 있어 어디에 들어가야 할지 모르겠네. 어느 쪽이 옳은지 잘 모르니까 이럴 바에는 아무 교회도 안 가는 게 낫겠다' 하고 포기해버립니다. 이렇게 우리의 분열로 인해 기독교를 경멸하고 교회에 등을 돌린 사람들이 엄청나게 많을 것입니다.

제가 알기에 분열에 연루된 목회자들 가운데 이런 불행한 사태를 안타깝게 바라보는 사람도 많습니다. 그리스도인들끼리 파를 지어 싸우는 바람에 수많은 영혼이 파멸에 빠져드는 것을 가슴 아파하는 사람들 말입니다. 저도 그들 중 하나입니다. 제 마음을 아시는 주님은 제가 어느 파에도 속하지 않았다는 사실을 아십니다. 그리고 제가 당파적 편견이나 개인에 대한 악감정을 가지고 이런 말을 하고 있지 않음도 아십니다. 만일 조금이라도 양심에 거리낌이 있다면 저는 침묵했을 것입니다. 제가 섬기는 누군가에게 해가 될지도 모르니까요.

저는 누구입니까? 그리스도의 종이 아닙니까? 제 삶의 가치는 무엇입니까? 그리스도를 섬기는 데 있지 않습니까? 교회가 무너지고 영혼들이 죽어가고 있는데 누가 잠자코 있겠습니까?

저는 그럴 수 없습니다. 하나님이 저의 주인이시고, 하나님의 말씀이 제게 법이기 때문입니다. 그분의 일이 제 사업이요, 인간의 영혼을 살리는 일이 제 목적입니다. 진정한 종은 주인의 주된 관심사와 자기 인생의 목적을 저버린 채 다른 것과 타협하지 않습니다.

우리는 살아 있는 날까지 계속 평화에 관해 이야기할 수 있습니다. 초대교회의 단순한 신앙으로 돌아가지 않는다면 우리는 예전의 사랑과 평화를 찾을 수 없을 것입니다. 그러므로 교회의 평화를 위하여 저는 모든 형제들에게 간절히 권합니다. 가장 본질적인 진리에 대해서만이라도 뜻을 모읍시다. 그리고 부수적인 문제들은 서로 용납합시다. 하나님이 주신 것 외에 다른 복잡한 신조들은 만들지 맙시다. 이를 위하여 여러분에게 몇 가지를 권면합니다.

- 성도들이나 교회를 분열시킬 수 있는 어느 양분된 견해에 대해서는 어느 쪽에도 힘을 실어주지 맙시다.
- 자유의지와 성령의 역사, 하나님의 예정 등과 같이 결국 철학적 불확실성에 빠질 수밖에 없는 무익한 논쟁에는 관여하지 맙시다.
- 실체도 없이 그저 말장난에 불과한 논쟁에 관여하지 맙시다. 분명히 말하건대 이런 종류의 논쟁은 세상을 시끄럽게 하고 교회를 분열시키기만 할 뿐 상대를 설득하거나 믿게 할 수 없습니다.

- 성경이 우리에게 전해진 이후 그리스도의 교회가 한 번도 경험하지 못한 낯선 신앙관을 강하게 주장하지 맙시다.
- 좀 더 순수하고 분별 있는 시대의 그리스도인들이 전혀 알지 못했던 신앙관에 관해서는 크게 주장하지 맙시다.
- 사도 시대 이후 어느 세대도 받아들이지 않고 모든 교회가 공통적으로 반대했던 교리는 결코 주장하지 맙시다.

물론 어떤 사람은 성경과 고대 신조를 인정하면서 동시에 소키누스파 같은 이단 사상을 견지할 수도 있습니다. 이러한 사람에게는 교회가 공통적으로 고안해낸 테스트를 통과하게 하십시오. 여러분이 이단을 잡기 위해 나름의 올무를 만들어 설치한다 해도 이단은 워낙 교활하여 금세 빠져나갈 것이고, 대신 순진한 그리스도인들이 그 피해를 입게 될 것입니다. 성경말씀에 근접하지 않은 새 교리는 오히려 교회의 분열을 조장할 수 있습니다.

하나님이 분열된 교회를 치유하실 때 사람들은 비로소 제가 지금 말하는 것, 곧 교리가 단순해지고, 분열 대신 관용과 화합이 편만해지고, 성경말씀의 가르침만으로 충분해지는 것을 보게 될 것입니다. 인간의 고백과 충고가 성경과 온전히 합치되지 못하고 그저 귓가에 겉도는 소리에 불과하다면 교회 공동체를 위한 시금석으로 사용되지 못합니다. 하나님이 본격적으로 교회를 치유하려 하실 때 하나님의 일꾼 된 우리는 그에 합당한 능력을 받을 것입니다. 우리는 그 영광스러운 일을 맡게 될 행복한 사람들 아닙니까!

5. 소극적인 징계

마지막으로, 우리는 징계와 같은 교회의 마땅한 의무를 행하는 데 게을렀습니다. 무어라도 하나 개혁하려고 하면 결사적으로 반대하는 사람들이 얼마나 많습니까? 부담스럽고 번거롭게 느껴지는 일이라면 뒤꽁무니를 빼려는 사람이 얼마나 많습니까? 개혁의 시도를 멈추게 하려고 온갖 핑계를 대는 사람이 얼마나 많습니까? 가령 지난 몇 년간 영국에서는 징계에 대한 논의가 활발하게 이뤄졌고 이를 위해 많은 사람들이 기도해왔습니다. 아마 목회자들 중에서 이 논쟁에 한 번도 참여하지 않은 사람은 거의 없을 것입니다. 저마다 감독교회나 장로교회, 회중교회 중 어느 방식에 대해 지지를 표명했습니다.

그런데 막상 실행에 옮길 단계가 되면 하나같이 동일한 모습을 보였습니다. 아무도 징계를 행하려 하지 않았던 것입니다. 징계에 관한 책들이 수십 권 출간되고 대부분의 목회자가 징계 방식을 놓고 열띤 논쟁을 벌였음에도 실제 징계를 행한 교회는 찾아볼 수 없었습니다. 진심으로 동의하지 않은 의무에 대해서 그토록 목청껏 주장했다는 사실이 그저 놀랍기만 합니다. 순종과 실천보다 논쟁하는 데 열정적이 되어버리는 인간의 성향을 참작한다 해도 말입니다.

목회자들은 완악한 죄인을 출회시키기는커녕 공개적인 죄의 고백과 약속을 받아내지 못합니다. 사람들 앞에서 회개하라고 공개적으로 권면하는 것조차 망설입니다. 그러면서 그에게 성만찬을 베풀지 않은 것으로 자기 의무를 다했다고 생각합니다(아마 성만찬도 죄인이 스스로 거부했을 가능성이 큽니다).

그러는 동안 우리는 죄인들을 교회의 정식 일원으로 남겨둡니다(성만찬에 참석하지 못한다고 해서 교회의 정식 일원에서 제외되는 것은 아닙니다. 왜냐하면 유아세례를 받은 아이들도 성만찬에 참석하지 않지만 교회의 정식 일원이기 때문입니다). 우리는 그들을 교회의 다른 모든 교제에 참여토록 허락하고, 개인적으로 그들을 불러 회개하도록 촉구하지도 않습니다.

하나님은 무엇이라고 명하셨습니까? 죄인을 개인적으로 불러 책망하고, 이를 듣지 않으면 공개적으로 회개를 촉구하고, 그래도 순종하지 않으면 교회에서 쫓아내라고 말씀하시지 않았습니까? 이것을 교회의 의무라고 생각하여 그처럼 열띠게 논쟁해놓고 왜 시행하지 않는 것입니까? 우리는 하나님의 말씀을 듣지 않으려고 귀를 막고 있는 셈입니다. 고대 교회에서는 징계가 훨씬 엄격했습니다. 가령 트룰루스 공의회[1]는 "시급한 일이 없는데도 3일 동안 교회에 모습을 보이지 않으면 누구든 출회시켜야 합니다"라고 규정했으니까요.

형제들이여, 저는 어느 교파라도 기분을 상하게 하고 싶지 않지만 이 말은 반드시 해야겠습니다. 적당히 용납하고 덮어줄 수 있는 죄가 아니기 때문입니다. 우리는 오랫동안 징계의 필요성을 역설해왔고 각 교파마다 나름의 징계 방식을 제시했습니다. 여러분은 자신의 가르침이 사람들로부터 신뢰를 얻기 원합니까? 신뢰받기 원한다면 그들에게 말과 글로만 하지 말고 결단과 행동으로 보여줘야 합니다. 실제로 징계가 행해지지 않는데 어떻게 사람들이 징계의 가치를 알겠습니까? 아무 선도 행해지지 않는데 어떻게 사람들이 선을 선으로 인식하겠습니까? 저는 우리가 대의명분을 올바로 지키지 못할까 봐 두렵습니다. 논쟁을 열심히 벌이고 나서 오히려 이를 배신할까 봐 걱정됩니다.

진실되게 말해보십시오. 오랫동안 논쟁의 대상이 되어온 징계의 명성을 유지시켜주는 것은 다음 두 가지가 아닌가요? 즉 경건

---

[1] 692년, 콘스탄티노플의 궁전 안에 있는 트룰루스(돔 지붕의 방)에서 종교회의가 열렸는데, 이 회의는 680년 제6차 공의회에서 제기된 징계 문제를 완결 짓기 위함이었다.

한 자들 편에서는 징계를 지지하는 목사들의 명예가 그것이요, 많은 불경스런 자들 편에서는 결코 이루어지지 않는 징계의 명예가 아닙니까? 불경스런 자들은 징계가 이빨 빠진 호랑이라서 그들의 예상만큼 무섭지 않다는 사실을 알고 있습니다.

만약 교회에서 징계를 받거나 쫓겨나야 할 사람들이 버젓이 총회에 참석하여 교회 지도자를 선출한다고 생각해보십시오. 그들은 절친하다는 이유로 또 다른 불경한 자를 선출하지 않겠습니까? 이를 방조한다면 우리는 주님께 반역하는 셈이고, 주님도 우리를 향해 강력한 조치를 취하실 것입니다.

여러분, 여러분의 교회에서 매주 몇 건의 징계가 이뤄졌는지 살펴보십시오. 아마도 만족스러운 효과가 나올 수 있는 빈도는 아닐 것입니다. 성도들은 말보다 행동을, 이론보다 실제적인 개혁을 원하는데 여러분이 어정쩡한 태도를 보인다면 그들이 교회를 떠난다 해도 결코 놀랄 일이 아닙니다.

모든 그리스도인들은 하나님의 규례를 귀중하게 생각하고, 그분의 규례 없이 사는 것을 좋아하지 않습니다. 징계는 결코 불필요한 게 아닙니다. 만일 목회자가 징계를 통해 선과 악을 구분 짓지 않는다면 성도들이 손수 교회의 분열을 통해 그 일을 할 것입니다.

여러분, 징계에 대한 우유부단한 태도를 성만찬에 빗대어 다시 한 번 돌아봅시다. 성도들에게 떡과 포도주를 보여주기만 할 뿐 구세주의 사랑을 기억하며 실제로 맛보게 하지 않는다면 그들이 성만찬 의식에 만족하겠습니까? 왜 여러분은 성도들이 징계라는 말뿐인 으름장에 경각심을 느끼리라 믿으십니까?

더 나아가 여러분의 공허한 대의명분이 얼마나 해로운 영향을 미칠지, 다른 견해를 지닌 사람과의 토론에서 여러분을 얼마나 불리한 입장에 몰아넣을지 생각해보십시오. 만일 여러분의 원칙은 상대방의 원칙보다 낫지만, 여러분의 실천이 상대방의 실천보다 못하다면 어찌 될까요? 사람들은 여러분이 포장인지 알맹이인지, 실체인지 그림자인지를 지켜볼 것입니다. 그리고 말만 요란할 뿐 행동하지 않는 목회자임을 알게 되면 여러분에게서 떠나버릴 것입니다.

지금 저는 여러분이 제시한 징계 형식을 나무라는 게 아닙니다. 말로만 징계를 외치면서 이를 실행하지 않는다면 여러분이 논쟁을 통해 얻는 신임보다 불이행을 통해 얻는 불신임이 훨씬 크다는 점을 강조하고 싶은 것입니다. 성실한 실천이 논쟁을 이기는 최고의 힘인 것을 모릅니까? 그전까지 사람들은 여러분의 모든 주장을 이런 식으로 알아들을 것입니다. "우리는 공개적인 권면이나 죄의 고백이나 출회를 시키지 않습니다. 우리의 방침은 징계의 명목만 유지할 뿐 아무 일도 행하지 않는 것입니다."

또한 대상과 시기를 고려하지 않고 징계를 무조건 강화하라고 권면하는 것도 아닙니다. 그러나 여러분, 시기가 적절치 않은 것 같다며 설교나 성만찬을 몇 년 동안 미뤄본 적 있습니까? 과연 적절한 시기라는 게 언제입니까? 임종을 앞둔 순간입니까? 오랫동안 준비만 하다가 결국 할 것을 놓치고 마는 사람들이 얼마나 많은지 모르겠습니다. 어떤 목회자는 징계를 시행하기가 어려운 상황에 놓일 수 있습니다. 그러나 우리는 징계가 교회의 마땅한 의무라는 사실을 도외시해서는 안 될 것입니다. 이 외에도 교회가 징계를 실천해야 하는 이유를 몇 가지 더 언급해보겠습니다.

(1) 하나님이 명하신 명백한 의무 중 하나라도 고의적으로, 또 지속적으로 무시한다면 이는 양들에게 그렇게 살라고 말없이 설교하는 것과 다름없습니다. 한 해, 두 해 그처럼 의무를 외면하면 되겠습니까? 그럴 의도가 아니었다고 우물쭈물 이야기해도 누가 알아주겠습니까?

(2) 징계를 행하지 않는 것이 그리스도에 대한 배반까지는 아니더라도 목회자의 태만과 게으름인 것은 분명합니다. 제 경험을 통해 말씀드리는 것입니다. 저는 게으름 때문에 오랫동안 이

의무를 도외시하고 꺼려왔습니다. 징계는 참으로 수고스럽고 고통스러운 일로, 참된 자기부인이 없으면 하기 어렵습니다. 징계 대상자로부터 분노와 비방의 말을 감내해야 하기 때문입니다. 그러나 내 육신의 편안함을 주 그리스도께 대한 헌신보다 중요하게 생각할 수는 없습니다.

형제들이여, 기억하십시오. 우리는 이렇게 하나님 앞에서 약속하지 않았습니까? "우리는 하나님의 도우심으로 다음과 같이 합의하고 결의하노라. 하나님이 우리에게 주신 의무에 대해서는 이를 이행하기 위해 성심껏 최선을 다할 것이며, 재산상의 피해가 있거나 사람들이 기분 나빠하며 인상을 찡그리거나 어떤 육체적 고통을 당할 우려가 있더라도 이를 포기하지 않을 것이다." 이 약속을 연구해보고 여러분 자신의 행위와 비교해 보십시오. 이 약속 때문에 자신이 덫에 걸렸다는 생각은 하지 마십시오. 여러분이 그 약속을 하기 이전에 이미 그 의무는 하나님의 법에 의해 우리에게 부과되어 있기 때문입니다. 약속을 한 사람이나 안 한 사람이나 모두 이 의무를 지고 있습니다.

(3) 징계를 게을리하면 성도들을 미혹에 빠뜨릴 위험이 높습니다. 만약 죄인이 징계를 받지 않고 교인들에게서 분리되지 않은 채 계속 교회 일에 참여하게 되면 성도들은 올바른 그리스도

인상에 대해 왜곡된 인식을 가질 수 있습니다. 가령 '목사님이 용납하셨으니 크게 문제 될 게 없는 죄인가 보군'이라는 끔찍한 생각이 성도들 가운데 퍼질 수 있습니다.

(4) 징계를 게을리하면 세상 사람들이 기독교를 타락한 종교로 인식하게 될 것입니다. 그들은 기독교가 사탄보다 정직하지 못하며 거짓된 여타 종교들보다 오염되어 있다고 믿게 됩니다. 그러므로 우리가 완악한 죄인들을 양 떼 한 무리에 그대로 두면서 그들을 분리할 어떤 방법도 취하지 않는다면 이는 우리의 구주를 욕보이는 일이나 다름없습니다. 속사정을 모르는 사람들은 주님이 그렇게 명하신 줄 알고 그분을 탓할 것이기 때문입니다.

(5) 징계를 게을리하면 교회의 분열이 심화될 것입니다. 정직한 그리스도인들은 한 교회에서 죄인들과 함께할 수 없다고 판단하여 교회를 떠나야겠다는 생각을 갖게 될 것입니다. 저는 장로교회를 떠나 다른 교파로 떠난 몇몇 사람들과 이야기를 나눠 보았습니다. 그들은 한때 교회의 분열을 반대했던 온건한 사람들로, 여전히 장로교회의 신앙을 간직하고 있었습니다. 그럼에도 그들은 교회를 나갈 수밖에 없었는데 저는 그들의 결정이 순수한 동기에서 비롯되었다고 믿습니다. 하나님이 명령하신 징계

를 어떻게라도 시행해야 한다는 신념에서 내린 결정이었기 때문입니다.

그들은 징계를 행하는 장로교단 교회를 하나도 찾을 수 없었기에 다른 교회로 갔다고 했습니다. 그러면서 만일 장로교회에서 징계를 행한다면 언제라도 기꺼이 돌아갈 의향이 있다고 말했습니다. 저는 이러한 상황이 그저 안타까울 뿐입니다. 여러분, 죄인들을 성찬식에서 제외시키는 것만으로 징계가 끝난 게 아닙니다. 그들을 교회의 일원으로 남겨놓는 한 이러한 분열은 계속될 것입니다.

(6) 징계를 게을리한다면 하나님은 우리와 교회를 향해 진노를 발하실 것입니다. 우리의 모든 수고도 물거품이 될 것입니다. 두아디라 교회의 사자가 교회 내에 미혹케 하는 자를 용납하여 책망을 받았듯이, 우리도 공개적으로 드러난 추악하고 완악한 죄인을 용납함으로써 동일한 책망을 받을 것입니다.

영국의 성직자들이 그렇게 징계를 지지하면서도 이를 시행하지 못하는 이유가 무엇입니까? 그들은 다음과 같이 말합니다. "징계를 내리기는 너무 어렵습니다. 징계로 인해 야기될 고통과 분란을 감당하기가 어렵습니다. 우리가 누군가를 죄인으로 지목하여 공개적으로 책망한다면 그는 분통을 터뜨리며 우리에게 지독한 적개심을 보일 것입니다. 몇 명에 불과하다 해도 그들을 공개적인 참회의 자리로 나오도록 이끌기는 어렵습니다. 나아가 출회시키기라도 했다가는 그들이 미친 듯 날뛰며 우리에게 해악을 끼치려 할 것입니다. 하나님이 명하신 대로 모든 완악한 죄인을 처리하면 우리는 도저히 살아남을 수 없습니다. 모든 사람들에게 미움을 받을 것이요, 우리의 삶은 불편해지고, 우리의 모든 수고는 원점으로 돌아갈 것입니다. 우리를 미워하는 사람에게 우리의 설교가 제대로 전달되겠습니까? 징계를 강행하는 것은 유익보다 손해가 크다고 생각합니다."

대부분 목회자들은 이런 두려움 때문에 징계를 시행하기를 망설입니다. 게다가 죄인들을 개별적으로 만나 권면하는 수고까지 감내하기란 여간 쉽지 않을 것입니다. 저는 그들에게 이렇게 대답하겠습니다.

첫째, 여러분의 말은 단순히 징계를 반대하는 이유가 아니라 기독교 신앙 자체를 반대하는 이유가 됩니다. 그리스도께서는 이 땅에 평화를 주러 오신 분이 아닙니다. 물론 우리는 그분 안에서 평안을 누리지만, 결코 세상에서 말하는 그런 평안이 아닙니다. 왜냐하면 그리스도인은 세상 사람들에게 미움을 받게 되어 있기 때문입니다. 브래드퍼드나 후퍼 등 메리 여왕의 무자비한 핍박 가운데 순교한 사람들도 결코 세상적 평안을 주장한 적이 없습니다. 그들은 종교개혁의 의무를 행하면서 세상 사람들에게 미움을 받고, 결국 화염에 휩싸여 죽게 되리라는 것을 알았습니다. 그리스도께서 말씀하셨듯이 그분을 위해 자신의 모든 소유와, 심지어 자기 목숨까지도 미워하지 않는 자는 참 그리스도인이 아닙니다. 그런데 우리는 주님의 일을 이행할 수 없는 이유로 세상적 손해를 꼽고 있습니다. 안전하고 쉬운 일만 행하고 나머지는 우리의 의무가 아니라고 말한다면 이는 고통을 피하기 위한 위선이 아니고 무엇입니까?

실제로 자신에게 부과된 의무를 게을리하는 것은 고통을 피해 보려는 보편적인 방법입니다. 만일 우리가 의무를 성실하게 수행한다면 우리는 위대한 선배 그리스도인들이 그러했던 것처럼 이교도와 비신자로부터 혹독한 고통을 받게 될지 모릅니다. 안타깝게도 오늘날의 목회자들 중 상당수는 그리스도의 일을 하기에 앞서 자신이 얼마만큼 손해를 입게 될지를 따져봅니다. 세속적인 평안과 명예를 얻겠다는 자신만의 목적을 가지고 목회에 뛰어듭니다. 사람들의 반감과 고통을 피하려 합니다. 이런 자세로 어떻게 주님의 의무를 제대로 행하겠습니까?

둘째, 징계를 내림으로써 과연 유익을 얻겠느냐고 말하는 사람들에게 저는 이렇게 말하고 싶습니다. 완악한 죄인들은 꼭 징계가 아니더라도 우리의 설교나 목회적 시도를 못마땅하게 여기며 우리를 미워할 수 있습니다. 또 하나님은 아무런 유익이 없는 명령과 규례를 우리에게 요구하시지 않습니다.

공개적으로 권면하고 책망하고 회개를 촉구해도 더 이상 말을 듣지 않는다면 그런 죄인들은 교회에서 몰아내십시오. 이는 교회 안팎에 있는 사람들은 물론 출회당한 본인에게도 큰 유익이 될 것입니다. 저는 이것이 하나님의 방법이라고 확신합니다. 권면해도 소용없을 때는 출회가 하나님의 최후 수단입니다. 하나님이 명하신 최후 수단을 무시하지 마십시오.

또 하나님의 교회가 세상과 분명히 다르다는 사실이 드러난다면 하나님이 온전히 영광을 받으실 것입니다. 천국의 유업을 얻을 사람과 지옥의 유업을 얻을 사람이 교회 안에서 한데 섞여 있다면 세상 사람들은 그리스도와 사탄이 그저 주도권 다툼이나 하고 있을 뿐 죄악에 대해서 별반 다를 게 없다고 생각할 것입니다.

마지막으로, 저는 이 말을 꼭 강조하고 싶습니다. 징계는 여러분이 생각하는 것만큼 어렵거나 해로운 일이 아닙니다. 제 경험에 비춰볼 때도 확신 있게 말할 수 있습니다.

설교를 하지 않으려는 목회자는 게으르다는 이유로 교회에서 쫓겨나지 않습니까? 이처럼 징계를 시행하지 않으려는 목회자도 마땅히 쫓겨나야 합니다. 성도들을 엄중하게 치리하는 것도 설교 못지않게 중요한 목회의 일부분이기 때문입니다.

사랑하는 형제들이여, 앞서 언급된 죄들을 인정하고 주님 앞에 꿇어 엎드려 회개하는 것이 지금 상황에서 우리가 해야 할 일이 아니겠습니까? 이것이 모든 양 떼와 우리 자신을 지키는 일입니다. 온갖 위협과 핍박을 견뎌냈던 신앙 선배들처럼 우리도 마음을 굳세게 하고 겸손해집시다. 하나님은 세상 사람들의 악의에 찬 박해를 통해 그분의 공의로운 진노를 발하기도 하시므로 우리는 늘 두려워해야 합니다.

형제들이여, 오늘날 우리의 죄는 결코 작지 않습니다. 지금까지는 양들에게 겸손해지라고 외쳤지만 이제는 우리가 겸손해질 차례입니다. 들을 귀가 있는 사람은 곳곳에서 울려 퍼지는 회개 촉구의 소리를 들을 것입니다. 그 음성은 일반 성도들뿐 아니라 우리 자신에게도 해당되는 말입니다. 보는 눈이 있는 사람은 피로 쓰인 글들을 읽을 것입니다. 주님은 칼과 불로 우리의 겸손을 촉구하고 계십니다. "하나님의 집에서 심판을 시작할 때가 되었나니"(벧전 4:17)라는 말씀을 기억하십니까? 하나님의 집에서 겸손이 시작되지 않는다면 이 슬픈 예언이 우리와 이 땅에 그대로 임할 것입니다.

양들에게는 자발적이고 온전한 죄의 고백을 촉구하면서 언제까지 우리 죄에 대해서는 쉬쉬하겠습니까? 겸손한 고백을 통해 하나님께 영광을 돌리지 않고 언제까지 우리의 치부를 가릴 무화과 나뭇잎을 찾기에 급급하겠습니까? 이제는 우리의 영광을 헐어버리고 그 자리에 하나님이 그분의 영광을 세우시도록 해야 하지 않겠습니까? 우리가 자발적으로 하나님 앞에 자복하기를 거부한다면 그분께서는 혹독한 심판을 통해 친히 자신의 영광을 세우실 것입니다.

죄를 솔직히 고백하기보다 어떻게든 숨기려 할 때 우리는 더 큰 수치를 당하게 될 것입니다. 우리를 수치스럽게 하는 것은 고백이 아니라 죄입니다. 자발적인 고백과 겸손 외에는 우리의 명예를 회복할 수 있는 길이 없습니다.

제가 이 책에서 언급한 내용은 제 자신의 죄에 대한 고백입니다. 혹시 누군가가 이 책을 읽고 자신을 비판하는 내용에 기분이 상했다고 말한다면 그에게 말해주십시오. 단지 제가 제 죄를 고백한 것뿐이라고 말입니다. 진정으로 겸손한 그리스도의 종이라면 회중 앞에서 자신의 죄를 고백하고 통회하며 개혁을 약속할 것입니다.

chapter 7
교리교육의 의무와 그 중요성

우리의 과오와 태만을 드러내고 통회했으니 이제는 앞으로 우리가 행해야 할 의무에 대해 생각해봅시다. 여기서 저는 여러분에게 한 가지 중요한 의무를 성실하게 이행하기를 권면합니다. 그 의무란 여러분의 교구에 속하거나 속하게 될 성도들에게 교리를 가르치고 지도하는 것입니다. 우리가 이 의무를 이행해야 하는 이유는 첫째, 우리에게 유익이 있기 때문이요 둘째, 어렵기 때문이고 셋째, 반드시 필요한 일이기 때문입니다. 사실 둘째 이유인 '어렵다'라는 것은 하나의 동기라기보다 의무를 행하기 어려운 이유라고 말할 수 있습니다. 그러나 전후관계를 생각해볼 때 난관은 우리를 더 부지런하게 만들어준다는 점에서 우리가 의무를 이행해야 하는 동기요 이유라고 볼 수 있습니다. 뒤에서 좀 더 자세히 이야기하도록 하겠습니다.

사역에서 얻는 혜택의 관점에서

저는 이 일이 하나님의 축복 속에서 아름답게 열매 맺으리라고 믿기 때문에 생각만 해도 가슴이 벅차오릅니다. 사랑하는 형제들이여, 여러분은 매우 복된 일을 시작했습니다. 여러분의 양심은 물론 여러분의 교구 성도들과 아직 태어나지 않은 신앙의 후손들도 함께 즐거워할 것입니다. 이 일을 마칠 때쯤이면 수십 수백만 명의 사람들이 하나님을 찬양할 것입니다. 비록 지금은 오랫동안 교리교육에 게을리한 죄를 회개하기 위해 모였지만 언젠가 하나님의 은혜 속에서 복음사역이 성공적으로 이뤄지리라고 크게 기대하고 있습니다. 그 소망이 오늘 제게 말할 수 없는 기쁨을 가져다줍니다.

저는 오늘 이렇게 많은 그리스도의 종들이 주님 앞에 새로이 헌신하려고 엄숙한 집회를 열었다는 사실에 진심으로 주님께 감사드립니다. 또 여러분이 교리교육을 목회자의 중요한 의무로 인식하고 처음 시작하게 되었음도 감사드립니다.

교리교육은 말다툼을 벌일 만한 논쟁거리가 아닙니다. 게다가

이 일은 새로운 목회 영역이 아니라 고대로부터 해왔던 의무를 복원한 것입니다. 단지 좀 더 체계적이고 효과적인 목회 방법으로 정립되었을 뿐입니다. 그러므로 질투심에 찬 사람이 여러분을 혁신자라고 비아냥거리거나, 교만한 사람이 이 일을 거부할 여지가 없습니다.

교리교육은 교회에 매우 큰 유익을 가져다주므로 목회자인 우리가 얻게 될 혜택을 하나하나 살펴보겠습니다. 혜택을 알아갈수록 여러분은 더 열심히 의무를 수행하겠지만, 그렇지 않으면 점점 일에 소홀해지고 결국 포기할 수 있습니다. 그리스도의 참된 사역자가 되기 원하는 사람은 자신의 사역 목적을 온전히 성취할 수 있게 되었다는 사실에 큰 기쁨을 느낄 것입니다. 그렇다면 교리교육이라는 목회 의무를 좀 더 구체적으로 알아봅시다.

1. 죄인을 회심시키는 가장 효과적인 방법이다

교리교육에는 회심을 극대화할 수 있는 요소들이 총망라되어 있기 때문입니다. 교리교육은 기독교 신앙의 가장 핵심적인 원리와 본질을 내용으로 하며 마음과 양심이 안정되어 있을 때 개인적인 면담 형식으로 이뤄집니다.

회심이 일어나려면 다음 두 가지가 있어야 합니다. 첫째, 신앙의 기본 원칙들을 알아야 합니다. 둘째, 진리의 영향을 받아 의지가 변화해야 합니다. 우리가 행하려는 교리교육은 이 두 가지 면에서 탁월한 효과를 가져다줍니다. 우선 기독교의 핵심 진리를 사람들에게 깊이 각인시켜줄 수 있습니다. 물론 깨달음이 없이 말씀 자체로는 변화가 일어나리라 기대할 수 없지만 말입니다. 그러나 어려운 라틴어 대신 평이한 언어로 말씀을 전달해준다면 한결 그 뜻을 이해하기가 쉬울 것입니다.

대개 보이지 않는 것들을 표현할 때 무엇을 씁니까? 말이나 기호 아닙니까? 그러므로 교리교육을 아무 소용없는 요식행위라고 비웃는 사람들은 스스로를 비웃는 것과 같습니다. 그들도 자기 마음을 다른 사람에게 표현할 때 말이라는 형식을 빌려 사용하지 않습니까? 한 번 들렸다 사라지는 설교자의 말이 사람들을 가르칠 수 있다면 왜 사람들의 눈과 기억 속에 계속 머물러 있는 기록된 말이 그들을 가르칠 수 없겠습니까? 그러므로 이 "바른 말"(딤후 1:13)은 어떤 사람들의 주장처럼 결코 무익하지 않습니다.

아울러 우리는 개별 면담을 통하여 상대방이 어느 정도 이해하는지 가늠해보고 그에 따라 설명할 수 있습니다. 또 상대방에게 가장 필요한 이야기가 무엇일지 파악하여 이를 집중적으로 가르칠 수 있습니다. 이 두 가지, 곧 바른 말과 분명하고도 쉬운 설명이 함께 역사하면 어느 하나만 역사할 때보다 훨씬 강력한 효과를 내게 됩니다.

뿐만 아니라 교리교육은 사람들의 마음속에 진리를 깊이 심을 수 있는 최상의 기회가 되기도 합니다. 죄를 범하거나 특수한 상황과 위기에 처한 사람에게 문제를 명확히 짚어줄 수 있고 진리를 받아들이도록 친근하게 권유할 수 있습니다. 이는 특히 세상 사람들에게 기대할 수 있는 효과이겠지요.

교리교육은 설교를 이해하지 못하는 사람에게도 큰 도움이 됩니다. 일상적인 말로 대화함으로써 진리를 이해하고 그 말씀을 자신에게 바로 적용할 수 있기 때문입니다.

아울러 교리교육을 하다 보면 상대방으로부터 의심과 반감이 느껴진다는 말을 듣게 될 수 있습니다. 이를 통해 우리는 사탄이 상대방의 어느 부분에서 역사하는지 알 수 있고, 그 오류를 지적하고 논박함으로써 상대방에게 보다 효과적으로 진리의 확신을 심어줄 수 있습니다. 또 회개를 촉구하고 변화된 삶을 약속하도록 이끌 수 있습니다.

제가 이처럼 분명하게 말할 수 있는 이유는 제 경험으로 그 효과를 보았기 때문입니다. 저는 여러 사람들을 개별적으로 만나 면담하며 교리를 가르쳤는데 그들 중 확신을 갖지 못한 채 돌아간 사람이 거의 없었습니다. 특별한 문제가 없는 한 그들은 모두 새로운 순종을 약속하며 돌아갔습니다.

형제들이여, 우리는 이 사역을 성실하고 능숙하게 이행함으로써 사탄의 왕국에 큰 타격을 입힐 수 있습니다. 이는 교회 안팎의 수많은 영혼들을 영원한 고통에서 건져내는 것이므로 우리의 수고는 참으로 큰 가치가 있습니다. 이제 일어나 함께 일합시다! 거듭난 영혼들의 아버지가 되고 싶다면, 또 영혼들을 해산하는 수고를 하다가 훗날 주님 앞에서 "제가 여기 있나이다. 또 주님이 제게 주신 자녀들도 함께 있나이다!"라고 외치기 원한다면 이제 일어나 이 복된 일에 동참합시다! 여러분이 변화시킨 사람이 영광 가운데 성도들과 함께 보좌 앞에서 어린양을 찬양하는 모습을 보고 싶다면, 그들을 그리스도의 흠 없고 순결한 신부로 드리고 싶다면 여러분에게 주어진 이 귀중한 기회를 열심히 사용합시다.

진실한 그리스도의 사역자는 하나님의 선택된 백성과 함께 모여 그분의 온전한 몸이 이뤄지기를 갈망할 것입니다. 또 양들 안에서 그리스도의 형상이 이루어지기까지 "해산하는 수고"(갈 4:19)를 기꺼이 감내할 것입니다. 추수 때가 되면 기회를 놓치지 않고 열심히 추수를 할 것입니다. 열정적인 불꽃을 마음속에 품고 살아가는 그리스도인이라면 수많은 영혼들을 죽음에서 건져내고 허다한 죄를 덮는 일에 발 벗고 나설 것입니다.

진정한 그리스도의 동역자답게 그분의 일에 과감히 나서십시오. 그리스도께서 그분의 목숨으로 사신 영혼들을 절대 외면하지 마십시오. 기억하십시오. 비신자와 이야기를 나누게 되었다면 그것은 영혼을 구할 수 있는 절호의 기회입니다. 그 영혼이 구원받으면 하늘의 천사들이 기뻐하고 그리스도께서도 말할 수 없이 기뻐하실 것입니다. 죄인을 사탄의 손아귀에서 빼내어 하나님의 식구를 하나 더 늘리는 것이니 어찌 기쁘지 않겠습니까!

여러분의 "소망이나 기쁨이나 자랑의 면류관"은 무엇입니까? 다시 오실 그리스도 앞에 여러분이 데리고 나올 양 떼가 아닙니까? 네, 그들은 의심할 여지없이 여러분의 "영광이요 기쁨"입니다(살전 2:19-20).

2. 성도들의 덕을 함양하는 데 유익하다

교리교육은 이미 회심한 성도들의 덕을 세우고 그들의 믿음을 굳세게 할 것입니다. 우리가 적절한 시기에 이를 행하지 않는다면 목회 전체가 위기에 빠지거나 적어도 큰 어려움을 겪게 될 것입니다. 기초가 튼튼하지 않은데 어떻게 그 위에 건물을 세우겠습니까? 또 중간 부분을 생략하고 지붕을 어떻게 올리겠습니까? 자연세계와 마찬가지로 은혜에도 비약은 없습니다. 기독교 진리도 첫 번째 단계의 진리를 배우지 않고서는 두 번째 단계의 진리를 깨달을 수 없다는 말입니다. 이 사실을 모르기 때문에 목회자의 수고가 헛것으로 전락해버립니다. 사람들이 "항상 배우나 끝내 진리의 지식에 이를 수"(딤후 3:7) 없는 것은 철자를 익히기도 전에 책을 읽으려 하기 때문입니다. 이로 인해 수많은 사람들이 은혜에서 떨어져 나갔습니다. 그들은 시험의 바람이 불 때마다 흔들릴 수밖에 없습니다. 신앙의 기초를 잘 다지지 않았기 때문입니다.

기초가 튼튼해야 사람들은 다음 진리로 나아갈 수 있습니다. 이 기초 위에 비로소 집을 짓고, 모든 은혜를 활용하고, 모든 의무에 생기를 불어넣을 수 있습니다. 또 모든 시험을 견뎌낼 수 있습니다. 진리의 기초를 모르는 사람은 아무것도 모르는 사람입니다. 반면 진리의 기초를 아는 사람은 기독교가 무엇인지를 가장 잘 알며 진리로 인해 자신이 행복해질 것을 압니다. 그러므로 여러분의 회중에게 교리를 배우는 수고의 가치를 알게 하십시오. 그리고 그들을 견고하게 세우기 원한다면 교리교육의 의무를 부지런히 행하기 바랍니다.

3. 설교에 대한 이해를 돕는다

여러분이 성도들에게 교리, 즉 기독교의 기본 진리를 가르칠 때 그들은 대중설교를 귀담아듣고 더욱 이해하게 될 것입니다. 교리교육은 성도들이 올바른 관점을 가지고 설교자가 강조하는 바를 정확히 파악할 수 있게 돕습니다. 또 성도들의 생각과 마음 문을 열어주어 말씀을 받아들일 준비를 시켜줍니다. 교리교육이 없으면 여러분의 수고는 헛것이 될 수 있습니다. 아무리 설교 준비에 공을 들인다 해도 사람들이 관심을 두지 않거나 도통 이해하지 못한다면 얼마나 안타까운 일입니까? 그러므로 교리교육에 힘쓰기 바랍니다.

4. 양과 목자의 관계가 친밀해진다

여러분은 교리를 지도하는 과정에서 양들과 한결 친숙해질 수 있습니다. 목회자가 성도들에게 사랑을 받지 못하면 목회를 해나가는 데 많은 장애를 겪게 됩니다. 소통의 부재와 소외감으로 교회 내부의 갈등이 심화되고 목회자는 양들에게 좀처럼 유익을 끼치지 못합니다.

반면 목회자와 성도가 친밀한 관계를 유지하면 사랑 안에서 마음의 문을 열고 서로의 말에 귀를 기울이게 됩니다. 성도들은 목회자의 가르침을 잘 받아들이고 의문점이 생길 때마다 언제든 마음 놓고 물어볼 것입니다.

5. 양들의 영적 상태를 파악하고 보살피는 데 도움이 된다

양들의 기질과 성향을 파악한 목회자는 그들에게 어떠한 내용을 어떻게 전해야 할지, 어떠한 시험으로부터 그들을 보호해야 할지를 잘 압니다. 성도들과 슬픔과 기쁨을 어떻게 나눠야 할지, 또 그들을 위해 어떻게 기도해야 할지도 압니다. 자기 마음의 병과 결핍이 무엇인지를 잘 알아야 자기를 위해 올바로 기도할 수 있듯이 양들의 곤고한 상태를 잘 알아야 그들을 위해 제대로 기도할 수 있습니다.

6. 성찬식에 참예하도록 돕는다

목회자는 교리교육을 통해 양들의 영적 상태를 파악하고 그들을 성찬식에 참예시킬지의 여부를 결정할 수 있습니다. 물론 목회자가 성찬식을 집전하기 전에 성도를 따로 불러 그의 믿음과 영적 성숙도를 점검하고 교육할 수 있습니다만 그럴 경우 제한된 시간에 어느 단면만 보고서 결정할 수밖에 없습니다. 평상시에 그가 교인으로서 합당한 믿음생활을 하는지, 목회자의 지시에 따라 자신의 의무를 성실하게 수행하는지에 대해서는 점검할 길이 없는 것입니다. 속전속결로 영적 상태를 진단하는 것은 훗날 분란거리가 될 가능성이 높습니다.

그러나 교리교육을 통한다면 우리는 거의 예외 없이 그 사람의 자격 여부를 정확히 알 수 있습니다.

7. 성도들에게 목회의 본질을 알려준다

대개 사람들은 목회가 설교하고, 세례와 성찬식을 베풀고, 병자를 심방하는 것 정도라고 생각합니다. 목회가 이 정도로 인식될 때 성도들은 목회자를 좀처럼 따르려 하지 않고, 목회자 역시 그 이상의 일을 하지 않으려 할 것입니다. 많은 목회자들이 소명을 제대로 알지 못해 의무를 제한해버리는 것을 보면 무척 안타깝습니다. 유능한 목회자들 중에도 설교 준비에 열심을 내지만 영혼 구원을 위한 다른 일에는 별로 신경을 쓰지 않는 사람들이 많습니다. 그들은 양들과 개인적으로 만나 이야기를 나누는 게 자신의 의무라고 생각하지 않는 것 같습니다. 회중 앞에서는 열정적으로 복음을 전하면서 성도 한 사람 한 사람에게는 소홀히 한다면 이는 자신의 많은 수고를 물거품으로 만드는 것과 같습니다.

많은 목회자들이 개인적인 보살핌을 게을리하는 큰 이유 중 하나는 다른 사람들도 그렇게 하기 때문입니다. 경건하고 유능한 목회자도 으레 그러니까 그 의무를 이행하지 않아도 별로 부끄러울 게 없는 것입니다. 교리교육이라는 의무가 대수롭잖게 취급되어도 누구 하나 수치를 당하지 않는다면 그 죄는 금방 온 교회와 나라에 확산될 것입니다. 하지만 저는 하나님의 긍휼 안에서 이제 많은 목회자들이 교리교육과 개인적 보살핌을 자신의 참 사명으로 받아들이리라 확신합니다.

형제들이여, 교리교육과 개별적인 양육을 부지런히 행하십시오. 누구에게 권면할 것도 없이 자신부터 조용히 시작하십시오. 그렇게 하다 보면 의무를 소홀히 하던 목회자들이 양들로부터 비난을 받고, 교리교육이 설교 못지않게 중요한 의무임을 인식하게 될 것입니다. 교사가 학생들을 개별적으로 돌봐주지 않으면 효과적인 성과를 거둘 수 없듯, 대중 강의만 하는 의사가 환자들을 제대로 치료할 수 없듯, 변호사가 법률 강의록을 읽어주는 것만으로는 고객의 소송건을 해결해줄 수 없듯 목회자도 양들을 개인적으로 돌봐주지 않으면 참 목회를 할 수 없습니다.

사실 오랫동안 교회가 교리교육을 소홀히 했던 이유 중 하나는 교황주의자들이 이를 극단적으로 시행한 것에 대한 반발심 때문이기도 했습니다. 가톨릭에서는 모든 교인에게 개별적인 고해성사를 권하는데, 개신교에서 이러한 오류를 바로잡기 위해 교인들에게 성직자보다 하나님을 직접 찾아야 한다고 강조했던 것입니다. 교회사를 읽어 보면 독일 사람들이 고해성사를 할 때 성직자로부터 꼬치꼬치 질문을 받는 부담감이나 성직자의 통제에서 벗어나고 싶은 마음에서 종교개혁을 찬성했다는 내용이 있습니다. 마음이 아프지만 충분히 일리가 있는 이야기입니다. 종교개혁을 반대했던 사람들조차 이 부분에서는 로마 가톨릭 신부들을 비난하는 일에 동조했기 때문입니다.

고해성사는 초대교회에서 찾아볼 수 없는 장치로, 교황주의자들이 고안해낸 악한 발명품임에 분명합니다. 하지만 개인적인 교리교육을 무시하고 있는 우리의 행위가 더 큰 죄라고 할 수 있습니다. 사실 그들처럼 고백만 하면 죄가 사함받는다는 교리만 내세우지 않는다면 고백은 그 자체로 나쁜 것이 아닙니다. 만일 우리 중에 설교만 하면 자기 할 일이 전부 끝났다고 생각하는 목회자가 있다면 그에게 목회자의 더 많은 의무가 있다는 사실을 확실히 보여줍시다. 양 떼를 돌보는 것이 그처럼 간단한 일이 아님을 보여줍시다. 만약 누군가 가장 큰 의무 중 하나인 이 의무를 의무가 아니라고 생각한다면 그는 이 의무를 유기하는 자요 그 유기에 대해 전혀 잘못을 느끼지 않는 자입니다.

8. 목회자에 대한 의무를 깨닫게 한다

교리교육을 받은 양들은 자신이 목회자에게 어떤 의무를 어떻게 이행해야 하는지 깨닫게 됩니다. 이처럼 교리교육은 목회자만을 위한 게 아니라 성도들의 구원과 깊은 연관을 맺기 때문에 중요한 것입니다. 제가 경험을 통해 깨달은 사실은 양들이 목회가 무엇이며 목회자가 자신을 위해 무슨 일을 하는지 알지 못하면 그들의 구원이 온전할 수 없을뿐더러 교회의 진정한 개혁도 요원하다는 점입니다. 대개 양들은 목회자가 설교하고, 성찬식을 베풀고, 환우를 심방할 때 외에는 자신들과 별 상관이 없다고 여깁니다. 그런 생각이 깔려 있다면 성도들이 목회자에게 진정 순종해야겠다는 마음을 품겠습니까? 또 목회자는 성도들에게 그 외에 다른 것을 요구할 수 있겠습니까?

안타깝게도 성도들은 목회자가 학교 선생처럼 각 사람을 가르치고 돌보는 사람임을 잘 모릅니다. 자신들이 학생처럼 목회자에게 교육과 보살핌을 받아야 한다는 것도 모릅니다. 또 목회자가 의사처럼 각 성도들의 영혼을 개별적으로 진단하고 치유해주어야 한다는 사실도 모릅니다. 목회자는 "만군의 여호와의 사자"로서 그의 "입술은 지식을 지켜야 하겠고 사람들은 그의 입에서 율법을 구하게 되어야"(말 2:7) 한다는 사실도 모릅니다.

모든 교인은 의문점 해결, 죄로부터의 구원, 올바른 의무 수행, 성경에 대한 지식 등을 위해 마땅히 목회자를 자주 찾아야 하는데 이를 잘 모릅니다. 심지어 목회자가 양들에게 이러한 도움을 베풀기 위해 교회 안에 상주한다는 사실도 모릅니다.

만일 양들이 자신의 의무를 잘 안다면 원할 때마다 거리낌 없이 우리에게 찾아와 자신의 생각과 믿음과 신앙생활에 대해 자주 털어놓을 것입니다. 억지로 시키지 않아도 자발적으로 나아와 문을 두드리며 "어떻게 하여야 구원을 받으리이까"(행 16:30) 하고 물으며 목회자에게 영혼을 위한 충고와 도움을 요청할 것입니다.

하지만 오늘날의 상황은 얼마나 안타깝습니까! 성도들은 목회자가 자신과 아무 상관이 없다고 생각합니다. 목회자가 먼저 다가와 충고해주고 교리를 가르쳐주어도 그렇습니다. 목회자가 믿음과 구원에 관해 이야기하면 "당신이 무슨 권위로 이런 일을 하는지……우리에게 말하라"(눅 20:2)고 묻곤 합니다. 그러면서 목회자를 가리켜 자기와 아무 상관이 없는 일에도 쓸데없이 참견하기 좋아하는 사람, 혹은 성도들의 양심을 지배하려는 교만한 사람이라고 생각합니다. 그들은 목회자가 도대체 무슨 권세로 설교하고, 기도하고, 성례를 베푸는지 의아해합니다. 얼마나 어리석은 일입니까? 마치 자기 집에 불을 끄러 온 소방관에게 "당신은 무슨 권세로 이 일을 합니까?"라고 투덜대거나, 가난한 자가 자기를 도우러 온 사람에게 "당신은 무슨 권세로 내게 이 돈을 건네는 것입니까?" 하고 묻는 것과 같습니다. 길에서 넘어지거나 물에 빠진 사람이 자기를 도와주려고 손을 내미는 사람에게 "당신이 무슨 권세로 이러는 거요?" 하고 묻는 것과 같습니다.

어쩌다가 우리 양들이 이렇게까지 자기 의무에 대해 무지하게 되었습니까? 관습 때문입니까? 형제들이여, 분명히 말하건대 우리의 잘못이 큽니다. 사실 로마 가톨릭이나 장로교회에서는 성도들이 성직자에게 주저함 없이 찾아가 자신의 죄를 모두 고백하는 것이 하나의 관습처럼 행해졌습니다. 오늘날은 어떠합니까? 이제 사람들은 교리교육을 더 이상 당연한 관습으로 여기지 않고 이렇게 말합니다. "전에 해본 적이 없는 것을 왜 해야 합니까?" 우리 목회자들이 교리교육을 당연한 일상적 의무와 관습으로 만들 수 있다면 성도들은 지금보다 훨씬 더 교리를 잘 받아들일 것입니다. 어서 그렇게 되었으면 좋겠습니다! 성도들이 설교를 듣고 성찬식을 하기 위해 교회에 찾아오듯 수시로 목회자를 찾아와 구원에 관한 고민을 털어놓으며 충고와 도움을 받게 된다면 좋겠습니다. 우리가 이 일을 열심히 한다면 그런 날이 곧 올 것입니다.

9. 교회 운영위원회에게 사역을 정확히 이해시키고 보다 많은 지원과 도움을 얻어낼 수 있다

돌봐야 하는 양들은 많은데 목회자가 부족하여 영혼 구원과 교회 개혁이 제대로 이뤄지지 못하는 경우가 종종 있습니다. 성실한 몇몇 목회자들에게 감당하기 벅찬 일을 떠맡겨버리는 것은 합당하지 않을뿐더러 그래서도 안 될 것입니다. 앞에서도 자주 언급했듯이 전 세계적으로 영적 기근이나 편중 현상이 매우 심각한 문제입니다.

오늘날 무지와 육신적 삶에 매여 사는 죄인들이 얼마나 많습니까! 목회자라면 대부분 그들을 불쌍하게 여기며 하루빨리 곤고함에서 건져주기를 간절히 바랄 것입니다. 하지만 안타깝게도 간절한 바람에 그칠 때가 많습니다. 죄인들의 완악함도 문제이지만 목회자에게 그럴 만한 여력과 기회가 충분하지 않기 때문입니다. 가가호호 방문하여 사람들에게 죄의 심각성을 일깨워준다면 그들을 전부 교회로 이끌지는 못한다 해도 분명 영혼 구원의 사역은 큰 수확을 거둘 것입니다. 그러나 현실적으로 목회자가 개개인을 전부 찾아간다는 것은 불가능합니다. 더 시급한 일에 발목이 붙들려 있기 때문입니다.

목회자는 대중과 개인을 동시에 상대할 수 없습니다. 가능한 한 공적인 업무에 우선적으로 힘을 쓸 수밖에 없겠지요. 설사 먹고 자는 시간을 줄여서 개인 심방을 한다고 해도(그렇게 해서 육신이 쇠약해지고 병든 목회자들이 많습니다) 그렇게 접촉할 수 있는 사람은 극소수입니다. 그래서 우리는 불쌍한 죄인들이 죽어가는 것을 가만히 서서 지켜볼 수밖에 없습니다. 기독교 복음을 들어보지 못한 사람이 거의 없다시피 하는 나라에서 이러한 일이 일어나고 있으니 얼마나 서글픕니까!

제 경우를 잠시 말씀드리겠습니다. 저는 목회자 두 분과 평신도 사역자 한 분과 함께 일주일에 두 번씩, 아침부터 저녁까지 교인 개개인을 상대로 교리교육을 해오고 있습니다. 이 일을 맡기 전에도 늘 바빴던 터라 자연히 우리는 예전보다 목회에 소홀하거나 설교 준비에 전력을 다하지 못하곤 합니다. 하나님의 말씀으로 사람들을 충분히 감동시키지 못할 때는 사실 안타깝고 걱정스러운 마음이 커집니다. 하지만 저는 교리교육이 매우 중요하며 다른 대안이 없다고 생각합니다. 개인을 위한 교리교육

때문에 대중설교가 소홀해질 수 있지만 그래도 저는 그만둘 수 없습니다. 너무도 중요하고 필요한 일이기 때문입니다.

일주일에 이틀을 따로 떼어놓고 이처럼 안타까운 결과를 감수하면서까지 우리가 일하지만 1년에 한 번 만날 수 있는 교인들은 대략 8백 가정에 불과합니다. 더군다나 시간을 쪼개고 쪼개서 일주일에 15가정을 돌보는 셈이니 그렇게 큰 효과를 기대하기도 힘듭니다. 가정마다 나름의 사연과 문제를 안고 있음을 생각할 때 그들이 1년에 단 한 번 목회자를 만난다는 것은 참으로 안타까운 일이 아닐 수 없습니다! 하지만 저는 일대일 교리교육이 어떤 형태로든 얼마만큼의 열매를 거두리라 기대하고 있습니다.

저보다 10배 넘는 교인들을 담당하는 목회자들도 많습니다. 그들이 개별적인 교리교육을 손수 실시한다면 아마도 전 교인을 한 번 만나는 데 10년 가까이 걸릴 것입니다. 그러는 사이 교인들은 하나둘 세상을 떠나고, 안타깝게도 변화의 기회를 얻지 못한 채 장례식에서나 목회자를 만나게 되겠지요.

이처럼 안타까운 일이 생겨나는 원인은 무엇입니까? 교구마다 목회자가 한둘 이상 충원되어야 한다는 사실을 왜 교회 운영위원들이 깨닫지 못할까요? 왜 개인별 교리교육에 재정을 책정하지 않는 것입니까? 이 나라의 중요한 부분마다 그러한 기근이 남아 있음에도 불구하고 여러 사람들은 교회의 재정을 삭감하기까지 했습니다(이 일에 동의한 모든 사람을 주님이 부끄럽게 하시기를 바랍니다. 그렇지 않으면 이 나라의 교회는 결국 텅 비게 될 것입니다). 많은 교회 중 특정 교회를 집중 지원하고 나머지는 스스로 알아서 하도록 버려두는 것은 쉽습니다. 사람들이 대중설교를 통해 구원받지 못한다면 그냥 멸망에 빠뜨리는 것입니다. 그러나 이것이 과연 자비로운 기독교적 방식인지 아닌지는 누구나 금방 판단할 수 있을 것입니다.

그렇다면 이 비참한 현실을 교회 운영위원회의 책임으로만 돌려야 할까요? 그들이 목회자들의 요청에 귀를 막고 있다고만 생각해야 합니까? 그들이 이런 상황을 까맣게 모를 정도로 무지합니까, 아니면 영혼의 문제에 그토록 무심해진 것일까요? 하나님의 나라를 확장하는 데 관심이 없어졌습니까? 아닙니다. 제 생각에는 그들보다 우리 목회자에게 더 큰 책임이 있는 것 같습니다.

작은 교구의 목회자들은 충분한 여력이 있는데도 의무를 게을리하고 있습니다. 또 대형교회의 목회자들은 완벽하게는 아니더라도 시도하고 노력해야 마땅하지만 그렇게 하지 않습니다. 목회자가 이러하니 교회 운영위원회들이 문제의 심각성을 인식하지 못하는 게 당연합니다. 간혹 그들 중 교리교육의 중요성을 깨닫는 사람이 있다 하더라도 목회자의 무관심과 게으름을 본다면 재정 지원을 해봤자 별로 소용이 없겠다고 판단하여 등을 돌려 버릴 것입니다. 그저 목회자가 강단에서 설교할 수 있도록 지원하는 것만으로 할 일을 다했다고 생각하겠지요. 여러분, 운영위원회의 그릇된 태도는 우리에게 책임이 있습니다.

만일 우리가 개별적인 교리교육을 중요하게 생각하고 이 일에 성심껏 수고한다면 상황은 달라질 것입니다. 목회자 충원 등 여건이 조금만 개선되어도 우리가 전보다 열심히 수행하리라는 의지를 보여준다면 진정한 그리스도인들, 즉 하나님을 두려워하고 진리와 죄인의 영혼을 사랑하는 운영위원들은 분명 우리에게 도움의 손길을 내밀 것입니다. 양들이 목자 없이 유리방황하며 죽어가는 상황을 방치하지 않을 것입니다. 사역의 범위와 강도에 따라 목회자들을 적절히 충원할 수 있도록 재정 지원을 늘려줄 것입니다.

그러므로 목회자들이여, 그들에게 열심히 일하는 모습을 보여줍시다. 우리의 수고가 풍성한 열매를 거둬들이는 것을 보여줍시다. 하나님의 도우심으로 이 일이 잘 이뤄진다면(당연히 안 될 리가 없겠지요) 운영위원들도 감동을 받아 교구를 세분화해준다거나 교사와 목회자를 충원하는 등 우리의 일을 적극적으로 도와줄 것입니다. 그러나 치리자들이 보기에 수많은 육신적 목회자들이 하나님의 일을 하기보다는 자기 보신을 위한 재정 지원만을 요청한다면 교회를 도와주려 하지 않을 것입니다. 오히려 그런 세상적인 사람들 때문에 교회에는 재정 지원이 줄어들고 특정 목회자들만 편안하고 배부르게 될 것입니다.

10. 다음 세대의 목회사역을 수월하게 해준다

사람들은 관습에 영향을 받을뿐더러 지배당하는 경향이 있습니다. 그래서 그릇된 관습을 깨려는 사람은 대중에게 늘 분노에 찬 공격의 대상이 될 수밖에 없습니다. 하지만 누군가는 이 일을 반드시 해야 합니다. 우리가 개혁하지 않으면 잘못된 관습이 후손들에게 대물림됩니다. 후손들이 우리보다 신앙의 양심과 믿음이 굳건해서 개혁을 단행하리라고 어찌 확신할 수 있습니까? 우리는 주님의 무서운 심판을 보았고 그분이 불과 칼로 땅을 치시는 것을 들었습니다. 풀무불에 들어갔다 나온 우리야말로 가장 단련된 사람들이 아닙니까? 하나님의 놀라운 구원과 자비를 여러 번 목도했기에 그만큼 하나님과의 언약을 가장 충성스럽게 이행할 수 있는 사람들이 아닙니까? 우리가 겁을 먹고 머뭇거리거나 등을 돌려버린다면 우리처럼 고초를 겪지 않았던 후손들이 어떻게 그 일을 감당하겠습니까? 그들은 우리가 받아야 할 비난과 핍박을 고스란히 짊어져야 할 것입니다. 어쩌면 우리의 책임회피와 게으름으로 인해 더 큰 핍박을 받게 될지 모릅니다. 사람들이 그들에게 "너희 선배들도 안 했는데 너희들이 왜 그러느냐?" 하고 빈정댈 것이기 때문입니다.

우리가 지금 후손들에게 길을 열어준다면 그들은 우리의 이름을 기리며 칭송할 것이요, 우리의 수고로 맺힌 열매를 매일 행복하게 따 먹을 것입니다. 그리고 성도들을 대상으로 수월하게 개별적인 교리교육과 양육을 실천하게 될 것입니다. 성도들 역시 목회자의 권고에 순종하고 교회의 징계도 달게 받을 것입니다. 왜냐하면 우리가 종래의 그릇된 관습을 깨고 편견을 제거하는 일에 힘썼기 때문입니다. 우리의 수고는 현재뿐 아니라 장차 올 세대에도 수많은 영혼을 하나님에게로 인도할 것입니다.

11. 각 가정의 질서를 세워주고 주일을 주일답게 만들어준다

목회자가 각 가정의 가장에게 우선 교리문답 교육을 실시한다면 그들은 자기 가족들에게 말씀을 가르치고 매 주일 거룩한 예배를 드리도록 독려할 것입니다. 목회자가 개별적으로 점검하고 권유하지 않으면 가장들은 영적 의무에 소홀하거나 죄에 빠지기 쉽습니다. 아무리 배움이 부족한 가장이라 해도 목회자에게 도전을 받아 가족들을 가르치다 보면 스스로도 성경지식을 많이 얻을 수 있고 영적 제사장의 역할을 잘 감당하게 됩니다.

12. 목회자의 시간낭비나 오용을 막아준다

교리교육은 불필요한 논쟁에 휘말리거나 목회와 무관한 사업, 여행, 세속적인 유흥에 빠지기 쉬운 목회자에게 큰 유익이 됩니다. 교리교육의 의무를 수행하다 보면 다른 일을 할 시간이 없기 때문입니다. 이처럼 일에 몰두하다 보면 시간을 낭비하는 어리석음과 게으른 습관이 고쳐집니다. 아울러 게으름 때문에 성도들에게 늘 듣게 되는 수군거림도 차단할 수 있습니다. 가령 사람들은 "아무개 목사님은 낚시하느라(골프하느라, 쓸데없는 논쟁에 열을 내느라) 사역을 제쳐두시는데 왜 우리는 그렇게 하면 안 됩니까?" 하고 묻곤 합니다. 우리가 교리교육에 열심을 낸다면 그처럼 빈둥대거나 세속적인 흥밋거리에 시간을 허비할 수 없을 것입니다.

13. 목회자들의 타락을 막고 그들 안에 있는 은혜가 영향력을 발휘하게 한다

교리교육은 비단 성도들뿐 아니라 목회자 자신에게도 큰 유익을 가져다줍니다. 왜냐하면 우리의 부패한 본성을 억누르고 하나님이 부어주신 은혜를 증진시키는 데 도움이 되기 때문입니다. 우리는 교리교육의 의무를 수행하면서 양심의 평화도 누리게 될 것입니다. 먼 훗날 교인들을 일일이 찾아가 교리를 가르쳤던 젊은 시절의 열정을 회고한다면 얼마나 뿌듯하고 감사하겠습니까?

성도들에게 회개를 촉구하고 천국 백성에 합당한 마음가짐을 가지라고 권유하다 보면 우리 자신도 그렇게 변화되는 것을 경험할 수 있습니다. 타인에게 죄를 지적하고 그 길에서 벗어날 수 있는 방법을 가르치다 보면 우리도 우리 자신의 죄에 대해 부끄러워하는 마음을 갖게 됩니다. 만약 우리가 성도들에게 말한 것과 모순되게 행동한다면 우리의 양심이 우리를 가만 놔두지 않을 것입니다.

우리는 끊임없이 하나님을 언급하며, 죄의 심각성을 경고하고, 그리스도의 거룩함을 찬양함으로써 우리의 육신적 성향을 상당 부분 극복할 수 있습니다. 이는 입으로 말함으로써 우리의 내면을 다스리게 되고, 육신의 소욕에 빠질 시간이 없기 때문입니다.

홀로 떨어져 수도나 고행을 하는 사람들은 자기 구원 외에는 다른 사람에게 아무런 관심이 없는데 이러한 자기부인은 그리스도를 위한 열매를 조금도 맺지 못한다는 점에서 전혀 의미가 없습니다.

14. 목회자와 양들 간의 소모적인 논쟁을 막아준다

교리교육은 목회자와 성도들이 헛된 논쟁에 휘말려 열정과 힘을 소비하는 것을 효과적으로 막아줍니다. 교회 내부의 논쟁은 그리스도인의 영적인 덕을 세우는 데 조금도 유익하지 않습니다. 목회자가 복음의 기본 진리를 가르치고, 성도들이 이것을 충실하게 배워간다면 우리의 마음과 혀는 사소한 논쟁에 휘말릴 겨를이 없어질 테고, 결과적으로 목회자와 교인 사이의 갈등이나 긴장도 상당 부분 해소될 수 있습니다. 인간이란 진정으로 중요하고 필요한 일에 열심을 내지 않을 때 불필요하고 무의미한 일을 하기 마련입니다.

15. 앞서 언급한 혜택들을 보다 확산시킨다

교리교육을 하게 되면 앞서 언급한 혜택들이 더 많은 성도들에게 돌아갈 것입니다. 목회자의 목적은 교구 내 성도들의 삶이 변화하여 완전한 구원에 이르도록 돕는 데 있습니다. 우리는 되도록 많은 사람에게 교리를 가르치겠지만, 만나는 사람이 모두 구원받고 변화되리라 기대할 수는 없습니다. 다만 교리교육은 누구에게나 사용할 수 있는 방법이기에 예전의 그 어떤 방식보다 광범위하게 성공할 것이라고 기대할 수 있습니다. 여러분에게 확실히 말하건대 교리교육은 복음의 정신과 교훈과 권고에 가장 부합하는 일입니다. 복음은 모든 피조물에게 그리스도를 전해야 한다고 명합니다.

모든 사람이 구원받고 진리를 깨닫는 것이 하나님의 본심이라면(세상의 대속주이요 후원자이신 주님은 택하신 백성은 물론 그분을 만나기 원하는 모든 사람에게 당신을 드러내기를 원하십니다) 그분은 당연히 모든 사람에게 구원을 보이시며 진리를 깨닫게 하시려고 애쓰실 것입니다. 그리스도께서 "모든 사람을 위하여 죽음을"(히 2:9) 맛보셨기에 우리는 당연히 그분의 죽음을 모든 사람에게 전해야 합니다.

제 경험에 따르면, 거리에 나가 무작위로 사람들에게 복음을 전하는 것도 귀한 일이지만 교리교육이 그보다 훨씬 중요하고 효과적인 방법입니다. 노방전도를 함으로써 사람들에게 복된 진리를 전했다는 점은 의미가 있지만 그들에게 죄의 비참한 결과를 경고해준다거나 하나님의 놀라운 구원의 사랑을 확신시키기는 매우 어렵기 때문입니다.

16. 교리교육은 담당 교구를 넘어 나라 전역으로 확산되어야 한다

교리교육은 지금 이곳에서 끝날 게 아니라 나라 전역에 파급되어야 합니다. 안타깝게도 많은 목회자들이 교리교육의 중요성을 제대로 인식하지 못할뿐더러 알아도 게으름과 무관심 때문에 시행하기를 주저하고 있습니다. 우리는 그들의 이 과오를 통회하기 위해 이 자리에 모였습니다. 그들도 우리와 동일한 하나님의 종이요 그리스도를 영화롭게 하는 일에 민감하고, 영혼을 긍휼하게 바라보는 사람들입니다. 뿐만 아니라 신앙의 양심을 가지고 자신을 부인하며 훌륭한 목적을 위해 어떤 고통도 감내할 각오가 되어 있는 사람들입니다. 그들이 교리교육의 중요성과 효율성을 깨닫는다면 복된 이 사역에 기꺼이 동참할 것입니다.

한 성령 안에서 주님의 다스리심을 받고 있는 모든(적어도 대부분의) 경건한 목회자들이 적극적으로 우리와 동참하리라 믿습니다. "그리스도를 위해 일어나라"는 진지한 부르심을 듣고 목회자들이 연합하여 하늘을 향한 밝은 길로 힘차게 나아간다고 생각해 보십시오. 세상이 감당치 못할 열정으로 한 사람 한 사람에게 나아가 하나님의 말씀을 전하는 주의 종들을 그려보십시오. 얼마나 감격스럽습니까! 저는 생각만 해도 가슴이 뜁니다! 오늘을 기점으로 수많은 경건한 목회자들이 새 각오를 다졌으리라 생각합니다. 우리가 한마음으로 나아간다면 기대 이상으로 수월하게 풍성한 수확을 거둬들일 것입니다.

17. 교리교육은 왜 지연되고 있을까?

앞서 거듭 언급했듯이 교리교육은 매우 효과적이라서 우리에게 남겨진 교회 개혁의 여타 영역에도 충분히 사용될 수 있습니다. 우리는 얼마나 오랫동안 개혁을 이야기하며 이를 지지한다고 목소리를 높였습니까! 부끄럽게도 이를 정직하고 성실하게 실천하려는 사람은 얼마 없습니다. 대부분 슬그머니 외면해버리고 자신이 맹세했던 개혁이 무엇이었는지조차 기억하지 못하는 듯 행동합니다.

육신에 속하더라도 자신을 그리스도인으로 여기고 그리스도에 대한 믿음과 구원의 확신을 고백할 수 있습니다. 심지어 그리스도를 위해 싸우기도 합니다. 하지만 그들은 궁극적으로 그리스도의 유업을 받기는커녕 멸망으로 치닫습니다. 자신은 인정하지 않겠지만 그리스도께서 그들을 그리스도를 거부하는 자로 낙인찍으셨기 때문입니다. 그들은 실상 구원이 무엇인지, 그리스도께서 어떻게 구원을 이루셨는지 모릅니다. 구원을 기대하고 확신하지만 이를 위해 세상과 자신을 부인하지 않습니다. 죄를 멀리하거나 거룩함을 사모하지 않을 뿐 아니라 그리스도와 성령 하나님께 순종하기 위해 각고의 노력을 기울이지도 않습니다.

이와 동일한 잘못을 많은 목회자들이 범하고 있습니다. 그들은 교회의 개혁을 위해 기도하고, 논쟁하고, 글을 씁니다. 하지만 이 모든 행위에도 불구하고 그들의 마음은 개혁을 반대하고 있습니다. 개혁을 갈망한다고 말하지만 속으로는 받아들이지 않을뿐더러 오히려 은밀하게 훼방하기 일쑤입니다. 어디에서 잘못된 것일까요? 왜 목회자들은 자신의 속마음을 똑바로 바라보지 못할까요?

이유는 분명합니다. 그들은 개혁이 하나님에게서 주어진다고만 생각하지 그들 자신에 의해 이뤄져야 한다는 점을 생각하지 못합니다. 축복만을 생각하고 이를 성취할 방법에 대해서는 전혀 생각하지 않는 것입니다. 그들은 몸소 개입하지 않아도 모든 게 개선되리라 기대합니다. 강력한 성령의 임재로 수천 명의 사람들이 설교자의 말 한마디에 회심하거나, 하늘에서 천사가 내려와 만물을 순식간에 변화시키고, 의회나 정부가 강제적인 방법으로 사회 부조리를 뜯어고칠 것이라고 생각합니다. 자신이 부지런히 노력하여 개혁을 한 걸음씩 이뤄가야 한다는 생각은 하지 못합니다. 설교와 일대일 교리교육에 온 정성을 쏟고 어떠한 어려움이 있어도 인내하며 양들을 돌볼 때 개혁이 이뤄진다는 생각은 하지 못합니다.

그들은 개혁에 대한 막연하고도 안일한 환상에 빠져 있습니다. 그저 비신자를 긍휼하게 여겨주면, 혹은 지옥에 대해서 살짝 언급을 해주면 상대방이 겁을 집어먹고 회개하여 당장 하나님에게로 달려올 것이라고 생각합니다. 그러나 실제로는 전혀 그렇지 않습니다. 개혁이 그렇게 힘들 줄 알았다면 애초에 개혁을 찬성하는 사람도 많지 않았을 것입니다. 개혁의 현실적인 어려움을 알았던 사람도 막상 맹렬한 반대에 부딪히고 일을 수행해야 할 때는 강한 신념이 휘청거릴 수밖에 없습니다. "어쩌다 이런 일에 연루되었을까!" 하고 탄식하기도 합니다.

어찌 보면 많은 사람들에게 개혁은 유대인의 메시아와 같은 존재입니다. 메시아가 오시기 전 유대인들은 그분을 갈망하고, 그분을 자랑하며, 소망 중에 그분을 기뻐했습니다. 그러나 막상 메시아가 오시자 유대인들은 그분을 환대하기는커녕 부인하고, 미워하고, 결국 핍박하여 죽음에 이르게 했습니다. 그리고 후대에 이르기까지 이스라엘 민족에게 저주와 환난을 안겨주었습니다. "너희가 구하는 바 주가 갑자기 그의 성전에 임하시리니 곧 너희가 사모하는 바 언약의 사자가 임하실 것이라 그가 임하시는 날을 누가 능히 당하며 그가 나타나는 때에 누가 능히 서리요 그는 금을 연단하는 자의 불과 표백하는 자의 잿물과 같을 것이라 그가 은을 연단하여 깨끗하게 하는 자같이 앉아서 레위 자손을 깨끗하게 하되 금, 은같이 그들을 연단하리니 그들이 공의로운 제물을 나 여호와께 바칠 것이라"(말 3:1-3).

유대인들이 예수 그리스도를 죽음으로 몰아간 이유는 그분의 행동방식이 유대인들의 기대와 달랐기 때문입니다. 그들은 부귀와 자유를 가져다줄 메시아를 원했기에 그런 것과 거리가 멀었던 예수를 메시아로 받아들일 수 없었습니다. 이는 종교개혁을 바라는 사람들에게도 마찬가지입니다. 그들은 교회 개혁을 통해 부귀와 명예를 얻고 마음껏 권력을 휘두를 수 있는 자리에 오르기 원했습니다. 그런데 막상 종교개혁에 개입하다 보니 예전보다 더 많은 헌신과 수고를 감내해야 했습니다. 반대자들을 발 아래 굴복시킬 수 있을 줄 알았는데 오히려 그들을 겸손히 대접하고 먼저 손을 내밀어야 했던 것입니다. 그들이 참된 복음으로 완악한 마음이 깨어져 잘못을 뉘우치기까지 날마다 온유와 인내와 사랑으로 기다려야 하지 않습니까? 온갖 육신적 기대들이 여기서 무너지는 것입니다.

사역에서 겪는 어려움의 관점에서

지금까지 우리는 교리교육의 유익들을 살펴보았습니다. 그렇다면 이제 교리교육이 왜 어려운지를 생각해보도록 하겠습니다. 아마도 이 대목만 읽는다면 목회자들은 교리교육을 마땅한 의무로 받아들여야겠다고 도전받기보다 시작하기도 전에 의욕을 상실하게 될지 모르겠습니다. 그러나 앞뒤 내용을 함께 읽으면 생각이 전혀 달라집니다. 난관이란 우리를 좌절시키기보다 오히려 더 큰 도전과 열정을 불러일으키기 때문입니다.

우리는 교리교육을 하는 동안 우리 자신과 양들 가운데서 수많은 어려움에 맞닥뜨리게 될 텐데 그것들을 간단히 짚어보겠습니다.

1. 목회자에게 있는 장애물

(1) 게으름

교리교육처럼 어려운 의무를 수행하는 데 방해가 되는 것 중 하나는 우리 자신의 게으름입니다. 자명종이 울리는데도 침대에서 좀처럼 자리를 박차고 일어나지 못하는 게으름뱅이처럼 우리는 타락한 본성 때문에 이 의무를 반갑게 받아들이지 못합니다. 본성을 극복하기 위해서는 온 힘을 쏟아야 합니다. 게으름 하나만으로도 우리는 손발이 묶여서 꼼짝달싹하지 못할 수 있습니다.

(2) 비난에 대한 두려움

우리에게는 사람들로부터 싫은 소리를 듣고 싶어 하지 않는 성향이 있습니다. 행여나 사람들의 사랑과 인정을 잃어버릴까 봐, 그들에게 비난을 받을까 봐 두려워하는 마음이 있습니다. 우리는 사람들이 화를 내지 않을까 두려워서 심판에 대해 입을 다물어버립니다. 사람들에게 악담을 듣느니 차라리 하나님께 꾸지람을 듣고 사람들의 지옥행을 지켜보는 편이 낫겠다는 태도를 갖고 있습니다. 이런 질병은 어서 치료해야 합니다.

(3) 어리석은 수줍음

목회자들 중 상당수가 어리석은 수줍음을 갖고 있습니다. 그래서 사람들에게 잘 나아가지 못할뿐더러 그들 앞에 가서도 전할 바를 명확하게 전하지 못합니다. 그리스도를 전하려 할 때, 마귀의 간교한 궤계를 폭로하려 할 때, 영원한 생명과 심판에 대해 말하려 할 때 얼굴이 붉어져서 말을 잇지 못합니다. 그러면서 정말 부끄러워해야 할 일에는 전혀 부끄러워하지 않습니다. 이것은 겸손이 아니라 어리석은 수줍음입니다.

(4) 육신에 매인 생각

육신의 유익을 추구하다가 그리스도의 일을 뒤로 제쳐놓을 때가 많습니다. 봉급이 줄어들까 봐, 사람들에게 싫은 말을 들을까 봐 걱정합니다. 우리는 육의 생각을 제어하도록 노력해야 합니다.

(5) 연약한 믿음

사실 연약한 믿음은 무엇보다 큰 문제입니다. 누군가의 회심을 위해 온 힘을 기울여야 할 시점에서 믿음을 굳게 하지 못해 일을 그르칠 때가 얼마나 많습니까! 천국과 지옥에 대한 확신이 부족하여 우리 안에 있는 뜨거운 열정이 지속적으로 솟아나지 못합니다. 믿음의 샘에서 메말라버려 우리의 행동이 점점 약해질 수밖에 없습니다. 그러므로 목회자는 자신의 믿음 상태를 점검해야 합니다. 장차 올 영원한 천국과 영원한 형벌을 성경에 근거하여 확실하게 믿고 있는지 살펴보십시오.

(6) 기술적인 미숙함

마지막으로 목회자들은 대체로 교리교육에 대한 전문적인 기술과 자질이 부족합니다. 진리를 모르고 세속적인 가치관에만 오랫동안 젖어 있었던 사람들을 어떻게 회심시킬 수 있을지 제대로 아는 목회자가 몇이나 될까요? 사람들에게 접근하여 그들의 마음을 사로잡는 방법, 상대방의 처지와 기질에 따라 적절한 주제를 택하고 대화하는 방법, 단호한 심판의 메시지와 사랑의 복음을 적절히 배합하는 방법을 아는 사람은 극소수에 불과합니다. 경험상 솔직하게 고백하건대 육에 속한 사람 하나에게 복음을 전하는 것은 대중설교보다 어려우면 어려웠지 결코 쉽지 않습니다.

우리 안에 있는 이 모든 어려움 때문에 우리는 더욱 결심을 굳게 하고 부지런히 이 일을 준비해야 합니다. 그렇지 않으면 그 어려움들에 가로막혀 우리 일을 제대로 하지 못할 것입니다.

2. 성도들로 인한 어려움

(1) 완고함

여러분은 목회자에게 가르침을 받기를 완강하게 거부하는 성도들을 여럿 만나게 될 것입니다. "착하게 잘 살고 있는데 무슨 교리를 배우란 말입니까?", "너무 늙어서 배울 기력이 없습니다" 등 그들이 내세우는 핑계는 가지각색입니다. 우리는 공개적, 혹은 개별적으로 지혜롭게 권면할 수 있어야 합니다. 이성적으로 설득하고, 사랑으로 품으며, 그들의 완악한 마음을 녹여내도록 노력해야 합니다.

(2) 지적인 한계

어떤 사람들은 깨우침이 늦고 무뎌서 아무리 오랫동안 열심히 공부해도 교리문답 한 장을 깨닫기가 어렵습니다. 목회자가 지혜롭게 격려해주지 않으면 그들은 자신이 무지하다는 부끄러움 때문에 배우기를 포기하고 말 것입니다. 목회자 여러분, 성도들 중에는 학습이 더디고 공부하는 게 익숙하지 않아 설교를 좀처럼 이해하지 못하는 사람들이 꽤 있다는 점을 기억하십시오. 그러므로 성경말씀을 쉽게 풀어서 전해줄 수 있는 기술을 익히도록 노력해야 합니다. 그렇지 않으면 무지한 성도들은 배우기 전이나 후나 별다를 게 없는 상태로 남을 것입니다.

(3) 완악한 마음

성도들이 설교를 알아듣는다 해도 더 어려운 일은 말씀의 역사를 통해 그들의 마음과 양심을 변화시키는 일입니다. 이것이야말로 우리의 최종 목표라고 할 수 있습니다. 하지만 그들이 마음을 열지 않는다면 우리의 모든 수고는 수포로 돌아갈 것입니다. 완악한 성도의 내면은 돌보다 단단합니다. 영원한 생명과 멸망에 대해 설명해주고 설득해도 꿈쩍하지 않습니다. 그러므로 진지하고 열정적인 자세, 깊은 인상을 심어줄 수 있는 말씀, 적절한 전달방법으로 철저히 무장하지 않으면 그들에게 좀처럼 유익한 영향력을 미칠 수 없을 것입니다.

물론 우리가 입을 열어 말씀을 전하면 성령 하나님이 그분의 은혜대로 마무리를 하실 것입니다. 하지만 기억하십시오. 하나님은 사역의 성격과 목적에 따라 그에 맞는 사람들을 선택하십니다. 성령 하나님은 지혜와 생명과 성결의 영이시기에 어리석고, 무력하고, 육신적인 도구를 통해서는 좀처럼 역사하시지 않습니다. 빛과 생명과 거룩함으로 단장한 목회자를 통해서만 성령 하나님은 영혼을 설득하시며 구원 역사를 이뤄가십니다.

(4) 다시 돌아가려는 마음

마지막으로, 지속적인 관심과 돌봄이 필요하다는 점을 강조하고 싶습니다. 여러분이 좋은 인상을 심어주었다 할지라도 그들은 꾸준한 관심과 돌봄을 받지 못할 경우 이전처럼 다시 완악한 상태로 돌아가고 말 것입니다. 예전 친구들과 유혹이 다시 발목을 잡아 모든 일을 수포로 만들어버릴 것입니다. 처음 복음을 전하는 전도와 마찬가지로 교리교육에도 동일한 어려움이 우리 앞에 놓여 있습니다.

사역의 필요성 관점에서

교리교육을 해야 하는 세 번째 동기는 그 필요성에서 찾아볼 수 있습니다. 교리교육의 필요성을 확실하게 인식하지 않으면 목회자들, 특히 게으른 목회자들의 경우 전의를 불태우기는커녕 앞서 언급한 어려움을 조금이라도 맞닥뜨리게 되면 용기를 잃고 포기해버릴 것입니다. 교리교육이 왜 필요한지 포괄적으로 살펴보고자 합니다.

1. 하나님의 영광을 위해

교리교육은 일차적으로 하나님의 영광을 위한 것입니다. 참된 그리스도인이라면 하나님의 영광을 인생의 목적으로 삼고 살아가기 때문에 이를 효과적으로 증진시키는 일에 기꺼이 자원하는 심정으로 뛰어들 것입니다. 인생의 목적을 성취하는 일에 누가 머뭇거리겠습니까? 형제들이여, 우리가 지혜롭고 열정적으로 교리교육을 수행하고 양들도 이 일에 동참시킨다면 나라 전체에 큰 축복이요, 하나님께도 큰 영광이 되지 않겠습니까? 우리 가운데 만연한 무지가 깨어지고, 허영과 나태가 생명 길에 대한 연구로 바뀌며, 모든 가정과 상점에서 사람들이 성경말씀과 교리문답을 외우느라 시끌벅적하다면 하나님이 이 모든 광경을 바라보시며 얼마나 기뻐하실까요! 주님은 우리 가운데 친히 거하시며 우리를 그분의 기쁨으로 삼으실 것입니다.

성도들 안에서 빛나는 영광은 곧 그리스도의 영광입니다. 그러므로 성도들을 부흥시키고 그들의 교리적 이해를 탁월한 수준으로 끌어올림으로써 그들을 영광스럽게 하는 것은 곧 주님을 영화롭게 하는 일입니다. 요한계시록에 나와 있듯이 새 예루살렘이 하늘에서 광채와 위엄 중에 내려오게 된다면 그곳에 그리스도의 영광이 얼마나 놀랍도록 드러나겠습니까! 그곳에 함께할 성도들을 더 많이 확보하고 그들의 힘을 강건하게 한다면 이는 모든 성도들의 왕 되신 주님을 더욱 영화롭게 하는 일입니다. 이전에 하나님은 사람들로부터 불순종과 수모를 겪으셨지만 이제 순종과 찬양을 받으실 것입니다. 그리스도께서도 십자가 보혈로 인한 열매를 통해 영광을 받으시고, 은혜로운 성령 하나님 역시 그분의 사역에서 비롯된 열매에서 영광을 취하실 것입니다. 이처럼 하나님을 영화롭게 한다는 중요한 목적을 위해 우리는 우리의 모든 수단을 열심히 동원해야 하지 않겠습니까?

그리스도인이라면 마땅히 다른 영혼들의 구원을 위해 자신이 할 수 있는 최선을 다해야 합니다. 특히 목회자는 그리스도의 복음을 위해 따로 세움을 입었기에 일반 성도들보다 두 배의 부담감을 갖고 자신의 전부를 바쳐야 합니다.

우리는 개별적인 교리교육이 성도들의 회심과 구원에 얼마나 필요한지 잘 압니다. 구원을 위해서는 반드시 회심이 필요하고, 사람들을 회심시키기 위한 최선의 방법이 바로 교리교육이라는 사실은 목회자 모두가 경험상 분명하게 알고 있을 것입니다. 따라서 교리교육의 필요 여부에 관해서 더 이상 왈가왈부할 필요가 없습니다. 궁극적으로 영혼 구원이라는 목적에 필요한 일이기에 그저 최선을 다하면 되는 것입니다.

대중설교의 한계를 한 번이라도 느껴본 목회자라면 제 말을 생각해보십시오. 성도들은 오랫동안 설교를 들어왔음에도 복음을 한 번도 들어보지 못한 양 여전히 무지하고 부주의하지 않습니까? 제 경우를 말씀드리자면 저는 최대한 알아듣기 쉽고 감동적인 설교를 하려고 연구를 많이 합니다(진정성 다음으로 중요하게 생각하는 것이 바로 설교 방법입니다. 저는 이 부분에 대해 연구를 많이 합니다). 그럼에도 불구하고 제 설교를 8-10년 가까이 들어온 사람들에게 그리스도께서 하나님이신지 인간이신지를 물어보면 잘 모르겠다고 대답하는 경우가 많습니다. 그리스도의 탄생과 사역과 죽음과 부활에 관해서도 난생 처음 들어보는 이야기라고 대답하는 사람들까지 있습니다.

설사 복음을 안다 해도 구원에 필요한 믿음과 회개와 성결의 의미를 제대로 이해하고 마음으로 깨달은 사람은 별로 없습니다. 사람들은 대부분 그리스도에 대하여 근거 없는 믿음을 갖고 있습니다. 그들은 세상에 마음을 두고 육신을 쫓아 살더라도 주님이 용서하시고 의인으로 삼으실 것이라고 믿습니다. 이 잘못된 믿음을 칭의의 믿음이라고 착각합니다. 안타까운 일입니다.

그러나 경험한 바에 따르면 오랫동안 설교를 듣고도 무지했던 사람들은 목회자와의 친밀한 면담을 통해 큰 유익을 얻을 수 있습니다. 단 30분간의 면담을 통해 10년간 대중설교에서 얻었던 것보다 더 많은 지식과 양심의 가책을 얻게 될 것입니다.

물론 대중설교는 복음을 전파하는 데 가장 탁월한 방법입니다. 많은 사람들에게 한꺼번에 복음을 전할 수 있기 때문입니다. 그러나 때로는 개인을 대상으로 복음을 전하는 게 더 효과적일 수 있습니다. 대중설교는 아무리 쉽게 풀어 설명해도 모든 사람을 이해시키지 못하지만 그에 반해 개별적인 교리교육은 상대방이 이해하지 못한 부분을 집중적으로 상세히 설명해줄 수 있기 때문입니다.

  대중설교에서는 무지한 사람의 눈높이에 맞춰 용어를 선택하거나 같은 대목을 반복하여 이야기할 수 없지만 사적인 면담에서는 이것이 가능합니다. 대중설교에서는 설교자가 일방적으로 계속 말을 진행하므로 청중의 이해 여부를 일일이 살펴줄 수 없고 때로 그들을 혼란에 빠뜨릴 수 있습니다. 그러나 개별적인 면담에서는 질문과 대답을 주거니 받거니 하면서 상대방의 이해 여부를 수시로 점검할 수 있습니다. 또 대중설교로는 성도들을 집중시키기가 어렵지만, 개별적인 면담에서는 상대방의 시선을 붙잡아두기 쉽습니다. 뿐만 아니라 상대방이 이해하기 어렵다고 하면 재빨리 파악하여 적절한 대답을 들려주고 헤어지기 전에 다짐을 받아둘 수도 있습니다.

  결론적으로 말해 목회자는 대중설교로만 성경을 다 전할 수 없습니다. 많은 사람들을 상대로 동시에 말씀을 전할 수도 있지만 제 경험상 개별적인 교리교육이 더 많은 사람을 회심의 자리로 이끌어줄 수 있습니다. 만약 여러분이 후자를 대수롭잖게 생각한다면 아무리 오랫동안 체계적으로 설교 방법을 연구한다 할지라도 큰 효과를 거두기 어려울 것입니다.

2. 양들의 안녕을 위해

교리교육을 실시해야 하는 이유는 양들의 안녕을 위해서입니다. 목회자 여러분, 가련한 양들이 여러분에게 도와달라고 손짓하는 모습을 믿음의 눈으로 보지 못합니까? 아무리 극악무도한 죄를 범한 사람이라도 우리에게 도움을 청한다면 그를 매정하게 거절할 수 없을 것입니다. 바울의 환상 가운데 "건너와서 우리를 도우라"(행 16:9)고 외쳤던 마게도냐 사람의 음성이 여러분에게 들린다면 그 요청을 어떻게 외면하겠습니까?

목회자들은 응급병동을 지키는 의사와 동일한 임무를 맡고 있습니다. 의식을 잃은 채 널브러져 있는 사람, 살려달라고 아우성치는 사람, 미친 듯이 자해하거나 남을 공격하는 사람 등 한시라도 빨리 도움을 받아야 할 사람들이 사방에 있는데 여러분은 귀를 틀어막고 안일하게 바라만 보고 있을 것입니까? 이웃의 육체를 돌보지 않는 것도 하나님께는 용납되지 않을 터인데 하물며 사람의 영혼은 어떠하겠습니까! "누가 이 세상의 재물을 가지고 형제의 궁핍함을 보고도 도와줄 마음을 닫으면 하나님의 사랑이 어찌 그 속에 거하겠느냐"(요일 3:17).

여러분은 감정이 메마르고 마음이 완악하지 않습니다. 적어도 목회자로 부르심을 받은 사람이라면 나병 환우들과 헐벗고 굶주린 사람들, 옥에 갇힌 사람들, 갈 곳 없이 버림받은 사람들, 괴로운 병마에 시달리는 사람들을 긍휼하게 여길 줄 알 것입니다. 그런데 왜 무지하고 완악한 죄인들에 대해서는 그토록 무심합니까? 서둘러 회심의 자리로 인도하지 않으면 그들은 조만간 하나님 앞에서 쫓겨나 영원히 헤어날 수 없는 진노의 불길 속으로 들어갈 것입니다. 그런데도 그들을 향한 연민이 생기지 않습니까? 목석처럼 덤덤하고 냉랭합니까?

여러분, 우리가 하나님께 부여받은 임무를 나름대로 수행하고 있다고 하지만 아직도 주변에는 맹렬한 기세로 파멸을 향해 치닫는 사람들이 많습니다. 병자를 돌보는 것이 모든 이웃의 몫이라 하더라도 결국 궁극적인 책임과 부담은 의사가 짊어지게 되어 있습니다.

죄인들 중에는 하나님의 영원한 진노와 심판이 두렵다면서 애처로운 심정으로 여러분에게 조언을 구하는 사람들이 있습니다. 또 하나님의 진노를 피할 수 있는 방법을 알려달라고 진지하게 묻는 사람들도 있습니다. 여러분은 이 불쌍한 죄인들을 그냥 돌려보낼 수 있겠습니까? 저는 여러분이 그처럼 무정하게 하지 않으리라 믿습니다.

이렇게 자발적으로 도움을 청하는 경우는 그나마 나은 편입니다. 정말로 위기에 처한 사람은 자신의 영혼이 죽어가고 있으며 비참한 운명으로 치닫고 있음을 조금도 깨닫지 못합니다. 위험을 감지할 만한 총기도, 비극을 느낄 만한 감각도 없는 사람들입니다. 가장 불쌍하게 여겨야 할 죄인들이 바로 이들입니다.

이웃들을 둘러보십시오. 죽음을 코앞에 둔 병자들과 마찬가지로 여러분의 도움이 절실한 사람들입니다. 혹여 하나님을 알지 못하는 비신자가 여러분을 알아보고 "당신이 가련한 죄인을 불쌍하게 여겼던 것처럼 저도 불쌍하게 여겨주십시오. 지옥에서 무시무시한 고초를 당할까 두렵습니다" 하고 간청한다면 여러분이 할 수 있는 최선을 그들에게 해주십시오.

그들이 어떠한 상황에 놓여 있는지 안다면 그들과 한가로이 산책을 하거나 한담을 나누며 시간을 보낼 수 없습니다. 그들이 앞으로 당할 영원한 고통을 생각한다면(마치 선지자 엘리사가 하사엘을 보고 그랬듯이) 여러분의 눈에는 눈물이 그렁그렁 맺힐 것이며 진지하게 경고 메시지를 들려주지 않고는 견딜 수 없을 것입니다. 환우들을 심방하면서 행여나 그들이 확실한 회심에 이르지 못한 채 세상을 떠나는 게 아닐까 몹시 걱정했던 적은 없습니까? 주님을 위해, 또 가련한 죄인들의 영혼 구원을 위해 어떠한 고통이 따르더라도 긍휼의 마음을 품고 온 힘을 쏟으십시오.

3. 목회자 자신의 안녕을 위해

교리교육은 양들뿐 아니라 여러분 자신을 위해서도 필요한 일입니다. 여러분에게 위임된 일일뿐더러 그 성과에 따라 여러분에게 심판이 임할 것이기 때문입니다. 그리스도인이라 할지라도 근면함과 신실한 믿음 없이는 구원에 이를 수 없는 것처럼 목회자도 그러합니다. 그러므로 다른 영혼을 돌볼 여력이 부족하다 할지라도 자신만큼은 꼭 챙기십시오. 교리교육의 의무를 소홀하게 했다가는 여러분이 얼마나 혹독하게 책임 추궁을 당하게 될지 생각해보십시오! 여러분은 다음과 같은 말씀을 듣고도 떨리지 않습니까? "네가 그 악인에게 말로 경고하여 그의 길에서 떠나게 하지 아니하면 그 악인은 자기 죄악으로 말미암아 죽으려니와 내가 그의 피를 네 손에서 찾으리라"(겔 33:8).

무덤덤하게 느끼는 사람도 있겠지만 저는 이 말씀에서 얼마나 큰 부담과 두려움을 느끼는지 모릅니다. 대충대충 목회를 할 바에는 차라리 평신도 목자나 광부, 청소부, 대장장이가 되는 편이 나았을 것입니다. 목회자는 자기 죗값은 물론이요, 자신에게 맡겨진 수많은 영혼의 피값까지 짊어져야 하기 때문입니다. 아, 형제들이여! 죽음과 심판의 날은 머지않았습니다. 인간이라면 누구나 죽기 마련이고, 이를 막을 방책은 없습니다. 지혜와 학식,

인기, 명예, 재물도 죽음을 막거나 지연시킬 수 없습니다. 원하든 원하지 않든 우리의 영혼은 지상을 떠나 한 번도 보지 못한 세계로 들어가게 됩니다. 그때 우리가 깨끗한 양심으로 이렇게 말할 수 있다면 얼마나 좋을까요? "저는 자신을 위해서가 아니라 그리스도를 위해 살았습니다. 그분을 위한다면 고통도 마다하지 않았고, 제 달란트를 묻어버리지 않았으며, 곤경에 처한 사람들을 돕는 데 제 몸을 사리지 않았습니다." 한편 게으르고 무정한 목회자는 누구보다 혹독한 고통을 당하게 되겠지요.

그러므로 여러분, 아직 시간이 주어졌을 때 열심히 일합시다. "밤이 오리니 그때는 아무도 일할 수 없느니라"(요 9:4). 지금은 우리에게 낮입니다. 이 세상을 떠나는 날 승리의 개가를 불러야 하지 않겠습니까? "나는 선한 싸움을 싸우고 나의 달려갈 길을 마치고 믿음을 지켰으니 이제 후로는 나를 위하여 의의 면류관이 예비되었으므로 주 곧 의로우신 재판장이 그날에 내게 주실 것이며"(딤후 4:7-8).

충성을 다해 열심히 일하십시오. 그러면 모든 수고를 마치고 주 안에서 참된 안식과 축복을 받을 것입니다.

교리교육의 실제

앞서 우리는 교리교육에 힘써야 할 이유를 몇 가지 살펴보았습니다. 그렇다면 이제는 교리교육에 방해가 되는 게 무엇인지, 또 교리교육을 어떻게 실행에 옮길 수 있는지를 구체적으로 알아보겠습니다.

첫째, 오늘 이곳에서 우리가 주님 앞에 엎드려 눈물을 흘리는 이유가 무엇입니까? 주님이 맡겨주신 소명을 오랫동안 소홀히 해왔기 때문이 아닙니까? 복음을 전하는 사역자라고 자처하면서도 개별적인 면담과 교리교육을 등한히 함으로써 영혼 구원의 임무를 게을리했기 때문이 아닙니까? 우리가 조금만 일찍 회개 운동을 시작했다면 지금보다 많은 영혼들이 그리스도에게로 인도받았을 것이요, 교회들은 더 큰 기쁨을 누렸을 것입니다. 우리는 왜 일찍 시작하지 않았을까요? 과거로부터 지금에 이르기까지 수많은 장애가 우리 앞에 놓여 있었고, 앞으로도 빛을 거부하는 인간의 타락한 본성과 마귀의 유혹이 계속 남아 있는 한 그 장애는 사라지지 않을 것입니다. 무엇보다 목회자들 가운데 만연한 무지와 게으름, 무책임, 분열, 미숙한 사역이 해결되지 않는다면 더욱 그러할 것입니다.

목회자는 누구도 예외 없이 하나님께 명령을 받았고 동일한 섬김의 대상과 동일한 자유를 부여받았습니다. 또 하나님과 사람 앞에 죄를 지었으며, 그 죄에 대해 아무 핑계를 댈 수 없습니다. 책임이 큰 만큼 죄도 큽니다. 그러므로 우리 목회자들은 하나님 앞에서 두려운 마음으로 죄를 용서해 달라고 빌어야 합니다.

이렇게 회개할 때 자비로우신 하나님이 우리의 불성실함과 이웃을 피 흘리게 한 죄과를 그분의 영원한 언약의 피로 씻어주실 것입니다. 저는 기도합니다. 우리가 비록 양들을 흩어버렸을지라도 최고의 목자이신 주님이 우리를 책망하지 않으시고 온유하게 그분 앞으로 우리를 부르시기를 말입니다. 주님이 교회의 리더십들과 논쟁하지 않으시고, 우리로 인해 교회가 고초를 당하게 되지 않기를 말입니다. 혹여 양들을 흩어지게 했을 때 우리가 박해자들로부터 흩어짐을 당하지 않게 되기를 말입니다. 또 우리가 이웃의 영혼들을 돌보지 않았을지라도 하나님만큼은 우리를 돌봐주시기를 말입니다. 우리는 양들의 영혼 구원을 위해 충분히 할 것을 다했다고 스스로 대견해하지만 하나님만큼은 우리의 구원을 위해 한없이 일해주시기를 말입니다.

우리는 이 땅의 죄로 인해 수많은 굴욕의 시간을 보냈습니다. 심판도 여러 번 당했습니다. 목회자들이 다른 이의 죄를 애석해 하기만 할 뿐 자신의 죄를 돌아보지 않는다면 하나님은 우리를 철저히 낮추시고 직무유기를 책망하시기 위해 또 한 날을 잡으실지 모릅니다. 하나님은 온 성도가 엄숙하게 주 앞에 엎드려 회개한다 할지라도 그 회개가 교만한 지도자들에 의해 주도된다면 그것을 받아들이지 않으실 것입니다. 영적 지도자, 즉 우리 목회자들은 먼저 자신의 죄를 하나님께 자복한 뒤에야 비로소 다른 사람의 용서를 구할 자격을 얻게 됩니다. 교만과 다툼과 이기심과 나태함과 더러움을 벗어던지지 않으면 하나님은 우리의 제물을 부정한 것으로 여기셔서 흠향하지 않으실뿐더러 우리를 부정하다 하여 쫓아내실 것입니다. 우리는 이미 주님의 경고가 담긴 예들을 수없이 목도했습니다. 그러므로 우리는 마음을 합하여 좀 더 교리교육에 박차를 가해야 합니다. 그렇지 않으면 지금보다 훨씬 강력한 위기가 우리에게 닥칠 것입니다.

둘째, 우리는 앞으로의 세상을 위해 무엇을 해야 할까요? 우선 우리 앞에 놓인 일을 위하여 게으른 육신을 부인하며 떨치고 일어나야 합니다. 추수할 것은 많은데 일꾼이 너무 적습니다. 인간의 영혼은 무엇과도 바꿀 수 없이 귀하지만 이를 방해하려는 훼방꾼과 장애가 너무도 많습니다. 천국의 복락, 그리고 그곳에서 신실한 목회자가 받을 위로는 참으로 크지만, 반면 죄인들에게 임할 비참한 운명은 상상을 초월합니다.

성령 하나님과 동역하는 것은 결코 작은 영광이 아닙니다. 인간의 구원을 위해 피 흘리신 그리스도의 종이 되는 것은 결코 사소한 일이 아닙니다. 빽빽한 적군들 사이에서 그리스도의 군대를 지휘하는 일이나 위험한 광야에서 그들을 안전하게 인도하는 일, 폭풍과 암초와 모래와 파도를 넘어 배를 안전한 포구로 몰아가는 일은 적잖은 기술과 근면함을 요구합니다.

들판은 이제 희어져 추수할 때가 되었습니다. 지금은 어느 때보다 평온하여 일하기 좋은 시기입니다. 우리는 이미 너무나 오랫동안 빈둥거리고 있었습니다. 쓸데없이 노닥거리는 동안 얼마나 많은 사람들이 죽어가고 있었을까요? 이러한 의무를 깨닫고도 얼른 부지런히 일해야겠다는 결심이 서지 않습니까? 눈앞에서 사람이 죽어가는 광경을 보면서도 조금만 상황을 지켜보자고 말할 수 있습니까? 맹인이 어떻게 다른 사람의 눈을 밝히는 도구가 될 수 있겠습니까? 또 무감각한 사람이 어떻게 다른 사람을 일깨울 수 있겠습니까?

여러분, 지혜로운 여러분이 어찌 일반 사람들처럼 어리석음에 머물러 있습니까? 명백하게 드러난 우리의 중요한 의무를 다시금 일깨우기 위해 제가 더 많은 말을 여러분에게 해야 하겠습니까? 교리교육이 하나님의 뜻이며 이를 통해 많은 사람이 구원받을 수 있다는 사실은 성경 한 구절만 봐도 확인할 수 있습니다. 뿐만 아니라 불쌍한 이웃을 한 번만 들여다봐도 그들을 구원해야겠다는 열정이 뜨겁게 용솟음칠 것입니다. 병자의 붕대를 풀어 그들의 상처를 한 번만 봐도 여러분은 그들을 치유해주어야겠다는 강한 감동을 받게 될 것입니다. 멸망이 임박한 영혼을 보는 것만으로도 우리의 가슴에 불이 붙을 수 있다는 말입니다.

그렇다면 교회가 얼마나 행복할까요! 의사가 자신의 병을 진단하고 치료하듯 우리도 설교하면서 성도들뿐 아니라 우리 자신의 불신앙과 어리석음을 경고할 수 있다면 얼마나 좋겠습니까! 또 성도들을 감화하려고 준비했던 말씀을 통해 우리 자신도 깊은 감동을 받고 개인적인 삶에 큰 변화를 경험한다면 얼마나 좋을까요! 하지만 설교자가 자신도 확신하지 못하는 천국과 지옥을 설파하고 교리의 중요성을 깨닫지 못한 채 이를 가르친다면 교회와 목회자, 성도들은 모두 힘들 수밖에 없습니다.

성경말씀은 적어도 지각 있는 사람들에게 충격과 경외감을 불러일으킵니다. 영혼이 육신을 떠나 의로운 하나님 앞에서 영원한 복락과 영원한 고통의 심판을 받게 된다는 가르침이기 때문입니다. 특히 죽어가는 사람에게는 놀라운 말씀이 아닐 수 없습니다. 이처럼 엄청난 위력을 가진 진리를 어떻게 전하고 가르쳐야 할까요? 우리는 진지함과 엄중함과 한결같은 성실함으로 임해야 합니다.

다른 사람들은 어떨지 모르겠지만 저는 주님이 오실 날을 고대하는 한 사람으로서 저와 이웃들의 영혼을 성심껏 돌보지 않았던 어리석음을 심히 부끄러워하고 있습니다. 그동안 왜 그리도 냉랭하고 가볍게 설교했는지, 왜 사람들이 죄 짓는 것을 가만히 지켜보고만 있었는지 의아한 마음도 듭니다. 주님을 위해서라면 당연히 그들에게 다가가 그들이 받아들이든 말든, 또 제가 어떤 곤란에 처하든 관계없이 그들에게 회개를 촉구해야 하지 않았나 싶습니다.

저는 설교를 마치고 내려올 때마다 '말씀을 좀 더 진지하고 열정적으로 전해야 했는데……' 하는 아쉬움을 느낍니다. 화법이나 어휘 선택에 대한 미련은 없습니다. 다만 '생명과 죽음, 천국과 지옥에 관한 말씀을 그렇게 고루하게 전할 수 있단 말인가?' 하는 질문을 제 자신에게 던져보는 것입니다. 또 '사람들에게 설교한 것을 너 자신은 실제로 믿고 있는가? 정말 열심히 하는가, 아니면 흉내만 내고 있는가? 사람들에게 죄와 죄의 비참한 결말에 대해 말하면서 어떻게 그처럼 담담할 수 있는가? 사람들의 영혼을 진정으로 생각한다면 말문이 막히고 눈물이 나야 하지 않은가? 애통해하는 마음으로 죄를 경책하고 삶과 죽음에 대해 간절히 말해줘야 하지 않은가?' 이러한 양심의 소리가 제 귓가에 울려 퍼지지만 제 영혼은 좀처럼 깨어나지 않습니다. "주님, 우리의 무디고 완악한 마음을 고쳐주옵소서! 그렇지 않으면 우리는 다른 사람을 구하는 도구가 될 수 없습니다. 우리를 통해 다른 사람에게 베푸시려는 구원을 먼저 우리에게 행하여 주옵소서!"

저는 한때 병상에 누워 있는 동안 미래를 바라보는 관점이 달라졌다는 사실을 깨닫고 무척 놀라워했던 기억이 납니다. 지금은 사소하게 느껴지지만 병상에 있을 때는 죽음이라는 문제가 매우 무겁고 중요하게 다가왔습니다. 아마도 언젠가 죽음이 제 앞에 다가올 때 또 그러한 생각을 하게 되겠지요. 저를 비롯한 모든 인간은 죽음을 계속 향하고 있지만, 그럼에도 제가 병상에서 느낀 만큼의 심오하고 절박한 생각은 거의 하지 못하는 듯합니다.

여러분, 여러분도 저만큼 자주 죽음이라는 이웃과 대화하고, 저만큼 자주 사형선고를 받는다면 결코 양심이 평안하지만은 않을 것입니다. 충성스럽고 근면하게 완전히 변화된 삶을 살아가는 목회자라면 내면에서 다음과 같은 질문이 들리는 게 당연합니다. '멸망으로 치닫는 죄인들을 향해 네가 뿜어낼 수 있는 열정의 전부인가? 잃어버린 자들을 찾아 구원하려는 노력을 왜 더 이상 하지 않는가? 죽어가는 영혼들이 네 주변에 얼마나 많은지 보라. 너는 그들의 회심을 위해 무엇을 말하고 행했는가? 그들의 지옥행을 막기 위해서 네가 할 수 있는 최선이 무엇인지 생각해 본 적이 있는가? 지옥에 떨어진 영혼들이 너를 향하여 '왜 좀 더 붙들어주지 않았느냐'고 원망하는 소리를 듣고 싶은가?'

저는 이러한 양심의 외침을 거의 매일 듣고 있지만 순종하지 못한 게 사실입니다. 주님이 긍휼을 베푸셔서 저를 용서하시고 일깨워주시기를 기도합니다. 그리고 저처럼 나태함의 죄를 범하고 있는 모든 목회자에게도 그렇게 해주시기를 기도합니다.

저는 주님을 영접하지 않은 죄인이 임종을 맞이하는 것을 볼 때마다 이런 생각을 하곤 합니다. '너는 저 영혼이 육신을 떠나기 전에 그의 구원을 위해 무슨 일을 했는가? 또 한 사람이 심판대로 올라갔다. 그가 어떤 준비를 하도록 도왔는가?' 만일 제 자신이 죽음을 앞두고 있어도 동일한 생각을 품게 될 것입니다. '이제 내 몸이 무덤 안에 누이는구나. 영혼은 어디로 가는가? 나는 그동안 내 영혼을 위해 무슨 일을 해왔던가? 내 영혼을 돌보는 것도 내 책임의 일부였으니 이제 와서 무슨 말을 할 수 있

겠는가?'

여러분, 이러한 질문에 대답을 쉽게 할 수 있습니까? "우리 마음이 혹 우리를 책망할 일이 있어도 하나님은 우리 마음보다 크시고 모든 것을 아시기 때문이라"(요일 3:20). 양심의 가책도 이렇게 무거운데 하나님의 징계는 오죽하겠습니까! 양심에 비춰보면 우리의 죄와 비참한 처지가 조금밖에 드러나지 않지만 하나님은 이를 속속들이 보십니다. 지금은 티끌처럼 보이지만 언젠가 하나님 앞에서 밝은 빛 가운데 보면 커다란 기둥으로 보일 것입니다.

양심의 가책은 어느 정도 대처가 가능합니다. 양심을 적절히 만족시키거나 무디게 할 수 있고, 아니면 그 가책을 견뎌내는 것입니다. 그러나 하나님은 쉽게 대처할 수 있는 분이 아니십니다. 그분의 판결 또한 쉽게 감당할 수 없습니다. 우리는 하나님 나라를 전파하는 사명을 위임받았고 이를 하나님의 은혜 가운데서 경외심과 진지함으로 감당해야 합니다. 우리 하나님은 소멸하시는 불이시기 때문입니다.

아마도 여러분 중에는 제가 괜스레 염려와 공포를 조장한다고 말하는 사람이 있을지 모르겠습니다. 그래서 저는 게으른 목회자들에게 닥칠 정죄를 아주 분명하게 말씀드리고자 합니다. 특히 심판의 날이 도래할 때 어떤 이들이 어떻게 게으른 목회자들을 고소할지 말씀드리겠습니다.

(1) 우리를 목회의 길로 들어서게 한 부모들이 이렇게 고소할 것입니다. "주님, 우리는 당신을 섬기는 일에 자녀를 바쳤습니다. 하지만 그가 목회사명을 경홀하게 여기고 자신만을 섬겼습니다."

(2) 우리를 가르쳤던 신학 교수들과 신학을 공부하는 데 소비되었던 시간들이 이렇게 고소할 것입니다. "그렇게 배웠는데도 하나님의 일을 하지 않으면 무슨 소용이 있습니까?"

(3) 우리에게 제공된 지식과 은사가 이렇게 고소할 것입니다. "하나님의 일을 하지 않으면 이 모든 게 무슨 필요가 있습니까?"

(4) 영혼을 책임지겠다고 결단했던 우리의 고백이 우리를 고소할 것입니다. 모든 사람은 자신이 맡은 바를 충실하게 이행해야 하기 때문입니다.

(5) 교회에 대한 하나님의 관심, 그리고 교회를 위해 그리스도께서 행하신 사역과 그분이 겪으신 고난이 게으르고 불성실한 목회자들을 고소할 것입니다. 왜냐하면 목회자의 직무유기는 그리스도께서 성취하신 모든 일을 수포로 만들어버리기 때문입니다.

(6) 성경에 기록된 모든 규례와 명령, 도움과 상급에 관한 약속들, 징벌에 관한 경고가 우리를 고소하고 정죄할 것입니다. 하

나님의 말씀은 헛되지 않기 때문입니다.

(7) 성경에 등장하는 사도들과 선지자들과 복음전도자들, 그리고 오늘날 그리스도의 신실한 종들이 보여주는 모범이 심판의 날에 우리를 고소할 것입니다. 모든 본보기는 우리에게 충성과 열정을 불러일으키고 그 길을 따르라고 주어진 것이기 때문입니다.

(8) 목회자의 의무를 직간접적으로 알려주는 성경책과 신앙서적들이 게으르고 무익한 종들을 정죄할 것입니다. 책들을 소장하고 있을 뿐 읽거나 실천하지 않기 때문입니다.

(9) 그동안 해왔던 설교와 권면이 위선적인 목회자들을 고소하고 정죄할 것입니다. 많은 목회자들은 양들에게 두렵고 떨리는 마음으로 자신의 구원을 이뤄야 하며 침노하는 자세로 천국과 영원한 생명의 면류관을 취하라고 권면했습니다. 또 좁은 문으로 들어가기를 힘쓰라고 거듭 설교했습니다. 성도들에게는 그들 자신의 구원을 위해 이토록 힘쓰라고 말하면서 우리는 왜 정작 자신의 구원을 위해 애쓰지 않았던 것일까요? 성도들의 구원까지 책임지고 있으면서 말입니다. 일반 성도에게도 구원을 위한 부단한 노력이 필요하다면 우리는 마땅히 더 그러해야 하지 않겠습니까?

(10) 우리는 죄의 강력한 힘과 비참한 결과, 구주의 필요성, 천국의 환희와 지옥의 고통 등 기독교의 기본 진리를 전했습니다. 양들에게 행했던 이러한 설교가 불성실한 목회자들을 고소하고 정죄할 것입니다. 그때 정죄당하는 목회자들은 지난날을 돌아보며 깊은 탄식을 할 것입니다. "죄와 심판, 천국과 영원한 생명에 관하여 전하기는 했지만 그 이상으로 영혼들을 도우려 하지 않았구나. 성도들에게 심판에 관한 설교를 하면서도 그들이 지옥 길로 달려가도록 내버려두었다니……. 왜 한마디 충고도 하지 못했을까?" 하고 말입니다. 아, 직무유기를 범한 목회자들은 이처럼 무서운 자기정죄에 빠질 것입니다.

(11) 우리는 이웃끼리 권면하라고 가르쳤습니다. 또 부모와 주인은 각각 자녀와 종들에게 천국의 길을 가르치라고 명했습니다. 이 모든 설교가 심판의 날에 일어나 불성실한 목회자들을 정죄할 것입니다. 여러분, 여러분은 다른 사람들을 권면하고 가르치면서 왜 자신에게는 그렇게 하지 않습니까? 다른 사람에게 의무를 엄격히 강조했다면 자신에게는 더더욱 그러해야 하지 않습니까?

(12) 마지막 날이 되면 일의 대가로 받았던 모든 보수도 불성실한 목회자를 고소할 것입니다. 할 일 없이 오락이나 즐기는 사

람에게 누가 보수를 쥐어주겠습니까? 상급, 곧 대가를 받으려면 이에 합당한 의무를 이행해야 합니다.

(13) 게으른 목회자들에게 향했던 우리의 증언과 비난, 그리고 그들을 몰아내기 위해 우리가 행했던 노력이 그날에 우리를 고소할 것입니다. 만약 우리가 그들의 죄를 그대로 따라한다면 우리 스스로를 정죄한 셈이 됩니다. 우리는 그들을 정죄한 만큼 하나님께 동일한 정죄를 받을 것입니다. 그들만큼 악하게 행하지 않았다 하더라도 그들과 다름없이 가차 없는 징벌을 받게 될 것입니다.

(14) 하나님은 육신에 속한 게으른 사역자들을 사람들 앞에서 악취 나는 존재로 만드셨습니다. 그들의 재산을 압류하시고, 그들을 교회와 강단에서 내어쫓으시고, 살아도 죽은 자처럼 만드시고, 세상 사람들 앞에서 저주와 웃음거리로 만드셨습니다. 이는 우리에게 징벌을 경고하시기 위함이 아닙니까? 우리도 그들의 전철을 밟는다면 마지막 날에 동일한 심판을 받게 될 것입니다.

여러분, 우리는 이미 자기부인과 성실함을 일깨워주는 많은 본보기를 봐왔습니다. 온 땅을 삼켜버린 노아 시대의 대홍수를 생각할 때 어찌 그들처럼 방탕한 삶을 살아가겠습니까? 소돔과 고모라가 하늘에서 내려온 불에 순식간 휩싸인 광경을 생각할 때 어찌 그들처럼 교만과 사치를 범하겠습니까? 목을 매고 배가 터져 죽은 유다를 생각할 때 어찌 예수님을 배반할 생각을 하겠습니까? 아나니아와 삽비라가 즉사한 장면을 생각할 때 어찌 그들처럼 성물을 훔치는 위선을 범하겠습니까? 엘리바스가 하나님께 맞아 눈이 멀어버린 장면을 떠올릴 때 어찌 복음을 거스르는 말을 할 수 있겠습니까?

여러분, 하나님이 게으르고 이기적인 목회자들을 그분의 성전에서 몰아내시고 먼지처럼 흩어버리신 광경을 보고도 그들을 따라하려는 것입니까? 그럴 수 없습니다. 그들의 최후를 보고도 그대로 따라한다면 우리는 그보다 몇 배 더 강한 형벌을 받게 될 것입니다.[1]

(15) 마지막으로, 심판의 날이 도래하면 영국교회의 개혁을 위해 행해진 모든 금식과 기도가 개혁되지 못한 목회자들을 정

---

1) 백스터가 이 책을 쓰던 시기의 영국 목회자들은 그 어느 시대의 목회자들보다 더 유능하고, 신실하고, 부지런하고, 경건했다고 하지만 그가 여기서 언급했던 우려가 머지않은 장래에 매우 가슴 아프게 현실화되었음을 지적하지 않을 수 없다. 찰스 2세의 왕정 복고 직후 반포된 "통일령"(the Act of Uniformity)으로 인해 이 훌륭한 목회자들 가운데 약 2천 명이 교회에서 쫓겨났으며 백스터 자신도 쫓겨나고 말았다. "푸른 나무에도 이같이 하거든 마른 나무에는 어떻게 되리요"(눅 23:31)-편집자.

죄할 것입니다. 영국은 오랫동안, 또 엄숙하게 하나님 나라의 확장과 교회의 부흥을 위해 금식과 기도를 행해왔습니다. 여러 해 동안 의회가 요청한 대로 매달 금식기도를 했고, 그 외에도 시시때때로 개인적으로 은밀하게, 혹은 대중적인 금식 집회를 가져왔습니다.

어떠한 방식을 사용했든 간에 우리의 궁극적인 목적은 교회 개혁이었습니다. 특히 충성스러운 목회와 교회 내 올바른 규율 정립에 초점을 두었습니다. 당시만 해도 우리는 자율권이 주어진 다면 어떠한 희생과 수고도 감수하겠노라고 다짐했습니다. 지금처럼 개별적인 교리교육이나 말씀공부를 회피하고 징계의 부담을 무시한 채 대중설교에만 치중하리라고 누가 생각했습니까?

인간의 마음은 얼마나 기만적입니까! 의인의 마음마저도 말입니다. 분명히 말하건대 저는 교회 개혁을 위해 싸울 당시 사람들에게 "만일 개혁이 진정 무엇인지를 안다면 오히려 이를 반대하게 될지 모른다"고 말한 바 있습니다. 규율의 멍에를 짊어지게 되고, 이전보다 열심히 교리문답과 말씀공부를 해야 하고, 공적으로나 사적으로 죄에 대한 책망을 들어야 하고, 회개하지 않는 완악한 죄인을 교회 공동체에서 내보낼 수 있다는 사실을 알게 되면 오히려 그리스도 대신 폭군의 멍에를 더 원하게 될지 모른다고 말입니다.

그러나 저는 목회자들까지 그렇게 될 줄 몰랐습니다. 조금이라도 불편하고 거북하다 싶으면 개혁하려던 것을 접어두고 예전으로 돌아가려 할 줄은 정말 몰랐습니다.

아, 개혁을 외치던 수많은 목회자들이 "참다운 목회를 하고 올바른 규율을 세우게 해주옵소서" 하고 얼마나 간절히 기도하곤 했습니까! 영혼 구원 자체를 위한 기도처럼 들렸습니다. 네, 사람들은 규율을 가리켜 '그리스도의 왕국'이라고 불렀으며 '그리스도의 교회 안에서 왕으로서의 직분을 행사하는 것'이라고까지 말했습니다. 또 규율 세우는 것을 그리스도의 나라를 세우는 것만큼이나 중요하게 생각하여 이를 위해 기도하고 설교하곤 했습니다. 그런데 막상 그 일을 실현할 수 있는 기회가 왔을 때 그들은 거부했습니다. 어찌 된 일입니까? 그리스도의 왕국이 이처럼 외면당하고 버려져도 되는 것입니까?

우리의 속마음을 감찰하시는 하늘의 하나님이 우리가 매달 드리는 금식기도와 간구를 들으시며 회중 가운데서 무시무시한 음성으로 다음과 같이 응답하셨다면 어찌 되었겠습니까? "간사한 마음을 가진 위선자들아! 내가 허락해줘도 결국 하지 않을 일을 왜 자꾸 간구하느냐? 속으로는 망설이고 꺼려하는 것을 소리 높여 구하는구나. 개혁이 무엇이냐? 사람들을 가르치고 강권하여 그리스도의 은혜를 받게 하고, 말씀에 따라 교회를 치리하는 것이 아니냐? 그런데 너희는 조금이라도 힘들거나 성도들의 마음을 불편하게 만든다 싶으면 이 의무들을 내팽개치고 만다. 그러면 예전에 너희가 종교개혁을 위해서 자유를 달라고 내게 간청했듯이 이제는 내가 너희에게 제발 자신의 의무를 다하여 교회를 개혁하라고 간청해야 할 것이다." 만약 주님이나 그분의 사자가 우리에게 이런 대답을 한다면 우리가 놀라지 않겠습니까?

이미 주님은 지금의 상황을 예견하고 계셨지만 우리는 하사엘처럼 "당신의 개 같은 종이 무엇이기에 이런 큰일을 행하오리이까"(왕하 8:13), 혹은 베드로처럼 "다 버릴지라도 나는 그리하지 않겠나이다"(막 14:29)라고 대답했을 것입니다.

형제들이여, 서글픈 경험을 통하여 우리의 연약함이 드러났습니다. 우리는 그토록 갈망했던 개혁의 기회가 찾아왔을 때 힘들고 괴로운 부분은 거부했습니다. 그러나 그리스도께서는 우리를 긍휼의 눈빛으로 바라보십니다. 더 심한 질책을 당하기 전에 이제껏 합당하지 못했던 행동을 청산하고 즉시 밖으로 나가 통회의 눈물을 흘립시다. 지금까지 외면했던 그리스도를 바라보고 그분을 따릅시다. 죽음을 당하는 한이 있더라도 기꺼이 그분의 고난에 동참하고 수고를 감내합시다.

지금까지 저는 목회자가 마땅한 의무를 이행하지 않을 때 어떠한 일이 초래될지에 관해 이야기했습니다. 교리교육에 대한 직무유기는 결코 용납될 수 없으며 그에 대한 징벌은 엄청날 것입니다. 형제 여러분, 이것이 여러분과 양 떼와 하나님의 영광에 그다지 중요하지 않은 일이라면 제가 이토록 결연한 마음으로 강권하지는 않을 것입니다. 삶과 죽음에 관한 문제이다 보니 간혹 무례하게 보일 만큼 강하게 말씀드리는 것입니다.

저는 여러분에게 중요한 의무를 일깨우는 게 저의 가장 중요한 사명이라고 생각합니다. 제 입장과 심정을 십분 이해한다면 이 책에 나온 내용을 너무 심하게 여기지 않으리라 믿습니다. 저는 한때 교회 예식의 개혁을 강력히 주장한 적이 있습니다. 예식의 문제도 그랬는데 하물며 이처럼 본질적인 개혁에 관해 어찌 잠잠할 수 있겠습니까! 불필요한 예식을 몇몇 폐지하고 복식을 바꾼다고 해서 개혁이 끝난 게 아닙니다. 결코 아닙니다. 여러분, 우리의 본업은 영혼을 변화시키고 구원으로 인도하는 것입니다. 성도들에게 가장 큰 유익을 끼치고 그들의 영혼 구원을 위해 최선을 다하는 게 개혁의 핵심입니다.

이제 이 일이 여러분 앞에 놓여 있습니다. 대중설교와 더불어 개별적인 교리교육과 성경공부가 그것입니다. 일반 성도들도 각자의 짐을 짊어지고 사명을 감당하고 있습니다. 이제 우리 목회자의 일이 남아 있습니다. 우리 손에 맡겨진 교리교육의 의무가 얼마나 중요한지, 또 이 의무를 소홀히 했을 때 얼마나 많은 영혼들이 멸망으로 치닫게 될지 기억하십시오. 여러분의 육신적 안락함이 사람들의 영혼보다, 그리스도의 피보다 중요합니까? 그렇게 생각한다면 가만히 앉아서 무지한 죄인들이 죽어가는 것을 바라보십시오. 그저 자신의 쾌락과 세속적인 이익을 좇아 행하십시오. 죄인들을 불편하게 여기지도 말고, 자신의 육신을 수고롭게 하지도 말고, 이웃들이 죄에 빠져 허우적대는 것을 그냥 내버려두십시오. 대중설교로 권면했으니 할 만큼 충분히 했노라고 그렇게 생각하십시오. 그러나 진정한 목회자의 양심이 있다면 자신의 맡은 바 임무를 정직하게 기억하고 실천하기 바랍니다.

chapter 8
반론과 대답

이 장에서는 제가 권면한 실행방법에 대하여 어떠한 반론들이 있는지 살펴보고 그에 대한 대답을 드리겠습니다.

반론 1
우리는 이미 대중적으로 양들을 가르치고 있습니다. 그런데 어째서 또 개별적으로 가르쳐야 할 의무가 있다는 것입니까?

대답
우리는 대중적으로 양들을 위해 기도합니다. 그러면 양 하나를 위해 기도할 필요가 없어지는 것입니까? 바울은 대중을 상대로 가르치고 권면했지만 사적으로도 개인 집들을 방문하며 눈물로 가르쳤습니다. 바울은 차치하더라도 우리의 경험이 이렇게 할 것을 큰 소리로 외치고 있으니 더 이상 말할 필요가 어디 있겠습니까? 저는 알아듣기 쉽게 설교를 한다고 해왔지만 그럼에도 10-20년 가까이 제 설교를 들었던 성도들 가운데 서글플 정도로 무지한 사람이 많다는 사실을 깨닫고 매우 놀랐습니다. 하나님이 삼위일체이시라는 사실을 모르는 경우가 부지기수일뿐더러 삼위 중 한 분이신 예수 그리스도께서 인간의 육체를 가지고 그대로 승천하셨다는 사실을 모르는 사람도 많았습니다. 심지어 죄를 용서받고 구원을 얻기 위해 주님을 믿어야 한다는 신앙의 기본조차 모르는 사람이 있었지요.

물론 개인적인 면담과 교육을 한다고 해서 모든 사람의 무지를 해결하는 것은 아닙니다. 그래도 개중에는 개별적인 교리교육 한 시간만으로 몇 년 분량의 이해를 얻게 되는 사람이 있습니다.

반론 2

교구가 모두 교회라 할 수 있습니까? 저는 목회자가 모든 교구의 양 떼에 대하여 책임을 짊어지고 수고해야 한다고 생각하지 않습니다.

대답

모든 교구가 교회인지 아닌지의 문제는 그냥 넘어가겠습니다. 실제로 교회라고 보기에는 애매한 교구도 있기 때문입니다.

(1) 전체 교구를 교회로 생각하든 안 하든 우리가 받는 생활비의 대부분은 전체 교구를 가르치는 데 쓰라고 주는 것입니다.

(2) 하나님의 영광과 교회의 유익, 영혼 구원을 위해 힘쓰는 것은 모든 그리스도인들에게 주어진 공동 책임이자 의무입니다. 여기서 더 나아가 목회자는 최선을 다해 양들을 가르칠 책임이 있습니다. 이 일이 얼마나 많은 영혼들에게 선하고 유익한 영향력을 미칠지는 불을 보듯 뻔하지 않습니까? 그런데도 가르치는 일을 마땅한 의무로 느끼지 못한단 말입니까?

반론 3

누군가를 가르치려면 많은 시간을 소비해야 합니다. 그렇게 되면 목회자들은 혼자서 공부할 시간을 좀처럼 확보하지 못하겠지요. 알다시피 대부분의 목회자들은 젊고 경험이 부족해서 자기 개발과 지식 증진을 위해 힘쓸 시간이 필요합니다. 가르침의 의무를 수행하다 보면 그렇게 하기가 어렵지 않겠습니까?

대답

(1) 제가 교리교육의 의무를 이행해야 한다고 권면하는 대상자는 이미 기독교의 본질을 잘 이해하고 있고 다른 사람에게도 잘 가르칠 수 있음을 전제로 합니다. 부수적인 지식을 습득하겠다는 명목으로 이 필수불가결한 기독교의 기본 진리를 전달하는 일을 뒤로 미룰 수는 없습니다. 물론 저도 일반적인 지식이 상당히 중요하다고 생각합니다. 그러나 영혼 구원보다는 시급하거나 중요하지 않습니다.

의사가 첨단기기의 사용법이나 최신 동향을 연구하는 것은 매우 바람직한 일입니다. 의학적인 난제를 해결하려고 애쓰는 것도 마찬가지입니다. 그러나 병원에 환자들이 찾아오고 마을에 전염병이 창궐할 때는 우선순위가 달라집니다. 환자의 생사가 걸려 있는 일촉즉발의 상황에서 염증이나 혈액순환, 수포, 흉터 제거 따위나 연구하고 있으면 되겠습니까? 아무리 가치 있는 연구라 할지라도 그 상황에서는 안 됩니다. 또 응급환자가 실려왔는데 자신은 연구할 게 많다며 실험도구만 붙잡고 있다면 그 의사는 연구의 궁극적인 목적인 치료를 망각한 터무니없는 의학도일 뿐입니다. 저라면 그를 교양 있는 살인자라고 부르겠습니다.

예정론을 얼마만큼 이해하고 동의하느냐에 따라 영혼 구원이 이뤄지는 게 아닙니다. 또 이성이 의지를 완전히 지배하는지 안 하는지, 하나님의 은혜가 물리적 인과율에서 이뤄지는지 도덕적 인과율에서 이뤄지는지, 자유의지가 무엇인지, 하나님이 악행을 비난하실 때 중간 지식(scientiam mediam)[1]을 갖고 계신지 아니면 단언적 판결을 갖고 계신지 등의 문제도 마찬가지입니다. 여러분은 영혼 구원을 위해 힘써야 할 시간에 이러한 문제들과 씨름하고 있습니다. 하늘나라를 생각하고 양들을 그곳으로 인도하기 위해 힘쓰십시오. 그러면 오래도록 고심했던 문제들이 일순간에 깨달아질 것입니다. 이것이야말로 지식을 얻는 가장 확실하고 효과적인 방법이 아니겠습니까?

(2) 설사 광범위한 지식을 얻지 못한다 할지라도, 가르치는 일에 힘쓰다 보면 보다 심오하고 탁월한 지식을 얻게 될 것입니다. 세상 사람들이 말하는 지식은 부족할지 몰라도 진정 위대한 일에는 그들보다 정통하게 되리라는 말입니다. 죄인들이 구원받도록 진지하게 도울 때 여러분은 기독교의 구원 원리, 곧 세상 그 무엇보다 값진 지식을 가장 정확히 깨닫게 될 것입니다.

저는 하늘에 있는 그 범접할 수 없는 빛을 바라보며 하나님에

---

[1] 예수회 신학자인 몰리나가 사용한 용어로서, 인간의 자유의지와 하나님의 예지를 조화시키기 위해 도입했다.

관한 지식을 갈망할 때 제 영혼이 너무도 어둡고 멀리 있음을 발견합니다. 그리고 이렇게 외칩니다. "하나님, 저는 당신을 알지 못합니다. 당신은 저를 초월해 계시며 제가 전혀 닿을 수 없는 곳에 계시기 때문입니다."

하나님과 제 장래의 삶을 티끌만큼이라도 더 알 수 있다면 저는 제 모든 지식을 바쳐도 아깝지 않을 것입니다. 고차원적인 논리나 형이상학적인 용어를 전혀 모른다 할지라도, 또 학자들의 말을 전혀 이해하지 못한다 할지라도 만일 반드시 알아야 할 진리의 빛을 한순간이라도 더 볼 수 있다면 저는 조금도 아쉬워하지 않을 것입니다. 확신하건대 여러분, 양들에게 신앙고백과 교리문답을 가르치고 영원한 것들에 관해 진지하게 이야기를 나누다 보면 세상의 부수적인 지식을 공부할 때보다(물론 양적으로 풍성한 것은 아니지만) 훨씬 지혜롭고 박식한 사람이 될 것입니다.

가르치는 일에 헌신하십시오. 개인적으로 공부할 때보다 훨씬 유능한 목회자가 될 수 있습니다. 의사든 변호사든 목회자든 누구라도 유능한 수준에 이르려면 연구와 실천을 병행해야 합니다. 지식을 쌓고 능력을 키워야 한다는 등 언제나 준비한다는 명목으로 영혼 구원의 현장 안에 들어가기를 꺼려하는 목회자는 하나님 앞에서 쓸모없는 게으름뱅이로 낙인찍힐 것입니다.

(3) 앞서 이야기했듯이 저는 영혼 구원을 가장 중요한 일로 여깁니다. 하지만 부수적인 지식도 매우 유용하기 때문에 여러분이 좀 더 공부하고 싶다고 말한다면 그렇게 하라고 권하겠습니다. 다만 가르치는 일과 공부하는 일을 병행하려면 헛된 오락에 시간을 낭비하지 마십시오. 쓸데없는 잠을 줄이고 잡담하는 시간도 없애십시오. 우선 가르침의 의무에 최선을 다하십시오. 그러고 나서 공부할 시간을 확보하십시오. 가령 일주일 중에 이틀을 우선 교리교육에 할애한 뒤, 나머지 나흘을 공부 시간으로 삼는 것입니다.

실제로 일주일에 나흘 정도면 설교를 준비하고도 혼자 공부하기에 충분한 시간이 아닙니까? 제 경우를 예로 들자면 감사하게도 일을 빨리빨리 해치우지 못하는 성격임에도 일주일 중 이틀을 교리교육에 할애하고, 나머지 나흘 동안 두 번의 설교를 차질 없이 준비할 수 있습니다. 특히 일상적인 목회 외에 특별히 저술 활동이나 기타 사회 활동들을 하지 않는 목회자라면 적어도 일주일에 이틀 반나절 정도는 공부를 위해 시간을 확보할 수 있을 것입니다.

(4) 목회자는 모든 의무에 힘써야 합니다. 중요한 의무일수록 먼저 행해야겠지만 의무 중 하나라도 가벼이 여겨서는 안 됩니

다. 한 가지 의무 때문에 다른 의무가 무시되면 안 되고, 순서에 따라 차례로 행해져야 합니다. 그러나 만일 공부하기로 정해놓은 시간에 어느 무지한 죄인이 긴급하게 도움을 요청한다면 저는 한 영혼을 멸망에 빠뜨리는 죄를 짓느니 차라리 세상의 모든 도서관을 불태울 것입니다. 적어도 영혼의 문제를 우선시하는 게 저의 의무라고 생각합니다.

반론 4

여가를 즐기지 못한 채 의무에만 정신을 쏟다 보면 몸의 건강을 해치지 않을까요? 그리고 가르치는 일이 우리를 완전히 옭아매 집에서 한 발짝을 나가지 못하게 하고 다른 사람들과 다정한 대화를 나누지 못하게 할 수도 있습니다. 이처럼 마음의 긴장을 풀지 못하면 어떻게 되겠습니까? 사람들에게는 무례하고 고집스러운 자로 비춰질 것이요, 우리 자신도 지쳐버릴 것입니다. 활을 계속 당기기만 하면 언젠가 부러질 위험이 있습니다.

대답

(1) 이는 자기 자신의 이익을 위한 육신적 탄원입니다. 게으른 자는 "길에 사자가 있다"(잠 26:13)고 말합니다. 또 추워서 쟁기질을

할 수 없다고도 할 것입니다. 혈과 육의 말에 귀를 기울이다 보면 의무의 중요성을 깨달을 수도, 자기부인을 실천할 수도 없습니다. 육신은 이 모든 의무를 피할 수 있는 교묘한 핑계거리를 여러분에게 줄 것입니다. 이러한 핑계가 타당하게 느껴진다면 누가 그리스도를 위해 목숨을 걸겠습니까? 누가 그분의 고난에 동참하는 참 그리스도인이 되겠습니까?

(2) 우리는 적절한 여가를 즐기면서도 의무를 이행할 수 있습니다. 허약한 목회자에게는 식사 전후의 한 시간, 혹은 삼십 분 정도의 산보도 충분한 여가가 될 수 있습니다. 저는 경험상 이 사실을 터득했습니다. 사실 저는 오랫동안 몸이 쇠약했던 터라 일반인만큼 운동해야 할 필요가 있었습니다. 하지만 좀 전에 언급했던 정도의 운동만으로도 몸 상태가 한결 좋아져서 지금까지 건강을 유지하고 있습니다. 물론 운동을 더 했더라면 더 건강해졌겠지만, 현 상태로도 충분히 만족합니다. 사실 저만큼의 운동량을 필요로 하는 목회자는 백 명 중 하나도 없을 것입니다.

대표적인 여가로 운동을 말씀드렸습니다만 우리는 운동과 같은 여가활동을 의무와 병행할 수 있습니다. 일주일에 이틀 정도의 시간을 의무를 수행하는 데 떼어둔다 하더라도 몸의 단련을 위해 한두 시간의 산보는 충분히 할 수 있다는 말입니다.

제가 염려하는 육신주의자란 여가시간을 적당히 한정하지 않고 단지 쾌락을 찾기 위해 목회 일까지 미뤄가며 이에 집착하는 사람입니다. 그들은 기독교의 본질이 무엇인지, 육체를 따라 살아가는 삶이 얼마나 위험한지를 배워야 합니다. 그리고 다른 사람에게 자기부인과 절제를 설교하기 전에 자신부터 이를 받아들여야 합니다. 만약 육체적 즐거움이 반드시 필요하다고 주장하는 사람이라면 그는 애시당초 목회자가 되지 말았어야 합니다. 목회는 하나님과 그분을 위한 섬김을 즐거움으로 삼고 육신의 쾌락을 멀리하는 직업입니다.

여러분이 받은 세례는 곧 육체와 대항하여 싸우겠다는 약속이 아닙니까? 기독교의 싸움은 결국 육과 영의 싸움임을 알지 못합니까? 참 그리스도인과 비신자의 차이가 무엇입니까? 전자는 영에 따라 살면서 육체의 소욕과 행위를 죽이는 자요, 후자는 육체에 따라 사는 자가 아닙니까? 성도들에게는 영의 삶을 살라고 가르치면서 정작 자신은 육체적 쾌락을 좇는단 말입니까? 육체를 포기하지 못하겠다면, 안타깝습니다만 목회 일을 그만두고 자신이 어떤 사람인지를 솔직하게 드러내십시오. "자기의 육체를 위하여 심는 자는 육체로부터 썩어질 것을 거두고"(갈 6:8)라는 말씀을 기억하기 바랍니다.

바울은 이렇게 말했습니다. "나는 달음질하기를 향방 없는 것 같이 아니하고 싸우기를 허공을 치는 것같이 아니하며 내가 내 몸을 쳐 복종하게 함은 내가 남에게 전파한 후에 자신이 도리어 버림을 당할까 두려워함이로다"(고전 9:26-27). 위대한 신앙 인물인 바울도 몸을 쳐 복종하게 한다고 말했는데, 하물며 우리 같은 죄인은 더더욱 그리해야 하지 않겠습니까! 그런데도 육신의 투정과 응석을 다 받아주고 불필요한 쾌락까지 허락하겠다는 목회자는 어떤 생각으로 그렇게 말하는 것입니까? 바울은 복음을 다 전파한 후에 자신이 도리어 버림당하지 않을까 두렵다고 말했습니다.

물론 어떤 쾌락은 건강하고 합당합니다. 어디까지나 목회에 도움을 주는 경우에 한해서 말입니다. 그러나 쾌락을 좇다가 정신이 팔려 귀중한 시간을 낭비하고 영혼 구원에 소홀히 한다면 이는 그리스도인뿐 아니라 목회자 전체의 공통 의무를 저버리는 일입니다. 하나님보다 쾌락을 사랑하는 패역한 자는 교회의 지도자가 되어서는 안 될뿐더러 신앙 공동체에서 쫓아내야 마땅합니다. 주님이 그런 자를 멀리하라고 명하셨기 때문입니다.

말씀을 연구하는 목회자는 자신의 육체를 단련하기 위해서만 여가시간을 활용해야 합니다. 여가활동 외에도 기뻐할 것들이 우리 앞에 많이 놓여 있습니다. 또한 육체의 훈련은 잔디 깎는 기계의 날을 벼리는 것과 같이 사용되어야 합니다. 목회에 도움을 주는 목적으로 행해져야 한다는 말입니다. 우리는 행여라도 여가활동을 하느라 귀중한 시간을 낭비하고 있지는 않은지 늘 주의하고 최소한의 범위에서 이를 시행하도록 합시다.

(3) 가르치는 사역을 한다고 해서 우리의 건강이 많이 상하겠습니까? 오히려 우리의 영을 일깨우고 활기차게 할지언정 육신을 소진시키지는 않습니다. 이러저러한 문제로 하루종일 이야기를 나눠도 끄떡없는데 영혼 구원처럼 절실한 문제라면 며칠 밤을 새워서라도 말할 수 있지 않겠습니까!

(4) 하나님 외에 어떤 목적으로 우리의 시간과 힘을 쓰려고 합니까? 양초의 목적은 오로지 불을 밝히며 타는 것입니다. 우리는 그처럼 타고 녹아야 합니다. 목회자라면 육체를 위하기보다 하나님을 위하고, 사람들을 하늘나라로 인도하며 사는 게 마땅하지 않습니까? 결국 도착할 목적지가 한곳이라면 단명하나 장수하나 무슨 차이가 있을까요? 조금이라도 오래 살아보려고 자신의 의무를 경감시킨다면 죽을 때 무슨 위로가 있겠습니까? 우리의 삶은 목적을 위해 무엇을 행했느냐로 평가되는 것이지 얼마나 오래 살았느냐로 평가되지 않습니다. 세네카는 게으름뱅이에

관해 이렇게 말했습니다. "그는 숨 쉬고 있지만 살아 있는 게 아닙니다. 육신이라는 껍데기 안에 머물러 있을 뿐 살아가는 게 아닙니다." 여러분, 죽음이 임박했을 때 비록 짧지만 충실히 살았노라고 고백하기를 바랍니까, 아니면 오래 살았지만 그럭저럭 대충 살았다고 고백하기를 바랍니까? 자신에게 대답해보십시오.

(5) 이제 사람들과 교제를 나누는 문제에 대해 생각해봅시다. 만일 친교가 목회 일보다 중요하다면 안식일을 범하거나 설교를 생략한다 해도 이해하겠습니다. 그러나 정말 그렇습니까? 이를 핑계로 하나님의 일을 소홀히 하는 게 합당합니까? 친구랑 어울려야 한다며 하나님을 기다리시게 해야겠습니까? 아무리 고위급 유명인사라 할지라도 결국 그들도 하나님 앞에서는 종에 불과합니다. 하나님보다 그들을 불쾌하게 할까 봐 노심초사한다면 훗날 하나님이 여러분의 직무유기를 힐문하실 때 이처럼 변명하려는 것입니까? "주님, 저는 영혼 구원을 위해 좀 더 많은 시간을 보내려고 했습니다. 그런데 아무개 때문에 그러지 못했습니다. 제가 접대하지 않으면 매우 섭섭해하거든요."

하나님보다 사람을 기쁘게 하고 육신을 즐기는 데 마음을 쏟는 사람은 더 이상 그리스도의 종이 아닙니다. 인사치레로 시간을 모두 소모해버리는 사람은 자신이 진정 해야 하는 일에 소홀히 할 수밖에 없습니다. 아, 시간을 어떻게 써야 하는지 알면서도 그렇게 하지 못하는 게 문제입니다. 저처럼 자주 죽음을 직면하는 사람은 당연히 시간의 귀중함을 알 것입니다. 저는 사냥이나 볼링 등으로 서너 시간을 훌쩍 허비하거나 소파에 앉아 쓸데없는 잡담을 나누며 빈둥대는 목회자들을 보면 도통 이해할 수가 없습니다. 그들은 인사치레를 위해 며칠을 훌쩍 날려버리기도 합니다. 맙소사, 무슨 생각을 하고 있는 것입니까? 주변에서 수많은 영혼들이 큰 소리로 도움을 요청하고, 죽음은 우리를 결코 기다려주지 않는데 말입니다. 우리에게 주어진 시간이 얼마 없다는 사실을 모르는 것일까요? 아무리 작은 교구라도 모든 성도를 돌보려면 밤낮 뛰어도 시간이 모자랄 것입니다.

형제들이여, 제가 이렇게 대놓고 말해도 언짢아하지 마십시오. 만일 영혼의 귀중함을 모르고, 영혼을 위해 흘려진 피의 가치와 장차 얻게 될 영원한 영광, 혹은 지옥의 비참함을 모른다면 그는 그리스도인이 아니요 목회를 하기에도 합당하지 않습니다. 이를 모두 알면서 어떻게 쓸데없는 여가활동에 마음을 빼앗길 수 있습니까? 중요한 일이 잔뜩 쌓여 있는데 어떻게 한가한 잡담과 여흥으로 시간을 허비할 수 있습니까?

아, 귀중한 시간! 시간은 얼마나 빨리 갑니까! 제 인생 40년이 순식간에 지나갔습니다. 하루가 한 달처럼 길어진다 해도, 제 생각에 목회자의 삶은 그 하루도 짧습니다. 헛되이 흘러간 시간들이 얼마나 많습니까! 죽음이 임박한 사람이라면 누구나 시간의 가치를 절감합니다. 만일 시간을 불러 돌아오게 할 수 있다면 그들은 목이 터져라 큰 소리로 불러댈 것입니다. 만일 시간을 돈으로 살 수 있다면 그들은 시간을 되찾기 위해 무어라도 내놓을 것입니다.

자칭 지혜롭다는 우리가 사탄의 속임수에 빠져 시간을 낭비하고 귀중한 하나님의 일을 내팽개치면 되겠습니까! 얼마나 큰 죄를 범하고 있는지요. 영혼을 궁휼하게 여길 줄 알고 목회에 대한 진지한 관심과 책임감을 가진 사람이라면 헛되고 안일하게 시간을 보내는 일은 결코 없을 것입니다.

하나 더 언급하자면 형제들이여, 다른 사람들은 단지 즐기려는 목적으로 불필요한 일을 행할 수 있지만 우리는 그럴 수 없습니다. 목회자는 훨씬 더 엄격한 몸가짐이 요구되기 때문입니다. 전염병이 창궐하여 수많은 사람들이 살려달라고 부르짖는데 의사가 건강을 챙겨야겠다며 한가로이 여가활동을 즐길 수 있습니까? 의사의 여가활동이 사람의 생명보다 귀중할 수 없듯 여러분의 여흥도 사람의 영혼보다 귀중할 수 없습니다.

어느 도시가 적들에게 포위되었다고 가정해봅시다. 적들은 성안으로 불화살을 쏟아대며 호시탐탐 침입할 기회를 노리고 있습니다. 이때 직책상 성문을 감시하고 곳곳에 붙은 불을 끄는 병사들이 있다면 여러분은 그들에게 여가활동이나 여흥을 위해 시간을 내주겠습니까? 그들이 잠시라도 자리를 비우면 집에 불이 붙고 적들이 침입할 수도 있는데, 그런 상황에서 허락하겠습니까? 그들 중 한 사람이 "저도 혈과 육이 있습니다. 긴장을 풀고 오락을 즐겨야 할 권리가 있잖습니까?"라고 하면서 자리를 비우려 한다면 그를 용납할 수 있겠습니까? 결코 그럴 수 없을 것입니다.

이에 대해 "이 말씀은 어렵도다 누가 들을 수 있느냐"(요 6:60) 하며 불평하지 마십시오. 모두 여러분을 위한 것이기 때문입니다. 다음 반론에 대한 대답에서 언급하겠지만 이것이 우리를 위한 것임을 알게 되면 이 일을 잘 해낼 수 있을 것입니다.

반론 5

목회자들이 그런 잡무를 일부러 만들 필요가 있을까요? 부지런히 설교하고, 병자를 심방하고, 다른 의무들을 수행하며 때때로 자선을 베풀면 충분하다고 봅니다. 하나님은 개별적인 교리교육과 성경공부라는 의무를 부과하셔서 우리의 삶을 노역과 종살이로 만들지는 않으십니다.

대답

이 의무가 얼마나 유익하고 중요한지, 또 하나님이 이를 얼마나 분명하게 명하셨는지에 대해 저는 이미 다 언급했습니다. 그런데도 여러분은 우리가 그렇게 할 필요가 없다고 주장하는 것입니까? 죄인들이 죽음의 고통 아래 신음하는 것을 보면서도 곁에 서서 "하나님은 그들을 구할 수고를 하라고 내게 요구하지 않으셨어" 하고 말하는 것입니까? 이것이 그리스도인, 더군다나 목회자가 할 말입니까? 오히려 무정한 게으름뱅이나 잔인한 불한당이 할 소리가 아닙니까! 하나님이 분명하게 명하셨는데도 그것을 믿지 못하겠다니, 과연 순종과 헌신을 결단한 목회자가 할 말일까요?

육신을 이기지 못해 의무를 제대로 이행하지 않으면서 "그 일이 나를 즐겁게 하지 못하므로 나는 더 이상 순종할 수 없다"고 말하는 것이나, 그 일이 목회자의 의무임을 밝혀주는 분명한 증거가 있음에도 불구하고 "그 일이 나를 즐겁게 하지 못한다면 나는 그것을 내 의무라고 믿을 수 없다"고 말하는 것은 결국 똑같습니다. 하나님의 일 중에서 자신의 육신적 목적과 만족에 부합하는 것만 받아들이고 그렇지 않은 것은 외면해버린다면 이는 위선자의 소행입니다. 위선자일뿐더러 지극히 불경한 자이기도 합니다. 하나님에 대한 섬김을 노역과 종살이라고 표현하다니, 그분께 얼마나 큰 모욕입니까?

저는 그들이 과연 주님에 대해 어떻게 생각하는지, 또 자신의 일과 삶에 대해 어떻게 생각하는지 궁금합니다. 신자의 생각입니까, 비신자의 생각입니까? 이런 비루한 생각을 가진 사람이 과연 하나님을 영화롭게 하고 그분의 나라를 확장하기 위해 노력하겠습니까? 주님의 일을 종살이로 여기는 사람이 과연 거룩한 것을 기뻐하겠습니까? 죄인을 살리는 일을 고역이라고 말하는 사람이 과연 죄인들을 불쌍히 여기고 그들을 부지런히 섬기겠습니까? 그리스도께서는 "자기를 부인하고, 모든 것을 버리며, 자기 십자가를 지고 나를 좇지 않는 자는 나의 제자가 될 수 없다"고 하셨습니다. 그러나 그들은 충분한 혜택과 편익을 누리면서도 주님의 포도원에서 일하는 것을 종살이로 여깁니다. 그러고도 목회를 위해 모든 것을 내려놓았다고 할 수 있습니까? 자기부인이라는 참 기독교의 정신을 받아들이지 않는 사람이 어떻게 목회를 할 수 있을까요?

눈물을 머금고 말하건대 교회의 가장 큰 비극 중 하나는 많은 사람들이 참 그리스도인이 되기도 전에 목회자가 되었다는 점입니다. 그들은 예수님이 사마리아 여인과 이야기를 나누시느라 식사를 거르시고, 사람들을 돌보시느라 눈도 붙이지 못하셨던 그 치열한 사역 모습을 보았다면 틀림없이 "미쳤다"고 말했을 것입니다. 왜 노역과 종살이를 사서 하느냐고, 하나님은 그런 수고를 요구하신 적이 없다고 우겼을 것입니다. 주님이 온종일 복음을 전파하시고 밤새 기도하시는 모습을 보았다면 그들은 분명 주님을 비난했을 것입니다.

저는 그들에게 자신의 마음을 돌아보라고 권면하고 싶습니다. 과연 자신이 설파하는 하나님의 말씀을 진실로 믿고 있는지, 성도가 받게 될 영원한 영광과 비신자들이 받게 될 영원한 고통을 믿고 있는지 묻고 싶습니다. 만약 믿는다면 그렇게 중요한 목적을 가진 일을 어떻게 노역으로 여길 수 있습니까? 만약 믿지 않는다면 지금이라도 포도원에서 나가십시오. 탕자처럼 돼지나 치고, 그리스도의 양들에게서 물러나십시오.

형제들이여, 불평이 나올지 모르겠지만 실은 이 일이 여러분에게 큰 유익이 되는 줄을 모르십니까? 더 많이 일할수록 더 많이 받게 됩니다. 자신을 더 많이 소비할수록 더 많이 얻게 됩니다. 이러한 기독교 신앙의 원리를 잘 모르고 있다면 애초에 다른 사람을 가르치는 목회 일을 맡지 말아야 했습니다. 우리의 영적 생명과 평안은 우리가 행하는 의무를 통해 얻어집니다. 그러므로 가장 열심히 의무를 행하는 자가 가장 많은 하나님의 상급을 받습니다. 은혜를 사용하면 은혜가 더 커집니다. 다른 사람보다 하나님께 더 가까이 나아가고 그분에게서 더 많은 것을 받게 되는데 어째서 종살이입니까? 은혜 가운데 있는 영혼에게는 자기에게 맡겨진 주님의 것을 열심히 사용하고 이를 통해 다시금 은혜를 경험하는 것이 가장 큰 즐거움이 아니겠습니까?

아울러 우리는 내세에 훨씬 더 좋은 것을 받기 위해 준비하고 있습니다. 우리에게 맡겨진 달란트를 가지고 장사를 하는 셈입니다. 세상 끝까지 가서 몇 개의 달란트를 금과 보석으로 바꿔오는 일이 지저분한 노역입니까? 부지런한 경건을 고되거나 따분하다고 폄하하면서, 그렇게 법석을 떨지 않아도 영혼을 충분히 구할 수 있다고 말하는 사람은 자신의 게으름과 불경건함을 정당화하는 사람입니다. 그들은 심지어 기본적인 목회 일에도 그런 식으로 말합니다. 열심히 일해도 누구 하나 고마워하는 사람이 없다며 짜증을 내고, 대충 해치우듯 일하면서 하나님께 충성스러운 종으로 인정받을 수 있다고 주장합니다.

중요한 의무를 게을리하는 것도 죄이지만, 게으름을 전혀 참회하지 않은 채 의무를 아무것도 아닌 양 취급하고, 당연히 사람들의 영혼을 구하기 위해 나서야 할 때에도 "나는 하나님이 이 일을 요구하신다고 믿지 않아"라고 말하며 직무유기를 정당화하는 것은 더 큰 죄입니다. 그러므로 저는 부득이한 경우가 아니라면 그들을 쫓아내는 게 당연하다고 생각합니다. 그리스도께서는 "소금도 만일 그 맛을 잃으면 무엇으로 짜게 하리요 땅에도, 거름에도 쓸 데 없어 내버리느니라"(눅 14:34-35)고 말씀하시며 "들을 귀가 있는 자는 들을지어다"라고 덧붙이셨습니다. 의무를 게을리할뿐더러 이를 인정하지 않으려는 목회자는 그리스도에 대한 섬김을 비하함으로써 자신을 비하하고, 마지막 날에 있을 심판을 기다리고 있는 셈입니다.

반론 6

바울이 살던 시대에는 지금보다 열정적인 사역이 필요했습니다. 초대교회가 막 세워지던 시기인 데다 적들이 많고, 박해가 심했기 때문입니다. 그러나 지금은 그렇지 않습니다.

대답

이 주장은 세상 물정을 모르고 오직 상아탑에만 갇혀 살아온 사람의 말처럼 들립니다. 주변을 돌아보십시오. 예수님이 신이신지 인간이신지, 또 그분이 육신을 입고 승천하셨는지 몸을 땅에 두고 가셨는지 모르는 사람이 얼마나 많습니까? 주님이 우리를 위해 무슨 일을 하셨는지, 구원받고 영생을 얻기 위해 무엇을 믿어야 하는지 모르는 사람도 부지기수입니다. 육신적 쾌락과 교만에 빠져 설교를 듣고도 이를 전혀 이해하지 못하는 사람도 수천 명은 될 것입니다. 평생 술의 노예로 살아가는 사람, 세속적인 가치관에 붙들린 사람, 자기중심적인 사람, 거룩한 삶을 비웃는 사람도 얼마나 많습니까? 오랫동안 교회를 다녔음에도 무지하고 어리석어서 교회에 분란만 일으키고 성도들을 미혹시키는 사람들도 많습니다.

오늘날 교회의 상황이 이러한데 바울의 시대보다 행복하니 개별적인 가르침은 필요 없다고 주장하는 것은 참으로 터무니없습니다. 믿음과 경험 외에는 무엇으로 반론을 제시하겠습니까? 성경말씀을 믿음으로 읽고 바깥에 있는 불쌍한 사람들을 바라보십시오. 장담하건대 여러분은 이 일에 온몸으로 뛰어들지 않을 수 없을 것입니다. 백 명 미만의 작은 양 떼를 담당한다 할지라도 참된 양심을 지닌 목회자라면 1년 열두 달을 꼬박 이 일에 매달려도 시간이 모자랄 것입니다.

반론 7

목회자에게 그토록 엄격한 법을 적용한다면 과연 교회에 끝까지 남겠다는 목회자가 얼마나 될까요? 고생스러운 직업을 택할 사람은 아무도 없을 것입니다. 또 자식에게 무거운 짐을 짊어지게 할 부모도 없습니다. 목회에서 받는 육체적, 정신적 스트레스를 잘 풀지 못한다면 아무도 이 일을 하려 하지 않을 것입니다.

대답

(1) 여러분이 엄격하다고 말하는 법은 제가 만든 게 아니라 그리스도께서 만드신 것입니다. 설사 제가 그 법에 대해 침묵하거나 그릇 해석한다 할지라도 그 법이 완화되거나 면제되는 게 아닙니다. 법을 만드신 분이 그 법의 목적을 아시며, 우리가 여기에 순종해야 함도 아실 것입니다. 그런데 우리가 지극히 선한 이 법을 악하고 무자비하다는 식으로 폄하하거나 의심해서야 되겠습니까? 그럴 수 없습니다. 우리에게 위대한 의무가 맡겨진 것은 순전히 주님의 긍휼 때문입니다. 만약 의사가 환자들의 생명을

구하기 위해 최선을 다해야 한다는 법이 있다면 우리는 그 법을 엄격하다 하겠습니까, 아니면 자비롭다 하겠습니까? 보십시오! 하나님이 여러분의 수고를 약간 덜어주시기 위해 다른 영혼들이 멸망당하는 것을 보고 계셔야 할까요? 이것이 여러분에게 자비입니까?

(2) 목회자들에게 무엇을 공급해야 하는지는 그리스도께서 알아서 하실 것입니다. 그리스도께서는 성령으로 충만하신 분이므로 사람들에게 법에 순종하는 마음을 얼마든지 주실 수 있습니다. 그리스도께서 모든 사람을 여러분처럼 잔인하고, 무정하고, 육신적이고, 이기적인 상태에 놔두시겠습니까? 친히 구속 역사를 담당하시고, 인류의 죄를 짊어지시고, 교회의 목자장 역할을 충실히 수행하시는 분이 그분의 일을 수행할 마땅한 도구가 없어서 자신이 행한 모든 수고를 수포로 돌리시겠습니까? 일꾼이 없다고 해서 다시 세상에 내려오셔서 친히 이 일을 행하시겠습니까?

하나님이 기꺼이 그분을 섬기려는 사람들을 일꾼으로 부르실 것입니다. 그들은 여러분이 지겹다고 말하는 그 일을 세상에서 가장 즐거운 일로 생각할 것이요, 이를 여러분이 요구하는 육신적 쾌락이나 편안함과 결코 바꾸지 않을 것입니다. 그들은 영혼 구원과 그리스도의 복음전파를 위하여 한낮의 열기와 수고를 기꺼이 참을 것이고, 그리스도의 남은 고난을 자기 몸에 채울 것이며, 온 힘을 다해 자신이 맡은 일을 하고, 모든 사람의 종이 되어 자기 유익보다 다른 사람의 덕을 세우는 데 힘쓸 것입니다. 선택받은 영혼들을 위해서라면 무엇이든지 감당할 것입니다. 동료와 이웃을 위해 물질은 물론 자기 자신을 소모할 것입니다. 이러한 헌신적인 사랑에도 불구하고 그들은 여러분 같은 사람들에게 더욱 미움을 받고, 진리를 말하는 것 때문에 원수 취급을 받겠지만 하나님은 자기 백성을 위하여 이러한 목회자들을 예비하실 것입니다. 그들은 주님의 마음에 합한 자들로, 양들에게 지식과 이해를 먹이고 자기 것보다 양들의 것을 먼저 챙기는 사람들입니다.

여러분은 그리스도께 그러한 종이 하나도 없으리라 생각합니까? 설사 여러분이 데마처럼 세상을 사랑하여 주님을 버린다 할지라도 주님은 여러분을 대신할 다른 종들을 예비하십니다.

주님을 섬기기 싫다면 보수를 더 주겠다는 직업을 찾아나서도 좋습니다. 그러니 주님께 그분을 섬기지 않겠다고 위협하지 마십시오. 주님은 여러분이 엄격하다고 말하는 그 법을 만드셨고 이를 통해 사역자를 비롯하여 수많은 영혼들을 구원하셨습니다. 이 법을 따르지 않으면 주님의 제자가 될 수 없습니다. 자기를 부인하고, 자신의 육신을 죽이고, 세상의 것들을 십자가에 못 박고, 자기 십자가를 지고 주님을 따르는 사람만이 주님의 제자가 될 수 있습니다.

그럼에도 그리스도를 따르는 제자들은 끊이지 않을 것입니다. 주님도 제자들을 확보하시기 위해 이러한 어려움을 숨기지 않으실 것입니다. 오히려 최악의 경우를 알려주시면서 그들에게 따를지 말지를 선택하게 하실 것입니다. 주님은 그들에게 먼저 비용을 따져보라고 권유하신 뒤 이렇게 말씀하실 것입니다. "여우도 굴이 있고 공중의 새도 거처가 있으되 인자는 머리 둘 곳이 없다"(마 8:20). 또 세상의 안락함과 번영을 주기 위해서가 아니라 주님과 함께 고난당하고 왕 노릇 하게 하시려고 그들을 불렀다고 말씀하실 것입니다. 주님은 인내함으로써 사람들의 영혼을 하나님에게로 인도하는 제자에게 "면류관을 쓰고 나와 함께 보좌에 앉을 것이다"라고 말씀하십니다. 선택한 일꾼들에게 이 모든 것을 예비하셨다고 말입니다.

여러분, 예전에 이스라엘 족속들이 다윗에게 그랬듯이 그리스도를 향해 "이새의 아들이 너희에게 각기 밭과 포도원을 주며 너희를 천부장, 백부장을 삼겠느냐"(삼상 22:7), "이스라엘아 각각 너희의 장막으로 돌아가라"(대하 10:16) 하고 외치려는 것입니까? "다윗이여 이제 너는 네 집이나 돌보라"(대하 10:16) 하고 외치는 것입니까? 그 말대로 주님은 그분의 집을 친히 돌보실 것입니다. 여러분은 자신의 집을 잘 돌보고 있습니까? 생각해보십시오. 여러분이 죽음과 심판을 당할 때 누가 더 아쉽겠습니까? 그리스도께서 여러분을 아쉬워하실까요, 아니면 여러분이 주님을 더 아쉬워할까요?

실패의 두려움과 양심의 가책에 관해서는 이렇게 말씀드리고 싶습니다. 첫째, 그리스도께서 악하게 보시는 것은 우리의 어쩔 수 없는 불완전함이 아닙니다. 고의적인 직무유기와 불성실함을 미워하실 뿐입니다. 둘째, 당연히 해야 할 일임에도 능력이 부족하다고 변명하며 포도원에서 도망가려 한다면 그런 잔꾀는 결코 통하지 않을 것입니다. 하나님이 요나에게 그러하셨듯 여러분을 뒤쫓아 "스올[음부]의 뱃속"(욘 2:2)에 가두신 후 끌어내실 것입니다.

"충성스럽게 하지 못할 바에는 차라리 그 일을 외면해버리겠어"라고 말하는 것은 참으로 궁색한 변명일 뿐입니다. 애초에 우리가 세상적인 일과 영원한 일의 차이를 분명히 인식하고, 그리스도로 인해 무엇을 잃고 무엇을 얻게 될지를 분명히 알고, "보이지 않는 것들의 증거"(히 11:1)인 믿음을 소유하고, 감각이 아닌 믿음으로 삶을 살았다면 이 모든 의구심은 쉽게 풀렸을 것입니다. 혈과 육의 유익을 좇으려는 외침을 어린아이, 혹은 분별력을 상실한 자의 투정쯤으로 여겼을 것입니다.

반론 8

목회자가 아무리 성실하게 의무를 수행하려 해도 사람들이 따라와 주지 않으면 무슨 소용이 있겠습니까? 연로한 사람들은 자신이 배우기에 너무 늙었다고 말하면서 교리교육을 받으라는 우리의 권유를 뿌리칠 것입니다. 쓸데없이 그들을 귀찮게 하느니 그냥 놔두는 게 좋지 않을까요?

대답

(1) 물론 세상에는 완고하게 악한 길만 향하는 사람들이 너무도 많습니다. 우둔한 자는 우둔함을 사랑하고, 냉소적인 사람은 비웃기를 즐겨하고, 어리석은 사람은 지식을 미워합니다. 그대로 놔둔다면 그들의 상황이 얼마나 더 비참해지겠습니까? 가련해 보일수록 그들의 회복을 위해 더 열심히 일해야 합니다.

(2) 그들이 완악하고 냉소적으로 된 데는 목회자의 책임이 큽니다. 우리가 우리 자신을 불살라 그들 가운데 빛을 비추었다면, 확신에 찬 설교와 본받을 만한 삶을 제공했다면, 어떠한 어려움

이 있더라도 꿋꿋하게 선행을 베풀었다면, 겸손과 온유와 자비를 보여주면서 사람들에게 세상의 길과 영원한 구원의 길을 밝히 비교하게 해주었다면 지금보다 상황이 훨씬 좋았을 것입니다. 물론 악한 자들은 여전히 악하게 행동하겠지만, 지금보다 많은 영혼들이 주님에게로 향했을 것이고 구원을 방해하는 세력도 지금처럼 막강하거나 격하지 않았을 것입니다.

만약 여러분이 "나무랄 데 없이 유능하고 경건한 목회자들도 완악한 교인들을 갖고 있지 않습니까?" 하고 묻는다면 저는 이렇게 대답하겠습니다. 유능하고 경건한 목회자라고 해서 다 완벽한 게 아닙니다. 그들 중에는 매우 권위적이어서 성도들을 만나기를 꺼려하거나, 너무 무정하고 세속적이어서 선행을 반드시 베풀어야 하는 상황에서도 손익을 따지며 뒤로 물러나는 사람이 있다고 말입니다. 또 어떤 목회자는 대중설교는 훌륭하게 하지만 양들을 개별적으로 돌보는 일은 소홀히 한다고 말입니다. 목회자들이 이런 우를 범하지 않는다면 더 많은 사람들이 진리에 귀를 기울이고 기꺼이 배우려 할 것이요, 완악한 마음을 열겠지요. 하지만 목회자가 완벽에 가까워진다 해도 모든 사람이 그로 인해 교회에 나오리라고 기대하기는 힘듭니다. 완악하고 냉소적인 사람들은 있기 마련입니다.

(3) 사람들이 좀처럼 따라오지 않는다고 해서 그것이 우리의 직무유기를 정당화할 수 있는 근거가 될 수는 없습니다. 그들에게 도움을 베풀어보지도 않고서 어떻게 그들이 거절하리라 예상할 수 있습니까? 우리는 그저 도움을 베풀 뿐이요, 받아들이는 것은 그들의 몫입니다. 만약 우리가 도움을 베풀지 않으면 그들은 우리 때문이라고 핑계를 댈 것입니다. 애초에 거절할 것도 없었기 때문입니다. 그러나 우리가 도움을 베풀었음에도 그들이 거절했다면 우리는 우리의 할 일을 다한 셈이요, 우리 영혼의 구원을 얻게 됩니다.

(4) 완악하고 냉소적인 이들 중에도 우리의 도움을 받아들일 사람들이 분명 있습니다. 수고한 만큼 우리의 보람과 상급은 클 것입니다. 우리의 설교가 모든 양을 은혜의 자리로 이끌 수는 없습니다. 모든 양을 설득하지 못했다고 해서 자신의 설교를 완전히 무익한 것으로 치부하지 마십시오. 여러분이 전하는 말씀으로 몇 명이라도 은혜를 받을 수 있기 때문입니다.

반론 9

설교는 사람들을 회심시키는 으뜸 수단으로서 하나님이 주신 것입니다. 설교를 통해서도 회개하지 않는 사람들인데 그들을 개인적으로 가르치는 게 과연 효과가 있을까요? 개별적인 교리문답과 성경공부를 통해 회개할 사람이 얼마나 되겠습니까? "믿음은 들음에서 나며 들음은 그리스도의 말씀으로 말미암았느니라"(롬 10:17)고 하지 않았습니까?

대답

(1) 개인적인 가르침이 어떠한 점에서 유익한지는 앞에서 이미 언급했기에 여기서는 생략하려고 합니다. 다만 대중설교와 개별적인 가르침 사이의 유기적인 관련성을 잘 모르는 사람들을 위해서 저는 개별적인 교리교육이 대중설교에 큰 도움을 줄 수 있음을 말씀드리고자 합니다. 의사가 환자의 병을 제대로 파악만 해도 절반은 치료한 셈입니다. 이처럼 우리도 양들의 사정을 잘 알게 될 때 그들에게 무엇을 설교해야 할지 알게 됩니다. 또 무지하고 완악한 죄인과 한 시간만 대화해보면 한 시간 연구한 만큼의 설교 자료를 얻게 됩니다. 사람들에게 어떤 것을 강조하고, 어떤 것을 반박해야 할지 알게 되기 때문입니다.

(2) 이 개인적인 면담이 복음전파가 아니라고 생각하는 어리석은 사람은 우리 중에 없을 것입니다. 사람들이 많아야 그것이 복음전파입니까? 대화나 문답을 통해서는 복음전파가 안 됩니

까? 우리는 수천 명을 두고도 설교할 수 있지만, 한 사람을 두고도 설교할 수 있습니다. 이미 언급했듯이 신약에 나오는 복음전파 기록들을 살펴보면 대부분 면담이나 대화로 이루어져 있음을 알 수 있을 것입니다. 그리고 그 대상은 상황에 따라 여러 명이거나 한두 명이었습니다. 이처럼 그리스도께서도 면담 방식으로 자주 복음을 전파하셨습니다.

그러므로 하나님의 말씀과 뜻에 비춰보거나 우리의 온전한 이성으로 보건대 대중설교를 근거로 개별적인 가르침의 의무를 꺼려할 이유가 전혀 없습니다. 마귀는 우리에게 세속적이고 육신적인 관점을 심어주며 반박의 근거를 끊임없이 뿌려댑니다. 하지만 이 모든 시험에도 불구하고 우리가 하나님을 굳게 의지하며 우리의 중대한 의무와 그것에서 비롯될 열매, 그리고 주님이 주실 상급을 바라본다면 우리는 결코 물러서거나 두려워하지 않을 것입니다.

이제 사도행전 20장 17-35절을 통해 우리의 의무를 다시 확인해봅시다. 우리 앞에 놓인 이 말씀은 얼마나 귀중한 교훈입니까! 이 말씀을 제대로 공부하지 않아서 아직도 개별적인 가르침이 목회자의 의무인지를 의심하는 사람들이 많습니다. 고백하건대 저는 바울의 말씀들을 통해서 제 의무를 재차 확인하고 게으른 양심을 일깨우곤 했습니다. 제 생각에 젊은 신학도들이 다른 데 신경 쓰기보다 이 말씀 하나만 일 년 열두 달 공부해도 좋을 것 같습니다. 형제들이여, 이 말씀을 크게 써놓고 공부방 눈에 잘 띄는 곳에 붙여놓으십시오! 이 말씀을 두세 군데만 잘 배워도 훌륭한 설교자가 될 것입니다.

- 우리의 일반적 업무 : 모든 겸손과 눈물로 주를 섬기는 것(19절).
- 우리의 특수한 업무 : 자기를 위하여 또는 온 양 떼를 위하여 삼가는 것(28절).
- 우리의 가르침 : 하나님께 대한 회개와 우리 주 예수 그리스도께 대한 믿음(21절).
- 가르침의 장소와 방법 : 공중 앞에서나 각 집에서나 거리낌이 없이 전하여 가르침(20절).
- 바울의 부지런함과 열정 : 삼 년이나 밤낮 쉬지 않고 눈물로 각 사람을 훈계하였음(31절, 이는 영혼들을 얻고 그들을 보존하기 위함이었다).
- 바울의 충성 : 유익한 것은 무엇이든지 공중 앞에서나 각 집에서나 거리낌이 없이 전하여 가르침(20절).
- 복음을 위한 바울의 자기부인과 청렴 : "내가 아무의 은이나 금이나 의복을 탐하지 아니하였고 여러분이 아는 바와 같이 이 손으로 나와 내 동행들이 쓰는 것을 충당하여 범사에 여러분에게 모본을 보여준 바와 같이 수고하여 약한 사람들을 돕고 또 주 예수께서 친히 말씀하신 바 주는 것이 받는 것보다 복이 있다 하심을 기억하여야 할지니라"(33-

35절).
- 바울의 인내와 끈기 : "내가 달려갈 길과 주 예수께 받은 사명 곧 하나님의 은혜의 복음을 증언하는 일을 마치려 함에는 나의 생명조차 조금도 귀한 것으로 여기지 아니하노라"(24절).
- 바울의 부지런한 기도 : "지금 내가 여러분을 주와 및 그 은혜의 말씀에 부탁하노니 그 말씀이 여러분을 능히 든든히 세우사 거룩하게 하심을 입은 모든 자 가운데 기업이 있게 하시리라"(32절).
- 바울의 순수한 양심 : "오늘 여러분에게 증언하거니와 모든 사람의 피에 대하여 내가 깨끗하니"(26절).

이 말씀을 여러분의 마음판에 새기십시오. 그러면 세상 학문을 20년 공부해서 얻은 것보다 더 큰 유익을 여러분과 여러분의 교회가 받을 것입니다. 세상 학문을 아무리 오랫동안 깊이 공부하여 사람들에게 갈채를 받는다 할지라도 이 말씀을 모른다면 여러분은 "소리 나는 구리와 울리는 꽹과리"(고전 13:1)가 되고 말 것입니다.

신실한 마음을 지닌 목회자가 갖는 이점은 이것입니다. 즉 그들은 하나님의 영광과 영혼들의 구원을 자신의 가장 큰 목적으로 삼습니다. 그리고 그 목적을 진정으로 이루고자 하기 때문에 어떠한 고난이나 장애도 그들을 멈추게 하거나 위축시키지 않습니다. 사람이란 어떠한 대가를 치르더라도 반드시 자기 삶의 목적을 성취하려 하기 때문입니다. 모든 것을 잊더라도 다음 교훈들만큼은 결코 버릴 수 없을 것입니다. "한 가지만이라도 족하니라"(눅 10:42), "너희는 먼저 그[하나님]의 나라와 그의 의를 구하라"(마 6:33). 그러므로 신실한 목회자는 이렇게 말합니다. "내가 부득불 할 일임이라 만일 복음을 전하지 아니하면 내게 화가 있을 것이로다"(고전 9:16). 인생의 목적이 분명할 때 우리는 가장 효과적으로 일을 수행할 수 있으며, 모든 짐을 가볍게 짊어지고 모든 고난과 역경을 헤쳐가면서 영혼들을 그리스도에게로 인도할 수 있습니다.

예전에 영적 전쟁을 치르면서 제가 모토로 삼았던 말씀을 다시 한 번 떠올리고 싶습니다. 깃발 양편에는 각각 이렇게 쓰여 있었습니다. 한쪽은 "자기 목숨을 구원하고자 하면 잃을 것이요"(막 8:35)라는 말씀이었고 다른 한쪽은 "자기 목숨을 지키기 위해 대의를 저버리지 말라"는 말씀이었습니다. 하나님이 자기편에 있는 자를 결코 패배자로 만들지 않으신다는 사실을 믿는다면 우리는 결코 앞에 놓인 역경을 두려워하지 않을 것입니다. 그리고 우리의 수고보다 훨씬 큰 보상을 받게 된다는 사실을 안다면 "극히 값진 진주 하나를 발견하매 가서 자기의 소유를 다 팔아 그 진주를"⁽마 13:46⁾ 샀던 사람처럼 과감하게 자신의 소유를 그곳에 모두 투자할 것입니다.

형제들이여, 저는 여러분처럼 사리에 밝은 상인들에게 더 이상 장사에 관한 말을 하지 않겠습니다. 또 여러분처럼 현명한 선생들에게 보편적인 진리를 언급하지도 않겠습니다. 제가 필요한 만큼만 말씀드렸다는 것으로 충분히 만족합니다. 저는 이제 여러분이 이 일에 부지런함과 성실함으로 임하겠다고 결단했으리라 믿습니다. 이것을 전제로, 이제 이 일을 행하는 올바른 방법에 관해 몇 가지 지침을 드리겠습니다.

chapter 9

가르침의 의무를 제대로 이행하려면

우리에게 맡겨진 이 일은 너무도 중요해서 만약 처음부터 잘못되거나 우리 때문에 일이 틀어진다면 크나큰 비극이 될 것입니다. 물론 뒤틀린 세대를 다루는 일은 매우 힘들뿐더러 그들의 육신적 마음을 변화시키는 것이 우리 힘만으로는 불가능함을 저는 잘 알고 있습니다. 하지만 성령 하나님은 대개 여러 도구를 통해 강력하게 역사하십니다. 종들의 올바른 노력들을 축복하십니다. 그러므로 목회자가 자신의 죄와 과오로 일을 그르치지 않는 이상 놀라운 역사가 일어나고 어둠의 왕국에 심각한 타격이 가해지리라고 저는 확신합니다.

가장 큰 위험은 부지런함과 기술의 결여에서 발생할 수 있습니다. 전자는 이미 여러 번 언급했고, 후자에 관해서는 제 자신도 여러모로 부족한지라 후배 목회자들을 지도하기에는 부끄럽습니다. 그러나 부끄러움을 무릅쓰고 중요한 점을 몇 가지 말씀드리고자 하니 여러분은 제 사정을 감안하고 듣기를 바랍니다. 우리가 가르침의 의무를 얼마나 올바르게 수행하느냐에 따라 교회와 나라의 안위가 좌우됩니다. 이처럼 중요한 의무를 수행하는 데 있어 주의할 점은 다음 두 가지입니다.

첫째, 양들이 개별적인 교리교육과 성경공부 과정에 순응하도록 하십시오. 양들이 여러분에게 다가오지 않거나, 혹은 여러분이 그들을 만나려 하지 않는다면 그들이 어떤 유익을 얻을 수 있겠습니까? 둘째, 가장 효율적인 방식을 선택하십시오.

동기부여를 위한 지침

우선 사람들에게 교리교육과 성경공부에 대한 의욕을 불어넣을 수 있는 지침을 몇 가지 말씀드리겠습니다.

1. 일상생활과 사역에서 본을 보임으로써 양들에게 목회자의 능력과 성실과 사랑을 확신시키라

가장 주된 방식은 이것입니다. 목회자는 일상생활과 목회활동에서 온전한 본을 보임으로써 양들에게 자신의 능력과 성실, 거짓 없는 사랑을 확신시킬 수 있습니다. 만일 목회자가 무지하게 보이면 양들은 목회자의 가르침을 대수롭잖게 흘려넘길 뿐 아니라 자신이 목회자만큼, 혹은 그 이상으로 똑똑한 줄로 생각할 것입니다. 또 목회자가 이기적이고 위선적이고 책임감이 약한 사람으로 비춰지면 양들은 그를 좀처럼 존경하지 못할뿐더러 그의 언행을 무조건 의심부터 할 것입니다. 반면 목회자가 뚜렷한 소신과 추진력을 갖고 능숙하게 일을 잘한다고 여겨지면 양들은 목회자가 하는 충고를 쉽게 수긍할 것입니다. 목회자가 강직한 사람으로 인식되면 양들은 그의 동기를 별로 의심하지 않을 것입니다. 목회자가 사심 없이 다만 양들의 유익만을 위하는 사람으로 인식되면 양들은 그의 말을 더 귀담아들을 것입니다.

저는 목회 경력이 비교적 짧은 사람을 대상으로 이 책을 쓰고 있습니다. 그러므로 독자들 중에는 탁월한 능력을 갖춘 사람이 많지 않을 것입니다. 양들에게서 아직 능력을 인정받지 못한 만큼 더 열심히 공부하고 수고하여 그들의 마음을 얻어야 합니다. 또 다른 면에서라도 자격을 갖추도록 하여 여러분의 충고가 양들에게 효과적으로 작용할 수 있게 하십시오.

제 몸을 사랑하듯 성도들을 사랑하고, 겸손과 친근함으로 그들을 대하고, 신중하게 처신하는 모습을 보여주고, 능력이 닿는 한 풍성한 선행을 베푸는 목회자는 양들에게 더 큰 영향력을 발휘할 수 있습니다. 우리가 우리의 유익을 위해 양들을 이용하지 않는다면 그리스도를 더 영화롭게 할 뿐 아니라 훨씬 더 많은 양들을 구원으로 이끌 것입니다. 양들을 구원할 수만 있다면 그들에게서 사랑을 받든 미움을 받든 그리 중요하지 않습니다. 그러나 사령관이 수하 장병들에게 호의를 얻지 못하면 그는 제대로 군대를 통솔하며 전쟁을 수행할 수 없습니다. 마찬가지로 목회자도 양들에게 미움과 불신을 사면 어떠한 충고도 효과적으로 전달되지 않습니다. 그러므로 양들에게 신뢰와 사랑을 받기 위해 열심히 노력하십시오. 그래야 그들의 마음을 잘 움직일 수 있습니다.

여러분 중에는 "이미 양들의 애정을 잃은 사람은 어떻게 해야 합니까?" 하고 묻는 사람이 있을지 모르겠습니다. 그에 대해 저는 이렇게 대답하겠습니다. 만일 목회자가 연약하거나 잘못을 범하지도 않았는데 양들이 심히 비열하고 완악해서 그의 순수한 열정을 삐딱하게 바라보는 것이라면 계속 인내와 온유함으로 가르치십시오. 하나님이 그들을 회개시키셔서 진리를 아는 데 이르도록 하실지 모르잖습니까?

그런데 만일 목회자에게 연약함이 있거나, 성도와 목회자 사이에 사소한 갈등이 빚어졌거나, 목회자의 인격에 대한 선입견이 생겼다면 목회자가 먼저 모든 오해와 편견을 없애도록 노력해야 합니다. 그래도 해결되지 않을 때는 양들에게 "제가 수고하는 것은 제 자신을 위해서가 아니라 여러분을 위해서입니다. 만약 여러분이 저를 통해서 하나님의 말씀을 받을 수 없다면 다른 사람을 보내드릴 테니 그를 통해서 유익을 얻으시기 바랍니다"라고 말하면서 그들을 떠나십시오. 그리고 본 교인들에게 적합한 목회자가 누구인지, 또 자신에게 적합한 교인들은 누구인지 물색하십시오. 신실한 주의 종이라면 자신보다 헌신적이고 명성이 높은 목회자가 와서 양들에게 더 큰 유익을 끼칠 수 있음을 알게 될 때 미련 없이 그곳을 떠나려 할 것입니다.

2. 양들에게 교리교육의 필요성과 유익을 확신시키라

이처럼 성도들과 신뢰와 사랑의 유대관계를 형성했다면 이제 양들에게 교리교육과 성경공부의 필요성과 유익을 확신시키십시오. 가장 효과적으로 확신시킬 수 있는 방법을 찾아보십시오. 어떻게 해야 여러분의 제안이 그들의 동의를 얻을 수 있는지 말입니다. 우선 양들에게 확고한 확신을 심어줄 수 있을 만큼 강력한 설교를 하여 하나님의 진리를 아는 것과 특히 구원의 기본 원칙들을 아는 것이 얼마나 유익하고 필수적인지 보여주어야 합니다. 또 나이 든 사람도 젊은이 못지않게 배움이 필요하고 중요하다는 사실을 일러주어야 합니다.

예컨대 "때가 오래 되었으므로 너희가 마땅히 선생이 되었을 터인데 너희가 다시 하나님의 말씀의 초보에 대하여 누구에게서 가르침을 받아야 할 처지이니 단단한 음식은 못 먹고 젖이나 먹어야 할 자가 되었도다"(히 5:12)라는 말씀을 들려주십시오. 이 말씀은 양들에게 확신을 심어줄 수 있는 여러 논점들을 제공해줍니다.

- 사람들은 하나님의 말씀으로 가르침을 받아야 합니다.
- 사람들은 목회자에게서 말씀을 배워야 합니다.
- 성경말씀에는 구원받기 원하는 사람이 반드시 알아야 할 기본원칙들이 담겨 있습니다.
- 이 원칙들을 가장 먼저 배워야 합니다. 이것이 올바른 순서입니다.
- 사람들은 다른 사람을 가르침으로써 자신의 지식을 확장해가야 합니다. 그렇게 하지 않는 것은 큰 죄가 될 수 있습니다.
- 앞서 말한 기본 원칙들을 모르고 있다면 아무리 오랫동안 교회를 다녔거나 나이가 많더라도 반드시 배워야 합니다.

좀 더 요약하여 정리하면 다음과 같습니다.

첫째, 우리는 하나님의 말씀을 반드시 알아야 합니다.

둘째, 특히 구원을 위한 기본 원칙들을 배워야 합니다.

셋째, 나이 든 사람일수록 배움이 더 필요합니다. 그들은 이미 많은 시간을 허비했으며 오래전부터 "나이가 들면 회개하겠습니다"라고 약속해왔습니다. 젊은이들의 선생이 되어야 마땅한데 무지 때문에 그러지 못하고 있다면 이는 죄요 수치입니다. 이제 배울 수 있는 시간이 얼마 없을뿐더러 죽음과 심판에 가까이 와 있습니다. 구원과 멸망의 기로 바로 앞에 있는 영혼도 있습니다.

사람들에게 구원의 지식 없이는 결코 천국에 들어갈 수 없음을 확신시키십시오. 천국으로 향하는 길에는 너무도 많은 역경과 원수가 있기 때문입니다. 세상에서도 지식이 없으면 사업을 운영할 수 없고, 기술이 없으면 장사를 할 수 없듯 믿음의 길도 마찬가지입니다. 배우기를 거절하면 그리스도인이 될 수 없음을 분명히 일러주십시오.

그리스도인이란 곧 그리스도의 제자입니다. 주님에게서 배우기를 거절한다면 어떻게 그리스도의 제자가 되겠습니까? 이미 하늘로 올라가신 그리스도께서 성도들을 가르치러 내려오시겠습니까? 사역자는 그리스도에게서 가르침의 임무를 부여받은 사람입니다. 그러므로 사역자에게 배우지 않겠다는 것은 그리스도에게 배우지 않겠다는 말입니다. 또 그렇게 말하는 것은 주님의 제자가 되지 않겠다는 뜻이요, 그리스도인이 되지 않겠다는 뜻입니다.

가르치는 일이 목회자 임의로 만들어낸 게 아님을 양들에게 분명히 알리십시오. 우리에게 필수적으로 부과된 의무라는 점을 말입니다. 또 우리가 최선을 다해 양들 하나하나를 돌보지 않으면 그들은 자기 불법으로 멸망하겠지만 그 피에 대한 책임은 우리에게 돌아온다는 점을 말해주십시오. 뿐만 아니라 이 일을 고안하고 맡기신 분은 우리가 아니요 하나님이시므로, 이에 대해 원망하는 것은 우리에게가 아니라 하나님께 하는 것임을 알게 하십시오.

그들에게 물으십시오. 목회자에게 그렇게 잔인하게 굴어서 그로 하여금 양들의 영혼을 고의로 내팽개치게 만들고 싶냐고 말입니다. 양들의 멸망을 막으려고 애쓰다가 오히려 그들의 미움을 살까 봐 두려워하는 목회자들이 얼마나 많습니까!

목회자는 양들을 가르치고 인도하라고 부르심을 받은 사람입니다. 양들에게 이러한 목회자의 역할과 책임을 말해주고, 이것이 교회에 얼마나 중요한지도 분명히 일러주십시오. 아울러 목회자의 가르침이 구원에 어떠한 효과가 있는지, 생전에 어떠한 유익과 발전을 가져다주는지, 또 인간의 허영과 죄악을 막아주는 데 얼마나 중요한지를 알려주십시오. 학생들이 학교에 가듯 양들도 교회에 가서 개인적으로 배우고, 자신이 배운 바를 가르쳐야 합니다. 이것이 양들 자신에게 유익한 것임을 자주 주지시킨다면 양들은 훨씬 쉽게 목회자의 가르침을 받아들일 것입니다.

3. 교리문답서를 모든 가정에게 하나씩 나눠주라

빈부에 관계없이 교구 내 모든 가정에게 교리문답서를 한 권씩 나눠주십시오. 알아서 각자 구입하라고 하면 아마도 절반 정도만 살 것입니다. 그들이 목회자가 건네준 책을 받아들인다면 일단 배워보겠다는 승낙을 한 셈입니다. 그리고 책 안에 쓰인 권면을 읽는다면 그들은 분명 말씀에 순복해야겠다는 마음을 갖게 될 것입니다. 책을 개별적으로 전달하기에 앞서 우선 회중 앞에서 책을 보내겠다고 공고를 한 뒤 가가호호 방문할 시간을 약속하십시오. 그리고 언제 어느 가정을 방문하여 그들과 면담할지를 목록으로 작성해두는 게 좋습니다. 예전에 저는 사람들에게 책을 나눠주면서 아무 때나 찾아오라고 했습니다. 그랬더니 혼선이 빚어지거나 약속이 흐지부지되어버리는 상황이 되곤 했습니다. 규모가 작은 교회라면 어느 방법을 써도 별 문제가 없겠지만 말입니다.

교리문답서를 사는 비용은 가능하면 목회자가 부담하면 좋지만 그렇지 못할 경우 부유한 교인들에게 부탁해보십시오. 헌금을 거두는 것도 좋은 방법입니다. 그래도 모자라면 재정 지원을 자원받도록 하십시오.

일을 진행하는 순서는 이렇습니다. 우선 교리문답서를 나눠주고, 사람들에게 한 달 내지 한 달 반 정도의 시간을 주어 차근차근 읽어보게 합니다. 그 후 한 사람이나 한 가정씩 면담 순서를 정합니다. 이렇게 한꺼번에 일을 진행하면 사람들이 좀 더 자발적으로 찾아오게 되고, 뒤로 물러서는 사람은 좀 더 부끄러움을 느끼게 될 것입니다.

4. 양들을 온유하게 대하고 그들을 절대로 실망시키지 말라

사람들을 온유하게 대하고 모든 장애 요소들을 최선을 다해 제거하십시오.

(1) 이미 교리문답을 배운 사람이라면 굳이 다시 배울 필요가

없음을 공개적으로 알려주십시오. 정통 교회의 교리문답은 근본적으로 모두 동일하기 때문입니다. 다만 우리 것이 여느 교리문답과 다른 점이 있다면 그 간결성과 충분성입니다. 우리는 몇 마디의 말을 통해 최대한 많은 교리를 전달할 수 있으므로 일을 훨씬 쉽게 할 수 있습니다. 만일 교인 중에 또 다른 교리문답을 공부하고 싶어 하는 사람이 있다면 그렇게 하게 하십시오.

(2) 기억력이 약하고 여생도 얼마 남지 않은 연로한 교인들은 말씀을 들어도 금방 잊어버린다고 탄식할 수 있습니다. 그런 분들에게는 너무 많은 것을 가르치려고 하지 마십시오. 오히려 그들의 마음에 분란만 일으킬 뿐입니다. 연로한 성도들에게는 누군가 곁에서 말씀을 자주 읽어주어 그들이 깨달은 바를 반복하여 마음에 새기게 하십시오. 그러면 설사 말씀을 기억하지 못한다 할지라도 진리 위에 바로 설 수 있을 것입니다.

(3) 온유하면서도 확신에 찬 태도로 사람들을 대하십시오. 그러면 소문을 듣고 사람들이 안심하며 여러분을 찾아올 것입니다.

5. 완고하고 불순종하는 사람들을 단호하게 꾸짖으라

마지막으로, 이렇게 다 했음에도 불구하고 말씀을 배우려 하지 않는 사람이 있다면 포기하지 말고 그에게 개인적으로 찾아가 그 이유가 무엇인지를 물어보십시오. 그리고 여러분의 도움을 거절하는 것이 얼마나 어리석고 위험한 일인지를 인식시키십시오. 한 영혼 한 영혼은 너무도 귀하기 때문에 노력을 해보지 않고 그냥 포기해버릴 수 없습니다. 그러므로 가능성을 기대하면서 끝까지 그를 붙잡으십시오. 최선을 다합시다. 그들이 완고하게 우리를 거절하고 경멸하더라도 함부로 그를 버리지 맙시다. 사랑은 오래 참고 기다리는 것입니다.

성공적인 훈련을 위한 지침

앞서 말한 방법대로 일단 사람들을 배움의 자리로 불러들였다면 이제 그 일을 가장 효과적으로 수행할 수 있는 방법에 관해 생각해봐야 합니다. 거듭 언급하지만 무지한 사람을 앉혀놓고 그에게 신앙의 핵심 원칙들을 알아듣기 쉽게, 올바로 가르치는 일은 대중설교를 준비하는 것보다 더 어려울 수 있습니다. 더 많은 은사와 정신적 수고를 필요로 할 수 있습니다. 사람마다 제각기 적합한 방법을 찾아야 하기 때문입니다.

여기서 저는 학식이 뛰어나고 경건한 정통 신학자인 어셔 대주교가 원스테드에서 에베소서 4장 13절 말씀을 가지고 제임스

1세 앞에서 행했던 설교[1]를 인용하고자 합니다.

"폐하께서는 마땅히 명을 내리사 전국의 모든 교회가 교리문답의 주요 내용들을 사람들에게 부지런히 전파하고 가르치게 하셔야 할 것입니다. 저는 이 모든 일이 폐하의 의도대로 모든 곳에서 올바로, 경건하게 수행되기를 간절히 바랍니다.

위대한 학자들은 당신들이 이렇게 몸을 굽히고 시간을 많이 들여 그리스도에 관한 초보적 원리들을 가르치는 일이 위신에 맞지 않는다고 생각할지 모릅니다. 그러나 기초를 잘 쌓는 것이 건물을 지을 때 가장 중요한 일임을 당신들은 기억해야 합니다. "내게 주신 하나님의 은혜를 따라 내가 지혜로운 건축자와 같이 터를 닦아 두매"(고전 3:10)라고 위대한 사도는 말했습니다. 물론 많이 배운 사람들은 이처럼 기초를 올바로 놓는 일(즉 무지한 사람들을 앞에 놓고 이 신비들을 충분히 이해시키는 일)이 여러 미묘한 철학적 논제들에 관해 토론하는 것보다 더 고생스럽고 지겹다고 생각할 것입니다. 그러나 그리스도께서는 배운 자나 못 배운 자나 모두 이 믿음과 지식에 이르게 하시기 위하여 우리에게 사도와 선지자와 복음 전하는 자와 목회자와 교사들을 주셨습니다. 이를 소홀히 하는 것은 목회사역 전체를 무너뜨리는 것입니다. 기본 원리들을 가르치지 않으면 우리의 수많은 설교는 헛것이 됩니다. 기초가 없는데 어떻게 그 위에 다른 교리들을 쌓을 수 있겠습니까?"

---

[1] 이 설교는 어셔가 미스 주교로 있던 1624년 6월에 행해진 것이다. 그는 1625년에 아마의 대주교가 되었다. 제임스 1세는 영을 내려 그 선교를 출판하게 했다.

이 일을 올바로 수행하는 데 필요한 지침들은 다음과 같습니다.

1. 양들의 긴장과 거부감을 없애기 위해 일상적인 말을 몇 마디 던지라

양 떼 가운데 한 가족, 혹은 몇 가족이 여러분을 찾아오면 우선 가벼운 말로 그들의 긴장과 경계심을 풀어주십시오. 이렇게 마음을 열어줘야 가르침을 잘 받아들일 수 있습니다. 가령 이렇게 말하면 됩니다.

"여러분, 어떤 분은 저와 이렇게 만나 공부하는 게 어색하고 힘들게 느껴질 수 있습니다. 그러나 이 일이 쓸데없다는 생각은 하지 말기 바랍니다. 정말 쓸데없다면 저부터 이런 수고를 하지 않았을 것입니다. 그러나 제 양심을 걸고 말하건대 하나님은 말씀을 통하여 제게 양을 치는 게 얼마나 중요한지를 알려주셨고, 만일 이 의무를 소홀히 하여 양들이 멸망한다면 그들의 피를 목회자인 제 손에서 찾으시겠다고도 말씀하셨습니다. 저는 그런 죄를 짓고 싶지 않습니다.

이 세상에서 우리가 하는 일은 되도록 많은 영혼들을 천국으로 인도하는 것입니다. 하나님은 우리를 영혼의 안내자로 지명하셔서 그들이 천국에 이르기까지 돕게 하셨습니다. 이 일이 잘되지 않으면 우리는 영영 실패자가 되고 맙니다. 여러분과 저는 언제까지고 함께할 수 없을 것입니다. 누군가 세상을 먼저 떠나거나 제가 다른 교구로 갈 수 있겠지요. 우리가 함께할 수 있는 제한된 시간에 저는 제 자신과 여러분의 구원을 위해 무언가라도 하기를 원합니다. 이 세상의 다른 일들은 영혼 구원에 비하면 한낱 허상이나 장난에 불과합니다. 여러분의 육신은 먹고살기 위해 열심히 일하고 있지만, 여러분의 영혼은 죽음과 심판으로 향하고 있습니다. 어떤 분은 아주 가까이 다가가고 있을지 모릅니다. 그러므로 이 일에 기꺼이 협조해 주시고 저 때문에 괜히 골칫거리가 생겼다고 여기지 마십시오. 세상의 사소한 것 하나를 얻으려 해도 이보다 더 큰 수고를 해야 하지 않습니까?"

이렇게 사람들을 설득하여 여러분의 말과 가르침을 잘 받아들이게 하고, 또 그들이 알거나 행한 바를 자발적으로 고백하도록 유도하십시오.

2. 양들을 한 사람씩 데리고 가서 개인적으로 다루라

이렇게 말한 뒤 한 사람씩 방으로 데리고 가십시오. 그리고 다른 사람에게 들리지 않도록 가능한 한 조용히 대화하십시오. 공개적으로 자유롭게 말할 수 있는 사람이 있는가 하면 그렇지 못한 사람도 있기 때문입니다. 대답이 노출되면 누군가는 부끄러워하고, 또 누군가는 자기보다 대답을 못하는 사람을 흉볼 수 있습니다. 그래서 경험이 부족한 사람은 남들에게 비웃음거리가 될까 봐 여러분에게 찾아오기를 꺼려할 것입니다. 이런 점까지 세심하게 주의를 기울이기 바랍니다.

각자의 성격도 성격이지만, 무엇보다 사람들은 여럿이 있을 때보다는 혼자 있을 때 자신의 죄와 비참한 처지와 의무를 좀 더 솔직하게 말할 수 있습니다. 사람들이 모든 것을 양심적으로 드러내고 진리를 대면하지 않는다면 여러분의 모든 수고는 수포로 돌아갑니다. 그러므로 비공개적인 면담 장소를 따로 두기를 권합니다. 다만 스캔들을 피하기 위해서 여자 교인인 경우에는 다른 사람과 함께하도록 하십시오. 상황에 따라 분별력 있게 처신하지 않으면 악의에 찬 사람들에게 대놓고 책망하는 것보다 더 곤란한 일을 겪을 수 있습니다.

대기실과 면담실을 따로 두기가 어려운 상황이라면 여러 사람과 한 방을 쓰되 면담 당사자를 방 구석진 곳에 데려가 목소리를 최대한 낮추십시오. 그리고 적어도 그 방에 다른 가족들이 없게 해야 합니다. 같은 가족끼리라면 설사 이야기가 새어나가더라도 상호 비방하는 일이 거의 없을 것이기 때문입니다.

책망할 일이 있으면 가장 무지하고 문제가 많은 사람부터 다루십시오. 그렇게 하면 여러분의 면담 근거가 더 확실해지고, 옆에서 듣는 사람도 비록 자기 이야기는 아니지만 간접적으로 경고를 받을 수 있습니다. 실수 하나가 큰 유익을 망칠 수 있으므로 작은 일에도 세심한 주의를 기울이기 바랍니다.

3. 교리문답서에서 무엇을 배웠는지 점검하라

우선 사람들에게 교리문답서에서 무엇을 배웠는지 말하게 하십시오. 또 각 문제들에 대한 답을 말하게 하십시오. 거의 대답을 못하는 경우에는 사도신경이나 십계명을 외워보게 하십시오.

4. 배운 바를 얼마나 깊이 알고 있는지 추가 질문을 통하여 확인하라

교리문답을 얼마만큼 배웠는지 점검해봤다면 이번에는 기독교 신앙의 중요한 주제들에 관해 몇 가지 질문을 던져보십시오. 그들의 이해 정도를 살펴볼 때는 다음과 같은 사항을 주의하십시오.

(1) 부차적인 문제는 제쳐두고 일단 절실한 문제부터 언급하십시오. 가령 이런 식입니다.

> "사람이 죽은 뒤에는 어떻게 될까요? 세상의 종말이 왔을 때 우리는 어떻게 될까요? 당신은 죄가 있다고 믿습니까, 혹은 죄를 지닌 채 태어났다고 믿습니까? 죄의 대가는 무엇이라고 생각합니까? 하나님은 가련한 죄인들의 영혼을 구원하시기 위해 어떠한 해결책을 마련하셨나요? 죄를 스스로 해결

할 방법이 있을까요, 아니면 우리의 죗값을 누가 대신 지불하셨을까요? 하나님은 어떤 사람을 용서해주실까요, 혹은 어떤 사람이 그리스도의 피로 구원받게 될까요? 구원받은 사람에게는 어떠한 변화가 일어납니까? 우리의 가장 큰 행복은 어디에 있습니까? 당신이 가장 마음을 두고 있는 게 무엇입니까?"

(2) 아무리 중요한 문제라도 너무 난해하거나 한마디로 규정하기 어려운 주제는 되도록 묻지 마십시오. 교만한 목회자는 자기도 대답할 수 없는 문제를 집요하게 물어보고, 질문에 답하지 못하는 사람을 호되게 비판하기도 합니다. 예컨대 "하나님은 어떤 존재이십니까?"와 같은 질문은 여러분도 완벽하게 답할 수 없습니다. 우리는 하나님이 어떤 분이신지보다 어떤 분이 아니신지를 말할 수밖에 없습니다. "회개란 무엇입니까?", "믿음이란 무엇입니까?", "죄 사함이란 무엇입니까?" 등의 질문 역시 목회자들도 정확하게 대답하기 어려운 문제입니다. 또 목회자마다 의견이 분분한 주제이기도 합니다. "거듭남이란 무엇이며 성화가 무엇인가?"라는 질문도 마찬가지입니다.

여러분 중에는 "하나님이 어떤 분이신지, 회개와 믿음과 중생과 칭의와 성화가 어떤 것인지도 모르면서 어떻게 구원받은 참 그리스도인이라 할 수 있습니까?"라고 반박할 사람이 있을지 모르겠습니다. 그들에게 저는 이렇게 대답하겠습니다. 무언가를 정확하게 아는 것과 비록 일반적이고 불완전한 지식일지라도 그 지식의 성격과 효과를 아는 것은 전혀 별개라는 사실을 말입니다. 또 아는 것과 아는 것을 밝히 말하는 것도 별개의 문제입니다.

우리는 흔히 사용하는 단어의 정의를 정확히는 몰라도 대강 그 의미는 짐작합니다. 대부분의 성도도 회개와 믿음과 죄 사함을 그런 식으로 이해하고 있습니다. 비록 정확한 용어로 정의를 내리지는 못하지만 오랜 전통과 언어 관례를 통해 그 말의 뜻을 충분히 파악하고 있다는 말이지요. 어쩌면 그들은 다음과 같은 소박한 대답으로 여러분의 말문을 막아버릴지도 모릅니다. "회개하는 것은 회개하는 것이고, 용서받는 것은 용서받는 것이지요." 물론 제가 여러분에게 관념적이고 심오한 질문을 절대 삼가라고 말씀드리는 것은 아닙니다. 다만 신중을 기하고 "하나님은 누구이신가?"와 같이 목회자인 우리 자신도 대답하기 힘든 질문을 사람들에게 하지 말라는 말입니다.

(3) 양들이 알아듣기 쉽게 문제를 만드십시오.

문항을 만들 때는 여러분이 의도한 바를 양들이 쉽게 알아들을 수 있도록 만드십시오. 개념 위주의 단어보다 구체적인 사물에 초점을 두고, 서술형보다 '예/아니요', 혹은 두 가지 예시 중 하나를 고르는 문제가 좋습니다. 가령 이런 식입니다.

> "하나님은 어떤 분이십니까? 우리처럼 피와 살을 가진 분이십니까, 아니면 눈에 보이지 않는 영이십니까? 그는 사람이십니까, 아닙니까? 그분은 시작이 있으십니까? 그분은 죽으실 수 있습니까?
> 믿음은 무엇입니까? 모든 하나님의 말씀을 믿는 것입니까?
> 그리스도를 믿는다는 것은 무엇입니까? 이는 단지 그리스도께서 역사적으로 존재하셨음을 믿는 것입니까, 아니면 그분이 죄인의 구주요 우리를 주관하시고, 성화에 이르게 하시고, 영화롭게 하시는 분임을 믿는 것입니까?
> 회개는 무엇입니까? 단지 죄를 후회하는 것입니까, 아니면 마음을 돌이켜 죄를 버리고 하나님에게로 향하는 것입니까? 또는 두 가지를 다 포함하는 것입니까?"

(4) 양들이 여러분의 질문을 잘 이해하지 못하는 것처럼 보이면 설명을 덧붙이거나 비슷한 다른 질문을 던져서 대답을 유도하십시오. 그래도 어려우면 '예', 혹은 '아니요'를 선택할 수 있도록 질문하십시오. 무지한 사람에게 "당신의 그 많고 무거운 죄를 어떻게 용서받을 수 있습니까?"라고 물으면 흔히들 "회개하고 삶을 고치면 됩니다"라고 대답합니다. 예수 그리스도를 일절 언급하지 않습니다. 그러면 저는 그들에게 계속 묻습니다.

"생활습관이나 태도를 고친다고 해서 하나님이 당신의 과거 죄를 그냥 용서하실까요?" 그들은 이렇게 대답할 것입니다. "그러기를 바랄 뿐이지요. 그 외에 우리가 무엇을 하겠습니까?" 이 정도 되면 그들이 그리스도에 관해서 거의 모른다고 짐작할 수 있습니다.

실제로 저는 교회에 다님에도 불구하고 그리스도를 모르는 사람들을 가끔 발견합니다. 그들은 매 주일 교회에 나가 설교를 들으면서도 그리스도께서 어떤 분이시며, 무슨 일을 하셨고, 어떤 고난을 당하셨는지 전혀 들어본 적이 없다며 당황해합니다.

개중에는 제 질문을 잘 이해하지 못해서 그렇게 대답하는 사람도 있습니다. 그들은 제가 단지 그리스도를 믿는 믿음을 제쳐두고 "그리스도인들이 어떻게 해야 하나님께 용서받을 수 있을까요?"라고 묻는 것이라고 생각합니다. 이것 역시 그들의 서글픈 무지를 드러내는 셈입니다.

제가 "우리의 선행이 하나님 앞에서 공로가 될 수 있을까요?"라고 물으면 그들은 이렇게 대답합니다. "아니요. 하지만 하나님이 우리의 선행을 받아주시면 좋겠습니다." 그러면 저는 또 물어봅니다. "당신은 그리스도의 죽음 없이도 구원받을 수 있으리라 생각합니까?" 이에 그들은 "아니요"라고 답합니다. 계속해서 제가 "그리스도께서 당신을 위해 무엇을 하셨습니까?"라고 물으면 그제서야 그들은 "그리스도께서 우리를 위해 죽으시고 피를 흘리셨습니다" 하고 답하면서 구원을 위해 이 모든 것을 믿겠다고 고백할 것입니다.

많은 사람들은 이러한 생각을 마음에 담고 있지만 말로 표현할 만큼 성숙해 있지는 않습니다. 교육을 받지 못했거나 그나마 받았던 교육도 사장해버렸기 때문에 그들은 어느 정도 알고 있는 개념을 표현하지 못하게 된 것입니다. 여기서 우리는 지식을 갖는 것과 지식을 표현하는 문제에 관해 신중하게 생각해볼 필요가 있습니다. 설사 배우려는 마음이 있고 여러 은혜의 수단을 받아들이려는 마음이 있다 하더라도 오래된 신자들 가운데는 자신의 생각을 표현하는 데 서툴고 자신이 무슨 말을 하는지조차 이해하지 못하는 사람들이 많습니다.

제가 아는 어느 노인은 아주 경건하고 경험이 많은, 자타가 공인하는 그리스도인이었는데 어느 날 제게 찾아와 눈물을 흘리며 교리문답에 나온 말을 거의 이해할 수 없다고 고백했습니다. 40-60년 가까이 훌륭한 목회자들에게서 꾸준히 도움을 받아왔던 연로한 성도도 사정이 이러할진대 1년, 혹은 한 주 정도 교육받은 사람들은 오죽하겠습니까? 우리는 교수가 대학생을 가르치듯 성도들을 대하면 안 될 것입니다. 또 그들을 성급하게 포기해서도 안 됩니다.

(5) 양들이 당황하여 머뭇거리고 있으면 너무 오랫동안, 혹은 강하게 그들을 다그치지 마십시오. 여러분이 어려운 문제를 계속 던지면 그들은 여러분이 망신을 주려고 일부러 그런다고 오해할지 모릅니다. 우물쭈물 대답을 못하고 있는 양들에게는 개입을 해야 합니다. 대신 답을 말해주어 그들의 부담을 덜어주고 진리를 온전히 깨달을 수 있도록 자세하게 설명해 주어야 합니다. 문제의 핵심에 도달할 때까지 처음부터 차근차근 이끌어줄 필요가 있습니다.

5. 양들의 지식 수준을 점검한 뒤 직접 가르치라

양들의 지식 수준을 측정했다면 이제는 직접 가르칠 차례입니다. 이 가르침은 그들의 수용 능력에 맞게 행해져야 합니다. 만일 신앙의 기본 원칙을 다 이해하고 있는 지식인이라면 여러분은 그에게 더 필요하다고 생각되는 부분, 가령 그가 의심쩍어하는 몇몇 의무들의 근거를 일러주거나, 그의 게으름과 죄를 지적하여 믿음을 굳건히 하고 덕을 세우도록 도울 수 있습니다. 반면에 무지한 사람에게는 기독교의 진수를 간결하고도 알아듣기 쉽게 일러주십시오. 물론 교리문답서에 이미 나와 있는 내용이지만 여러분이 좀 더 친숙한 방식으로 말해주면 이해하기가 한결 수월해질 것입니다. 예를 들면 이런 식입니다.

> "당신은 영원하신 한 분 하나님을 알아야 합니다. 그분은 시작도 끝도 없으시며, 우리처럼 육체가 아니시고 순전한 영적 존재이십니다. 그분은 모든 것을 아시고, 모든 일을 행하실 수 있으며, 모든 선과 축복의 근원이십니다. 하나님은 한 분이시지만 성부와 성자와 성령 세 인격을 갖고 계십니다. 그 존재 방식을 우리 인간은 이해하기가 어렵습니다.
>
> 알고 있겠지만 이 하나님이 그분의 말씀으로 온 세상을 만드셨습니다. 하늘을 자신의 영광을 위한 장소로 삼으시고 자신을 섬기는 수많은 천사도 만드셨습니다. 그러나 천사들 중에는 교만의 죄를 짓고 하늘에서 떨어져 마귀가 된 자들이 있습니다. 그들은 영원토록 비참함에서 벗어날 수 없습니다. 하나님은 땅을 만드신 후 가장 고귀한 피조물인 인간을 한 쌍 만드셨습니다. 아담과 하와가 그들인데, 그들은 아무 죄도 없는 완벽한 존재로 창조되었습니다. 하나님은 그들을 에덴동산에 두시고, 동산 가운데 있는 한 나무의 열매를 먹지 말라고 금하셨습니다. 먹으면 정녕 죽으리라고 경고도 하셨습니다.
>
> 그러나 타락한 마귀가 사람에게 와서 죄를 짓도록 유혹했습니다. 아담과 하와는 마귀의 유혹에 넘어갔고, 그 결과 율법의 저주 아래 놓이게 되었습니다. 그러나 지혜와 자비가 무한하신 하나님은 그분의 아들 예수 그리스도를 인간의 대속 제물로 예비하셨습니다. 때가 이르자 그리스도께서는 인간

의 몸을 입으시고 성령의 힘으로 동정녀의 몸에서 탄생하셨습니다. 그리고 33년 동안 이 땅에서 유대인들과 함께 거하시면서 그들에게 친히 복음을 전파하시고, 자신의 가르침을 입증하시기 위해 많은 기적들을 베푸셨습니다. 하나님에게서 받은 능력으로 다리 저는 자와 맹인과 병자를 고치시고 죽은 자를 일으켜 세우셨습니다. 그리고 마지막에는 우리가 받을 저주를 대신 담당하시기 위해 대속 제물로서 십자가 처형을 당하셨습니다.

이제 죄인들은 그리스도를 믿고 회개하기만 하면 과거의 모든 죄를 용서받고, 타락한 본성에서 그리스도의 거룩한 성품으로 변화되어 궁극적으로 하늘나라의 영광에 들어갈 것입니다. 그러나 자기 죄를 경홀히 여기면 지옥에서 영원한 형벌을 받게 될 것입니다. 사흘 만에 죽음에서 부활하신 그리스도께서는 사역자들을 지명하셔서 복음을 온 세계에 전파하게 하셨습니다.

그분은 사도들에게 모든 일을 맡기신 뒤 그들의 눈앞에서 승천하셨습니다. 그리고 지금은 인간의 속성을 지니신 채 성부 하나님과 영광 가운데 거하고 계십니다. 이 세상이 끝날 때 예수님은 인간의 모습으로 다시 세상에 오셔서 죽은 자들을 살리시고, 온 인류를 그분 앞에 불러모으셔서 그동안 행했던 선과 악에 따라 그들을 심판하실 것입니다.

그러므로 구원을 받기 원한다면 그리스도를 장차 올 진노에서 당신을 구해줄 수 있는 유일한 구주로 믿어야 합니다. 그리고 죄를 회개하십시오. 완전히 새로운 피조물이 되지 않으면 당신은 결코 구원을 받지 못합니다."

이처럼 간단하게 기독교의 기본 진리를 알려주되 가능한 한 친근한 어조로 하십시오.

마지막으로, 이 복음을 어떻게 생활에 적용해야 하는지를 일러주는 것도 무지한 사람들을 가르치는 데 반드시 필요한 절차입니다. 만약 상대방이 잘 이해하지 못한 것처럼 보이면 거듭 반복해서 이야기를 하고, 질문을 주고받으며 마음속에 진리가 깊이 심어지게 하십시오.

6. 회심하지 않은 양에게는 몇 가지 질문을 통해 영적 상태를 파악하라

과연 회심했는지 의심이 드는 양들이 있다면 그들의 영적 상태를 파악하기 위해 몇 개의 질문을 조심스럽게 던져보십시오. 우선 몇 마디 부드러운 말을 건네며 그들의 마음을 열어주고 질문의 필요성을 설명해주십시오. 그리고 나서 교리문답 가운데 그들의 양심을 건드릴 수 있는 항목을 몇 개 골라 질문하는 것입니다. 예를 들면 이런 식입니다.

"알다시피 성령께서는 하나님의 말씀으로 인간의 생각을 깨우치시고, 그들의 마음 문을 여시며, 그리스도에 대한 믿음을 통해 그들을 사탄의 세력에서 구하여 하나님께로 인도하십니다. 그리고 사람들의 마음을 정화하시는데, 오직 이런 자들만이 영생에 참여할 수 있습니다.

저는 쓸데없이 다른 사람의 비밀을 엿보고 싶지 않지만 사람들에게 구원에 대한 조언을 하는 것이 목회자의 임무이고, 또 이것이 영생과 영벌에 관련된 중요한 문제이기 때문에 당신에게 몇 가지 물어보고자 하니 솔직하게 대답해주기 바랍니다.

당신은 마음속에서 이런 큰 변화를 경험한 적이 있습니까? 하나님의 말씀을 통해 하나님의 영이 당신의 생각에 들어왔던 경험, 새로운 피조물이 되어 새로운 천국의 삶을 누렸던 경험을 한 적이 있습니까? 당신의 마음을 감찰하시는 주님이 모든 것을 아시니 솔직하게 말해보기 바랍니다."

만약 그가 자신의 죄를 애통해하며 회심의 의사를 밝힌다면 참 회심이 무엇인지를 알아듣기 쉽게 이야기해 주십시오. 예를 들면 이렇습니다.

"회심은 구원과 멸망이 달린 문제이므로 이 중요한 문제를 잘못 이해하지 않도록 해야 합니다. 너무 늦기 전에 진리를 발견할 수 있도록 몇 가지 더 말씀드리겠습니다. 하나님은 편견 없이 사람들을 판단하십니다. 그리고 우리에게는 하나님의 말씀이 있으므로 이를 통해 우리 자신을 판단할 수 있습니다. 말씀이야말로 누가 천국에 가고, 누가 지옥에 갈지를 가장 정확하게 알려주는 도구입니다.

성경은 회심하지 않은 자의 상태가 이러하다고 말해줍니다. 그는 하나님과의 사귐과 사랑에서 큰 기쁨을 누리지 못하고 장차 올 삶에 대해서도 소망하지 않습니다. 그저 육체대로 살고 육신적 자아를 기뻐합니다. 그의 인생 목적은 이 땅에서 편안히 사는 것입니다. 그나마 미적지근하게라도 신앙을 붙들고 있는 것은 훗날 지옥의 심판을 면하기 위해서입니다. 이처럼 그는 세상과 육신을 가장 귀하게 여기며 마음 가까이에 두고 있습니다. 그리고 하나님과 그분의 영광은 아래에 둡니다. 하나님에 대한 모든 봉사는 세상과 육신을 만족시키다 남은 자투리 시간에 합니다. 이것이 회심하지 않은 자들의 비참한 상태입니다.

그러나 진실로 회심한 사람들의 영혼에는 하나님의 밝은 빛이 뿜어져 나옵니다. 하나님은 그들에게 비참한 죄의 실상을 알게 하셨고, 영혼의 무거운 짐의 무게를 알게 하셨습니다. 그리고 그리스도께서 누구이신지, 그분이 죄인들을 위해 무슨 일을 하셨는지 알게 하셔서 자기들 안에 있는 하나님의 풍성한 은혜를 찬송하게 하셨습니다.

아, 얼마나 복된 소식입니까? 길 잃은 죄인에게도 아직 희망은 있습니다. 우리 죄가 아무리 크고 무겁더라도 다 용서받을 수 있습니다. 용서는 그리스도를 영접하는 모든 사람에게 주어집니다. 구원의 초청을 받은 사람들은 얼마나 기쁠까요! 그들은 장차 올 시대에 자신과 자신의 소유를 전부 그리스도께 내어드릴 것입니다. 그리스도께서 약속하신 영원한 영광에 이르기 위해서 말입니다. 그들은 현재 영광 가운데 있는 성도들의 복된 상태를 바라보므로 세상 모든 것을 한낱 찌끼요 분토처럼 여길 뿐입니다. 그들은 자신의 행복과 소망을 하늘에 두고 있으며 이 세상의 모든 일을 하늘나라에 이르는 수단 정도로만 생각합니다. 그들의 최고 관심사는 장차 올 삶에서 누리게 될 행복입니다. 이것이 참 회심으로 구원에 이른 사람들의 상태입니다. 당신은 어디에 속합니까? 영혼 깊은 곳까지 이러한 변화를 체험했습니까?"

만약 상대방이 그랬으면 좋겠다고 대답하면 두세 가지 질문을 던지면서 다음과 같이 이야기를 이어가십시오.

"첫째, 당신은 과거의 모든 죄를 마음 깊이 애통해하며 당신이 그 죄로 인해 영원한 고통에 빠질 수 있음을 믿습니까? 그리고 무거운 죄의 짐 때문에 상실감을 느낀 적이 있습니까? 구주에 관한 소식을 들었을 때 그리스도께 자신의 영혼을 맡기고 그분의 피로 용서받기를 갈구한 적이 있습니까?

둘째, 진심으로 죄에서 돌이키려 했습니까? 과거에 사랑했던 죄를 미워하고 평소 관심을 두지 않았던 거룩한 삶을 사모한다고 진심으로 말할 수 있습니까? 또 지금은 어떠한 죄도 고의로 행하지 않는다고 고백할 수 있습니까? 좀처럼 떨쳐버리지 못하는 죄, 혹은 고의적으로 이행하지 않는 의무가 있는지 살펴보십시오.

셋째, 당신은 하나님이 주시는 영원한 기쁨을 자신의 낙으로 삼고 있으며 주님께 당신의 마음과 사랑과 관심을 가장 많이 쏟고 있다고 고백할 수 있습니까? 당신은 하나님의 은혜를 입어 세상의 모든 얽매이기 쉬운 것들을 떨쳐버릴 각오가 되어 있습니까? 당신은 주님의 뜻을 구하는 것을 일상의 가장 중요한 업무로 여길 것입니까? 당신은 비록 죄와 허물을 갖고 있지만 하나님을 기쁘시게 하고 그분을 영원토록 즐거워하는 것을 자신의 가장 큰 관심사요 삶의 목적으로 삼는다고 진정으로 말할 수 있습니까? 당신은 세상 모든 일을 하나님께 맡기고 있습니까? 당신은 자신의 세상 사업을 여행자가 여행을 떠나기 위해 준비하는 과정으로 여기며 하늘나라를 궁극적인 고향으로 믿습니까?"

만약 상대방이 이 질문들에 대해 긍정적으로 대답하면 마음으로 죄를 미워하는 것과 하늘나라에 소망을 두는 것이 얼마나 중요한 일인지 일러주십시오. 그리고 보이지 않는 세계를 위해 이 세상을 살고, 진정으로 존재하는 것을 바라보며 살도록 권하십시오. 또 그가 소홀히 하고 있다고 의심되는 몇몇 의무에 관해 물으십시오. 예컨대 가정예배나 개인기도를 잘 이행하고 있는지, 또 주일을 거룩하게 보내고 있는지에 관해 확인하십시오.

그러나 너무 다그치듯이 묻거나 검열하는 자세로 해서는 안 됩니다. 왜냐하면 겉모습만으로는 그가 정말 은혜에서 벗어난 사람인지 식별하기가 쉽지 않기 때문입니다. 그러므로 여러분은 될 수 있는 한 선입견을 갖지 말고 이 과정을 통해 사람을 분별하는 것이 바람직합니다.

7. 자신의 비참한 처지를 깨닫게 하라

상대방이 아직 무지한 상태에 있거나 회심하지 않는다면 여러분은 어떤 방법을 통해서든 그로 하여금 자신의 영적 상태를 깨닫게 해야 합니다. 예를 들어서 다음과 같이 말해보십시오.

"형제님(자매님), 저는 불필요한 공포와 걱정을 심어주거나 상황을 악화시킬 생각이 추호도 없습니다. 그러나 진실을 말하지 않고 아첨의 소리만 한다면 저는 목회자가 아니라 오히려 간교한 원수가 될 것입니다.

당신이 아파서 의사를 찾아간다면 상황이 아무리 나쁘더라도 의사에게 진실을 듣기를 원하겠지요? 상황이 나쁠수록 더욱 그러할 것입니다. 물론 병명을 알면 두려움 때문에 병이 악화될 수도 있지만, 병을 알지 못한다면 당신은 영영 병에서 회복될 수 없을 것입니다. 제가 보기에 당신은 아직 그리스도인의 삶을 모르고 있는 것 같습니다. 만약 당신이 참 그리스도인이요 진정 거듭난 사람이라면 당신의 마음이 하나님과 장래 삶을 향하고 있을 것이요, 영원한 복락을 준비하는 일을 당신의 가장 큰 사업으로 삼았을 것이기 때문입니다. 당신은 지금 그렇게 살고 있지 않으며 그럴 생각도 없습니다. 오히려 죄임을 알면서도 죄를 짓고 있으며, 당연한 그리스도인의 의무들을 소홀히 하고 있습니다.

지금까지 살아온 삶을 돌아보십시오. 당신에게는 영원한 구원의 길과 영원한 심판의 길이 있습니다. 천국에서 살 수도 있고 지옥에서 살 수도 있습니다. 이 세상 삶의 주된 목적은 장차 올 삶을 준비하기 위함이라는 것을 모릅니까? 당신은 지금까지 그리도 죽음에 대한 준비 없이 무지하게 살아왔습니까? 만약 오늘이라도 죽음이 닥치면 어쩌려고 합니까? 당신이 조금이라도 천국에 마음을 두었다면 이에 관해 지금보다 훨씬 더 많은 것을 알았을 것이요, 이를 위해 훨씬 더 많은 일을 하고, 훨씬 더 간절히 이를 찾았을 것입니다.

당신은 이 세상에서 사업을 어떻게 하는지 배울 수 있습니다. 그런데 당신이 제대로 주의만 기울인다면 왜 하나님의 뜻을 배우지 못하겠습니까? 주변에도 당신처럼 세상일에 빠져서 시간을 못 내 이를 배우지 못하는 사람들이 많습니다. 당신은 천국이 당신의 노력을 들일 만큼 가치가 없다고 봅니까, 아니면 특별한 수고나 노력 없이 천국을 얻을 수 있다고 봅니까? 세상에서 아무리 사소한 것이라도 수고 없이는 얻을 수 없습니다. 그리고 하나님이 먼저 그분의 나라와 그분의 의를 구하라고 명하신 것을 모릅니까?

아, 형제님(자매님)! 거듭나지 않은 상태에서 죽게 된다면 어찌 될까요? 당신에게 무슨 일이 닥치고 어디로 향하게 될까요? 아, 지금까지 당신은 영원한 생사 사이에서 모험을 하며 얼마나 자신을 잔인하게 대했는지 압니까? 당신은 무슨 생각을 하고 있습니까? 인생이 유한하며 언젠가 심판을 당하게 될 줄 알면서도 이렇게 하는 것입니까? 당신에게 영원한 구원보다 더 중하고 급한 일이 있습니까? 당신은 이 세상에서 얻는 모든 것이 나중에 죽을 때 당신을 위로할 수 있다고 믿습니까? 그것들로 구원을 살 수 있다고 봅니까? 또 지옥의 고통을 덜 수 있다고 봅니까?"

이러한 이야기를 간절히 그에게 전하십시오. 마음에 감동을 주지 못하면 아무 소용이 없습니다. 마음을 움직이지 못하는 말은 곧 잊히기 때문입니다.

8. 그리스도를 믿고 은혜의 수단을 부지런히 사용하도록 권면함으로써 가르침을 마치라

모든 가르침을 마칠 때는 실제적인 권면을 들려주십시오. 그 권면은 반드시 두 가지를 포함해야 합니다. 첫째는 그리스도를 믿으라는 권면이요, 둘째는 과거의 죄를 앞으로 더 이상 짓지 않기 위해 외부적인 은혜의 수단들을 사용하라는 권면입니다. 예를 들면 이렇습니다.

"형제님(자매님), 저는 당신이 아직 거듭나지 않은 데 대해 매우 유감으로 생각합니다. 그러나 당신을 그 상태로 계속 놓아둘 수는 없습니다. 그러므로 제가 권면하는 대로 하기 바랍니다. 그것이 하나님을 위하는 길이요 훗날 당신 자신을 위한 길입니다. 하나님이 당신을 거듭나지 않은 상태에서 아직 이곳에 머물게 하신 것은 큰 은혜입니다. 당신은 아직 시간과 생명이 있고, 당신 앞에는 그리스도의 보혈을 통한 치유책이 놓여 있습니다. 여느 사람과 같이 당신에게도 용서와 성화와 영생의 문이 열려 있습니다. 하나님은 마귀들에게 행하신 것처럼 모든 죄인을 다 멸망에 던져넣지는 않으십니다. 또 당신을 비롯하여 어느 누구에게도 죄 사함과 영생의 길을 막아놓지 않으셨습니다.

만약 당신이 죄에 대하여 애통해하고, 그리스도께 나아와 그분을 당신의 구주요 하나님으로 받아들이고, 장차 새 사람이 되고 싶다고 고백한다면 주님은 당신에게 긍휼을 베푸셔서 죄를 용서하시고 영원한 구원을 허락하실 것입니다. 그리고 당신에게 그런 마음을 주시는 것은 하나님의 큰 은혜의 역사이므로 다음과 같은 몇 가지 변화도 함께 일어나게 하실 것입니다.

첫째, 당신은 자신의 죄를 세상에서 가장 무거운 짐이요, 하나님의 진노와 저주를 불러오는 가장 혐오스러운 것으로 여기게 될 것입니다. 또 당신은 자신이 길 잃은 사람이요, 만약 그리스도의 피로 용서받고 성령으로 거룩함을 받지 못한다면 영원한 멸망에 빠질 수밖에 없는 자로 생각하게 될 것입니다. 당신은 그리스도의 필요성을 절실히 느끼고 주님 안에 자신의 모든 소망과 삶을 두게 될 것입니다. 또 이 세상에서 누리는 것이 모두 헛것이요, 당신의 행복은 오직 하나님과 하늘나라의 영원한 생명 안에 있음을 인식하게 될 것입니다. 당신은 천국에서 성도 및 천사들과 함께 주님의 영광을 보고, 그분의 사랑 안에 살며, 그분을 찬송하는 생활을 사모하게 될 것입니다.

이러한 역사가 당신 안에 이루어지기까지 당신은 구원받은 영혼이 아닙니다. 이러한 일이 이루어지기 전에 당신이 죽는다면 당신은 영원토록 버림받는 자가 될 것입니다. 지금은 당신 앞에 희망과 도움이 있지만 그때는 아무것도 없을 것입니다.

그러므로 자신의 영혼을 사랑한다면 제가 말씀드린 대로 하십시오. 첫째, 현재의 상태에 안주하려 하지 마십시오. 당신의 마음에 구원의 변화가 이루어질 때까지 마음을 놓지 마십시오. 아침에 일어나면 이렇게 생각하십시오. '아, 오늘이 내 마지막 날이 되어 변화되지 않은 상태에서 죽음을 맞는다면 어찌 될까?' 일을 시작할 때는 이렇게 생각하십시오. '내 영혼이 하나님과 화해하고 그분의 영으로 거룩함을 받으려면 내가 얼마나 더 많은 일을 해야 하는가!' 음식을 먹고 마시거나 세상에 있는 소유를 바라볼 때는 이렇게 생각하십시오. '내가 만약 하나님과 원수요 그리스도와 성령을 모르는 자로 죽어서 영원한 파멸에 이르게 된다면 이 모든 것이 무슨 소용이 있으랴?' 당신의 영혼이 변화될 때까지 이런 생각을 밤낮으로 하십시오.

둘째, 당신은 이 세상이 얼마나 헛된지, 얼마나 순식간에 차가운 무덤 안에 눕게 되는지, 또 믿음의 보배를 얻지 못하면 얼마나 비참한 영벌에 빠지게 될지 진지하게 생각해야 합니다. 그리고 하나님 앞에서 사는 것과 그리스도와 함께 다스리는 것과 천사처럼 되는 것이 어떤 것인지 생각하십시오. 이것이 그리스도께서 당신에게 보여주시고, 당신을 위해 예비하시고, 당신에게 주고자 하시는 삶입니다. 원하기만 하면 당신은 이를 얻을 수 있습니다. 이러한 영원한 영광을 경홀히 여기고 육신의 꿈과 세상 그림자를 더 좋아하는 것은 얼마나 어리석은 일입니까? 혼자 있을 때 이런 생각들을 끊임없이 당신의 마음에 채우십시오.

셋째, 저는 당신에게 이 복락과 구주를 지금 곧 지체 없이 받아들이기를 권면합니다. 당신에게 영생을 주시는 주 예수님과 친근해지십시오. 주님의 제안을 기쁨과 감사함으로 받아들이십시오. 이는 행복으로 향하는 유일한 길입니다. 그러고 나면 당신의 모든 죄가 주님에 의해 깨끗하게 씻어질 것입니다.

넷째, 과거의 죄를 지금 당장 끊으십시오. 지금까지 당신의 마음과 삶을 더럽히던 것들을 찾아내어 던져버리십시오. 이를 배 속의 독약처럼 여기고 다시는 생각조차 하지 마십시오.

당신께 드리는 제 마지막 권면은 이것입니다. 이런 변화가 일어날 때까지 은혜의 수단들을 부지런히 사용하십시오. 그러고 나서 당신이 인침을 받고 마지막에 완전해질 때까지 다음의 수단들을 계속 사용하십시오.

첫째, 당신이 스스로 이러한 변화를 마음과 삶에 일으킬 수 없을 때는 매일 간절하게 하나님께 기도하십시오. 당신의 모든 죄를 용서하시고, 당신의 마음에 변화를 일으키시며, 그리스도 안에 있는 은혜의 풍성함과 천국의 영광을 보여주시도록 간구하십시오. 이러한 간구를 밤낮 하나님께 드리십시오.

둘째, 죄와 유혹이 넘치는 곳에는 얼씬도 하지 말고 예전의 악한 친구들을 다 끊으십시오. 대신 하나님을 두려워하고 당신이 천국에 가는 데 도움을 줄 수 있는 친구들을 사귀십시오.

셋째, 특히 주일을 거룩하게 보내고 단 10분도 헛되이 쓰지 마십시오. 하나님이 이 귀중한 시간을 우리에게 주신 것은 당신의 마음을 주님께 쏟고, 그분의 가르침을 받으며, 내세를 위해 자신을 준비하게 하시기 위함입니다.

자, 이제 어떻게 하겠습니까? 이것들을 당장 시행하겠습니까, 아니면 적어도 최대한 빠른 시일 안에 시행하겠습니까? 당신은 이를 위해 최선을 다하기로 약속합니까? 그리고 이 약속을 지키기 위해 계속 공부하겠습니까?"

여기서 중요한 것은 가능한 한 그들의 약속을 받아내는 것입니다. 특별히 은혜의 수단들을 계속 사용하고, 가족들을 변화시키며, 죄를 끊겠다는 약속을 받으십시오. 이런 일들은 그들이 충분히 할 수 있는 일입니다.

그리고 약속에 대해 엄숙한 태도를 갖게 하십시오. 하나님이 이 약속을 듣고 계시며 약속의 이행을 기대하신다는 사실을 그들에게 상기시키십시오. 그리고 나중에 그들을 만나게 되면 이전에 했던 약속을 일깨워주십시오.

9. 헤어지기 전에 상대방을 안심시키고 가장에게 특별한 보살핌을 부탁하라

그들과 헤어질 때는 다음 두 가지를 행하십시오.

첫째, 몇 마디 말로 그들의 마음을 달래주고 혹시라도 상했던 마음이 있으면 풀어주십시오. 예를 들면 이런 식입니다.

"혹시라도 제가 당신을 괴롭게 하고 아픈 곳을 찔렀더라도 기분 나빠하지 마십시오. 당신도 그랬겠지만 저도 그런 말을 하기가 쉽지 않았습니다. 이 일이 진정으로 중요하고 필요한 일임을 몰랐다면 당신이나 저나 이런 수고를 하지 않았을 것입니다. 그러나 저는 우리가 함께할 수 있는 시간이 제한되어 있음을 압니다. 우리 중 누구라도 내일 당장 저세상에 갈 수 있습니다. 그러므로 우리는 순간순간 자신을 잘 살펴야 합니다. 언제든 하나님 앞에 부르심을 받아 갈 준비를 해야 합니다."

둘째, 다시 면담할 수 있는 기회를 금방 갖기는 어려울 것이므로 그 사람 안에서 시작한 일을 되도록 완성하도록 하십시오. 예컨대 각 가정의 가장으로 하여금 매 주일 그의 가족들을 불러모아 한 주간 그들이 공부한 교리문답의 내용을 복습하게 하는 것입니다. 이 일은 교리문답 공부를 다 마칠 때까지 하게 하십시오. 이를 마친 후에도 정기적으로 교리문답을 낭독하고 들으며 기억하게 하십시오. 아주 지혜로운 사람도 기독교의 핵심적인 진리를 기억해두는 것이 여러 면에서 유익할 것입니다.

교리문답 공부에 참여한 가족들이 목회자의 이러한 권면을 잘 듣지 않는다면 그들을 다시 불러내 나머지 부분을 공부하게 하거나, 능력과 경험이 풍부한 이웃에게 보내 이미 공부한 부분을 복습하게 하십시오. 여러분이 직접 할 시간이 없을 때는 그런 사람들을 보조 교사로 두어도 좋습니다.

10. 신상명세서를 작성하여 각자의 특성과 보충할 점을 기록해두라

모든 교인의 이름을 적어놓고 교리문답에 참석 여부를 기록하십시오. 또 성찬식과 기타 성례전에 합당하지 않은 사람이 누구인지도 점검하십시오. 각 사람에게 무엇이 부족한지 파악하고 다음번에 만날 때는 그 부족한 면을 집중적으로 채워주십시오.

그러나 매우 완악하여 여러분에게 오지도, 배우지도 않으려는 사람에게는 가르침을 완고히 경멸하는 자가 마땅히 받아야 할 조치를 취하십시오. 즉 성찬식이나 다른 성례전에 들어오는 것을 금하고 다른 성도들과도 친근한 교제를 나누지 못하도록 하는 것입니다. 간혹 어떤 목회자들은 그런 사람의 자녀에게 세례를 허락하기도 하지만 저는 반대하는 입장입니다. 유아 세례는 부모의 믿음을 보고 주는 것인데 그런 반항적인 부모 밑에서 아이가 신자로 제대로 커갈 수 없다고 생각하기 때문입니다.

11. 훈련의 전 과정을 통하여 목적에 적합한 자료와 훈련 방식에 관해 살피라

면담의 내용도 본래 목적에 합당해야 하지만 태도와 방식 역시 그래야 합니다. 태도와 방식에 관해 몇 가지 언급하겠습니다.

(1) 여러분이 대하는 사람들의 성격에 따라 태도와 방식을 바꾸어야 합니다. 젊은이들에게는 육체의 정욕을 크게 경계하고 육신을 죽이는 것이 무엇이며, 왜 필요한지 일러주십시오. 노인들에게는 이 세상에 대한 미련을 끊게 하고 그들이 변화할 날에 가까이 가고 있음을 일깨워주십시오. 또 그들의 죄가 얼마나 중한지 알리고, 만약 그들이 무지한 상태에서 회개하지 않다가 죽으면 어찌 되는지도 가르치십시오. 젊은이들은 여러분이 비교적 자유로이 대해도 괜찮지만 노인들은 정중하게 대해야 합니다.

부자들에게는 이 세상이 얼마나 헛된지 일러주어야 합니다. 그리고 자기부인이 무엇이며, 왜 필요한지, 이 세상을 내세보다 더 좋아할 때 어떤 정죄를 받게 되는지도 알려주십시오. 아울러 다른 사람들에게 유익을 끼치기 위하여 자신의 달란트를 활용할 필요가 있음도 가르치십시오. 가난한 자들에게는 복음에 제시된 영광의 풍성함이 어떠한지 알려주고 영원한 복락을 얻기 위해 이 세상의 불편함을 참도록 권면하십시오.

또 각 사람의 나이와 성별, 기질, 직업에 따라 그들이 빠지기 쉬운 죄에 대해서도 경고하십시오. 예컨대 여자들에게는 수다와 악담, 정욕, 악의, 교만 등을 주의하게 하고, 남자들에게는 술 취함과 야심 등을 경계시키십시오.

(2) 모든 사람에게 공손하고 친근하게 하되 이해력이 부족한 사람에게는 특히 알아듣기 쉽게 말을 하십시오.

(3) 무슨 말을 하든지 성경에서 그 근거를 찾아 그들에게 보여 주십시오. 그래야 그것이 여러분의 말이 아니라 여러분을 통해 하나님이 말씀하시는 것임을 그들이 알 수 있습니다.

(4) 면담을 진지하게 진행하되 특히 적용 부분에서는 더욱 그렇게 하십시오. 제가 가장 두려워하는 것은 일부 부주의한 목회자들이 일을 대충대충 처리하고, 생명력 없이 피상적으로 행하여 다른 의무들처럼 이 일도 망가뜨리는 것입니다.

사람들에게 무성의한 질문을 몇 개 던지고 냉랭한 조언을 해주는 것으로 끝내서는 안 됩니다. 목회자에게 생기와 감정이 없으면 듣는 자에게 아무런 감동과 영향력을 줄 수 없습니다. 그러나 영혼의 가치를 알고 자기 앞에 주어진 기회가 얼마나 소중한지 아는 목회자라면 분명 최선을 다해 이 일에 진지하게 임하고 필사의 각오로 열심히 일할 것입니다.

(5) 이를 위하여 우리는 면담 전이나 면담 도중에 끊임없이 우리의 마음을 북돋우고, 복음의 진리와 장차 올 보이지 않는 영광과 심판에 대한 우리의 믿음을 강화시켜야 할 것입니다. 저는 이 일이 우리의 믿음의 힘을 모질게 시험할 것이라고 확신합니다. 기초가 튼튼하지 못한 피상적 그리스도인은 이 일에 열정을 내기 어려울 것입니다. 처음에는 새로운 일에 대한 호기심으로 견딜 수 있지만 점차 그 일이 평범하게 여겨지고 자신이 가르치는 것에 대한 확신이 희미해지면 더욱 그렇게 됩니다. 억지로 쥐어짠 열정으로는 이러한 의무를 오랫동안 수행할 수 없습니다.

강단은 가련하고 무지한 영혼들과의 면담보다는 훨씬 더 위선자들의 입맛에 맞습니다. 왜냐하면 강단은 그런 자들을 위한 무대가 될 수 있기 때문입니다. 강단이나 언론이나, 혹은 다른 공개 활동에는 허세 부리는 자들을 위한 공간이 있습니다. 거기서 그들은 자신의 최고 모습, 어쩌면 전부를 보여줄 수 있습니다. 이러한 종류의 사람들은 지금 우리가 언급하는 이 일을 결코 효과적으로 해낼 수 없습니다.

(6) 그러므로 우리는 먼저 은밀한 기도를 통해 자신을 준비시켜야 합니다. 그리고 시간이 허락되면, 또 방에 여러 사람이 함께 있다면 그들과 짤막한 기도를 드림으로써 면담을 시작하고

끝내는 것이 좋습니다.

(7) 상대방에게 엄하고 강력한 경고를 하는 중에라도 언제나 그 영혼에 대한 사랑을 분명히 드러내야 합니다. 그리고 면담의 궁극적인 목적이 오직 그들의 영혼 구원임을 느끼게 하십시오. 상스러운 표현이나 기를 꺾는 말은 절대 피하십시오.

(8) 시간이 부족하여 여기에 지시된 것들을 각 사람에게 온전히 전할 수 없을지도 모릅니다. 그렇다고 해서 필수적인 부분들을 생략하면 곤란합니다. 관계가 친밀한 사람들을 한데 묶어서 모두에게 공통적으로 해당되는 말씀을 가르치십시오. 각자의 지식과 영적 상태를 점검하고, 죄와 징벌에 대한 확신을 살펴보고, 각자에게 필요한 특별한 지시를 내릴 때는 각 사람을 따로 불러서 이야기해야 합니다.

12. 하나님이 허락하시면 면담을 끝낸 뒤 가난한 사람들에게는 자선을 베풀라

마지막으로 하나님이 허락하시면(여러분에게 그럴 능력을 주셨다면) 면담을 끝낸 뒤 가난한 교우들에게 어느 정도 자선을 베풀어주십시오. 얼마 동안이라도 궁핍을 면할 수 있도록 물질적으로 그들을 도와주고, 특히 공부하는 동안에는 노동을 잠시 쉴 수 있도록 배려해주어도 좋습니다.

형제들이여, 이제 제 말은 다 끝났으니 여러분이 실천할 일만 남았습니다. 교만하고 게으른 목회자는 제 권고를 경멸하고, 심지어 화를 낼 수도 있습니다. 그러나 확신하건대 하나님은 죄와 사탄의 반대에도 불구하고 이를 통하여 수많은 주의 종들을 일깨우셔서 그들의 의무를 행하게 하시고 올바른 개혁을 이뤄가실 것입니다. 그리고 더 많은 영혼을 구원하시기 위해 이러한 의무를 기꺼이 짊어진 사역자들에게 복을 내리실 것입니다.

부디 하나님이 그분의 일을 수행하는 모든 목회자들에게 화평을 주시고, 새로운 종들을 전국 곳곳에 세우셔서 여러분의 뒤를 잇게 하시며, 주님의 교회 안에 순수한 연합이 이뤄지게 하시기를 기도합니다. 아멘.

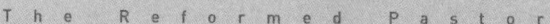

The Reformed Pastor

사명선언문

너희가 흠이 없고 순전하여……세상에서 그들 가운데 빛들로
나타내며 생명의 말씀을 밝혀 _ 빌 2:15-16

1. 생명을 담겠습니다
만드는 책에 주님 주신 생명을 담겠습니다.
그 책으로 복음을 선포하겠습니다.

2. 말씀을 밝히겠습니다
생명의 근본은 말씀입니다.
말씀을 밝혀 성도와 교회의 성장을 돕겠습니다.

3. 빛이 되겠습니다
시대와 영혼의 어두움을 밝혀 주님 앞으로 이끄는
빛이 되는 책을 만들겠습니다.

4. 순전히 행하겠습니다
책을 만들고 전하는 일과 경영하는 일에 부끄러움이 없는
정직함으로 행하겠습니다.

5. 끝까지 전파하겠습니다
모든 사람에게, 땅 끝까지, 주님 오시는 그날까지
복음을 전하는 사명을 다하겠습니다.

서점 안내

광화문점 서울시 종로구 새문안로 69 구세군회관 1층
02)737-2288 / 02)737-4623(F)

강남점 서울시 서초구 신반포로 177 반포쇼핑타운 3동 2층
02)595-1211 / 02)595-3549(F)

구로점 서울시 동작구 시흥대로 602, 3층 302호
02)858-8744 / 02)838-0653(F)

노원점 서울시 노원구 동일로 1366 삼봉빌딩 지하 1층
02)938-7979 / 02)3391-6169(F)

일산점 경기도 고양시 일산서구 중앙로 1391 레이크타운 지하 1층
031)916-8787 / 031)916-8788(F)

의정부점 경기도 의정부시 청사로47번길 12 성산타워 3층
031)845-0600 / 031)852-6930(F)

인터넷서점 www.lifebook.co.kr